AUTOBIOGRAFIE

von

Swami Sivananda

AUTOBIOGRAFIE

von

Swami Sivananda

YOGA VIDYA VERLAG

MIX
Papier aus verantwortungsvollen Quellen
FSC® C013205
FSC
www.fsc.org

Titel der englischen Originalausgabe:
„Autobiography of Swami Sivananda"

P.O. Shivanandanagar - 249 192
Distt. Tehri-Garhwal, U.P., Himalayas, Indien
ISBN 81-7052-029-0

1. Auflage 2016 (neue Ausgabe in Hardcover-Format)

Übersetzung ins Deutsche: Swami Nirgunananda
Lektorat: Swami Nirgunananda, Mandalasa T. Faber, Deepa
Korrektorat: Mandalasa T. Faber, Ishwari E. Anzenberger, Deepa
Textbearbeitung, Satz und Layout: Mandalasa T. Faber, Brahmadev R. Richter, Deepa
Umschlaggestaltung: Mandalasa T. Faber, Deepa

Printed in Germany
ISBN: 978-3-943376-18-0

Weitere Exemplare, Fach- und Sachbücher zu beziehen bei:
Yoga Vidya GmbH, Yogaweg 7, 32805 Horn-Bad Meinberg, Deutschland
Tel. 05234/87-2209, Fax -2225, shop@yoga-vidya.de

Inhaltsverzeichnis

Vorwort des deutschen Herausgebers

Sie halten in Ihren Händen ein Buch, das mehr ist als ein Buch: einen Schatz, der Ihr Inneres transformieren kann, so wie der sprichwörtliche Stein der Weisen Blei zu Gold verwandeln soll.

Hier schreibt der große indische Weise Swami Sivananda, wie er vom Normalbewusstsein zum Gottesbewusstsein gekommen ist. Und er tut dies ohne falsche Bescheidenheit und auch ohne Prahlerei, einfach ganz natürlich – so als wäre es die selbstverständlichste Sache der Welt, zur Erfahrung der Einheit zu gelangen. Und gerade diese Selbstverständlichkeit ist es, was Swami Sivananda immer am Herzen gelegen hat. Es ist das Geburtsrecht jedes Menschen, seine wahre Natur zu entdecken und auszudrücken. Und diese Natur ist göttlich – nach seiner Erfahrung wie auch nach der aller Mystiker verschiedenster Traditionen.

Warum also sollte man sein Leben damit verbringen, einen Teil des Vergänglichen wie Geld, Zeit und Energie zu opfern, um einen anderen Teil des Vergänglichen wie zum Beispiel ein Haus, eine Wohnung, Kleidung, Urlaubsreisen oder mehr Geld zu bekommen? Wenn es möglich ist, etwas zu erfahren, das ewig ist, das jenseits allen Leidens ist, das dem ganzen Leben Sinn gibt, dann sollte man sich darum bemühen, das zu erfahren. Und hier ist Swami Sivananda und schreibt:

„Ich habe es erreicht, du kannst es auch."

Und er gibt wertvolle Hinweise, wie er diese Transformation des Bewusstseins erreicht und wie er seine persönlichen Schüler ebenfalls dazu angeleitet hat. Nicht umsonst gilt Swami Sivananda als der *Yogi* dieses Jahrhunderts, der die meisten Schüler hatte, die selbst als Meister verehrt wurden und werden.

Das Wesen und Leben eines *Yogis*, eines Weisen, kann nicht in Jahreszahlen und an äußeren Ereignissen festgemacht werden. So verzichtet Swami Sivananda weitgehend auf solche Äußerlichkeiten. Das Wesentliche ist die innere Transformation. Und diese beschreibt er meisterhaft. Er zeigt dabei die verschiedenen Hürden, Versuchungen und Hindernisse auf dem Weg.

Besondere Schätze sind die Gedichte: „Spirituelle Erfahrungen".

Hier klingt die unmittelbare, eigene Erfahrung durch. Und eine innere Stimme sagt uns:

„Ja, so ist es. Komm zu Mir, Deinem wahren Selbst".

Ohne mystisch klingen zu wollen, dies ist kein Buch, das Sie schnell wieder zur Seite legen können. Sie müssen es immer wieder lesen und haben so das, was man in Indien „Satsang" nennt, die lebendige Gegenwart eines großen Meisters. Vielleicht werden Sie dabei spüren, was schon viele Leser dieses Buches erfahren haben: Swami Sivananda wird lebendig für Sie, er inspiriert Sie. Vielleicht spüren Sie sogar, dass Ihr Leben sich verändert und der Meister auf subtile Weise Ihrem Leben eine neue Bedeutung gibt. Immer wenn Sie Führung brauchen, blättern Sie in diesem Buch. Sie werden auf wunderbare Weise Führung und Kraft spüren.

Ich möchte allen herzlich danken, die zur Realisierung dieses Buches beigetragen haben.

Gründer und Leiter von Yoga Vidya
Bad Meinberg, Haus Yoga Vidya, März 2016

Vorwort des indischen Herausgebers

Das Leben eines Heiligen ist ein Ideal zum Nacheifern, ein Vorbild für alle, die ihr eigenes Leben erheben möchten, ein offenes Buch, aus dem wir erfahren können, was ein gotterfülltes Leben bedeutet.

Man mag sich noch so sehr bemühen, spirituelle Wahrheiten aus Schriften und Texten zu verstehen; erst wenn man tatsächlich einen Menschen erlebt, der diese Wahrheiten beispielhaft widerspiegelt, ist man bereit, gewillt und motiviert, sie tatsächlich auch im täglichen Leben umzusetzen.

Diesem Zweck dient dieses inspirierende Buch.

The Divine Life Society

Swami Sivananda und Swami Venkatesananda

Die Erfahrung Shivas

Ich habe Gott in meinem eigenen Selbst gesehen.
Ich habe Name und Form verneint;
was bleibt, ist Sein-Wissen-Glückseligkeit – nichts sonst.
Ich erschaue Gott überall.
Es gibt keine verhüllenden Schleier mehr.
Ich bin Eins.
Es gibt keine Dualität.
Ich ruhe in meinem eigenen Selbst.
Meine Wonne ist unbeschreiblich.
Die Traumwelt ist vergangen.
Ich allein bin.

(Swami Sivananda)

Die Botschaft Shivas

Erfreue dich am Guten.
Entschließe dich für den spirituellen Weg.
Sei geduldig. Gehe langsam. Schreite voran.
Sei bedachtsam. Setze durch! Erkenne.
Verwirkliche: „Ich bin die unsterbliche Seele".
Das ist die Lehre.
Das ist die Botschaft Shivas.

(Swami Sivananda)

Wie Gott in mein Leben kam

(Swami Sivananda)

Es wäre einfach, diese Frage etwa so abzutun: „Ja, nach langen, intensiven Askese- und Meditationsübungen im „Swarg Ashram" und nach dem *Darshan* (Sicht) und dem Segen mehrerer *Maharishis* (große Weise) erschien mir Gott in Gestalt von Sri Krishna."

Aber das wäre weder die volle Wahrheit noch eine ausreichende Antwort auf eine Gott betreffende Angelegenheit. Er ist unendlich, unbegrenzt und jenseits der Reichweite von Sprache und Geist.

Kosmisches Bewusstsein ist kein Zufall oder Glücksache. Es ist der über einen dornigen Pfad mit Stufen – schlüpfrigen Stufen – erreichbare Gipfel. Ich erklomm den beschwerlichen Weg Schritt für Schritt; aber auf jeder Teilstrecke erlebte ich, wie Gott in mein Leben kam und mich leicht zur nächsten Stufe emporhob.

Mein Vater liebte Verehrungsrituale, die er sehr regelmäßig ausführte. Für meinen kindlichen Geist war das Bild, das er dabei verehrte, Gott. Ich half meinem Vater gern bei diesen Zeremonien und brachte ihm Blumen und andere Opfergaben. Aus der tiefen inneren Befriedigung bei diesen Ritualen wuchs in mir die starke Überzeugung, dass Gott in diesen Bildern war, die von seinen Verehrern so hingebungsvoll angebetet wurden. Auf diese Weise trat Gott in mein Leben und stellte meinen Fuß auf die unterste Sprosse der spirituellen Leiter.

Als Erwachsener liebte ich Gymnastik und Sport. Bei einem Lehrer, der einer niederen Kaste angehörte, lernte ich Fechten. Er war ein *Harijan* (Kastenloser). Als ich einige Tage zu ihm gegangen war, wurde ich darüber aufgeklärt, dass es sich für einen *Brahmanen* nicht zieme, Schüler eines Unberührbaren zu spielen. Ich dachte gründlich darüber nach. Einen Augenblick lang hatte ich das Gefühl, der Gott, den wir in dem Bildnis im Gebetsraum meines Vaters verehrten, wohne im Herzen dieses Unberührbaren. Er war mein *Guru*. Ich ging sofort mit Blumen, Süßigkeiten und Kleidern zu ihm, bekränzte ihn, legte ihm die Blumen zu Füßen und warf mich vor ihm nieder. So kam Gott in mein Leben, um den Schleier der Kastenunterschiede zu lüften.

Wie äußerst wertvoll dieser Schritt war, konnte ich wenig später feststellen, denn ich war dabei, den medizinischen Beruf zu ergreifen und allen zu dienen; Kastenunterschiede hätten diesen Dienst zur Farce gemacht. Nachdem sich dieser Nebel durch das Licht Gottes geklärt hatte, war es leicht und natürlich für mich, allen zu dienen. Jede Art von Dienen zur Heilung und Linderung menschlichen Leids machte mir große Freude. Wenn es ein gutes Rezept gegen Malaria gab, hatte ich das Gefühl, die ganze Welt müsse es sofort erfahren. Ich wollte alles über Krankheitsvorbeugung, Gesundheitsförderung und Heilung von Krankheiten lernen und alle an diesem Wissen teilhaben lassen.

Später in Malaysia kam Gott in Form der Kranken zu mir. Es ist jetzt schwierig für mich, ein besonderes Beispiel herauszugreifen; wahrscheinlich ist es auch unnötig. Zeit und Raum sind Vorstellungen des Geistes; sie haben keine Bedeutung vor Gott. Ich kann jetzt auf meine Zeit in Malaysia als ein einziges Ereignis zurückblicken, in dem Gott in Gestalt der Kranken und Leidenden zu mir kam. Die Menschen sind krank an Körper und Geist. Für manche ist das Leben ein schleichender Tod; anderen ist er willkommener als das Leben; manche laden den Tod ein und begehen Selbstmord, unfähig, sich dem Leben zu stellen.

Wenn Gott diese Welt nicht nur als Hölle erschaffen hatte, in die schlechte Menschen geworfen wurden, um zu leiden und wenn es etwas über dieses Elend und diese hilflose Existenz hinaus gab – und ich fühlte intuitiv, dass es so sein müsse –, dann sollte man dieses andere kennenlernen und erfahren. Danach strebte ich immer mehr.

An diesem entscheidenden Punkt in meinem Leben kam Gott in Gestalt eines Wandermönchs zu mir, der mir die erste Unterweisung im *Vedanta* (Philosophie des Absoluten) erteilte. Die positiven Seiten des Lebens auf der Erde und der wirkliche Zweck und das Ziel des menschlichen Lebens wurden klar. Das zog mich von Malaya zum Himalaya. Nun kam Gott zu mir in Form einer allumfassenden Sehnsucht, Ihn als das Selbst aller Wesen zu erkennen.

Meditation und Dienst machten gute Fortschritte; dann kamen verschiedene spirituelle Erfahrungen. Körper, Gemüt und Intellekt als begrenzende Umstände schwanden und das ganze Weltall erstrahlte als Sein Licht. Gott kam in Form dieses Lichts, in dem alles göttliche Gestalt annahm. Die Not und das Leiden, die alle zu plagen scheinen, stellten sich als Fata Morgana heraus, als die aus Unwissenheit geschaffene Illusion aufgrund niedriger sinnlicher Wünsche.

Ein weiterer Meilenstein musste erreicht werden, um wirklich zu wissen: „Alles ist Brahman". Anfang des Jahres 1950, am 8. Januar, kam Gott in Gestalt eines halb wahnsinnigen Angreifers zu mir, der den Abend-*Satsang* („Zusammensein mit der Weisheit"; gemeinsame Meditation und Vorträge in spiritueller Gemeinschaft) im *Ashram* störte. Sein Attentat misslang. Ich verbeugte mich vor ihm, verehrte ihn und schickte ihn nach Hause. Das Böse ist da, um das Gute zu verherrlichen. Das Böse ist nur äußerer Schein. Unter seinem Schleier leuchtet das Selbst in allem.

Hier muss ich eine bemerkenswerte Tatsache erwähnen. Nichts von dem bereits Erreichten verlor im Laufe dieser Entwicklung zu einem späteren Zeitpunkt an Wert. Man wuchs in die nächste Phase hinein; das Ergebnis war der *Yoga* der Synthese. Verehrung eines Götterbildes, Dienst an Kranken, Meditation, Pflege allumfassender Liebe, die die Grenzen von Kaste, Glaubensbekenntnis und Religion überwand, folgten aufeinander, um schließlich in den Zustand kosmischen Bewusstseins zu münden. Dieses Wissen musste ich auf allen Stufen unmittelbar erwerben und all das musste zuerst zu einem Bestandteil meines Wesens werden.

Die Mission hatte an Kraft und Reichweite zugenommen. 1951 unternahm ich meine Reise durch ganz Indien. Dabei kam Gott zu mir als *Virat-Swarupa* (Gott in seiner Manifestation als ganze Welt), als zahlreiche Anhänger, die die Grundsätze eines Lebens in Spiritualität erfahren wollten. An jeder Station fühlte ich, dass Gott durch mich sprach, Sich Selbst in Seiner kosmischen Gestalt vor mir ausbreitete als die Menge und mir zuhörte. Er sang mit mir, Er betete mit mir; Er sprach und Er hörte auch zu. *Sarvam Khalvidam Brahma* – „Alles ist wahrlich Brahman".

Was das Leben mich gelehrt hat

(Swami Sivananda)

Ich würde sagen, ich kam früh im Leben schlagartig zu dem Schluss, dass sich das Leben nicht in seinen äußeren Aktivitäten erschöpft, sondern dass etwas jenseits des menschlichen Auffassungsvermögens alles Sichtbare regeln und lenken müsse. Ich darf kühn sagen, dass ich begann, die Wirklichkeit hinter dem wahrzunehmen, was wir Leben auf der Erde nennen. Die Unruhe und fieberhafte Besorgnis, die dem gewöhnlichen Leben des Menschen anhaften, weisen auf ein höheres Ziel hin, dass er früher oder später erreichen muss.

Wenn der Mensch in Selbstsucht, Gier, Hass und Lust verstrickt ist, vergisst er natürlich alles, was tiefer unter der Haut liegt. Materialismus und Skepsis herrschen vor. Er lässt sich von Kleinigkeiten aus der Ruhe bringen und beginnt zu kämpfen und zu streiten; kurz – der Mensch wird unglücklich.

Der Arztberuf lieferte mir mehr als genug Beweise für die vielen Leiden dieser Welt. Da beglückte mich eine neue Vision und Sichtweise. Ich war zutiefst überzeugt, dass es einen Ort geben müsse – eine liebliche Wohnstatt voll ursprünglicher Herrlichkeit, Reinheit und göttlichen Glanzes – wo man sich auf ewig absoluter Sicherheit, vollkommenen Friedens und Glücks erfreuen kann. Daher zog ich mich in Übereinstimmung mit den Worten der *Shrutis* (die „Veden"; indische heilige Schrift) aus dem weltlichen Leben zurück - und fühlte, dass ich jetzt zur ganzen Welt gehörte.

Strenge Selbstdisziplin und Bußübungen verliehen mir genügend Kraft, mich unversehrt inmitten der Wechselfälle weltlicher Erscheinungen zu bewegen. Und ich fühlte allmählich, wie gut es für die Menschheit wäre, wenn ich diese neue Sichtweise mit allen teilen könnte. Mein Arbeitsinstrument dazu nannte ich „The Divine Life Society".

Die umwälzenden Ereignisse seit Beginn des 20. Jahrhunderts wirkten auf alle denkenden Menschen. Die Schrecken vergangener und möglicher neuer Kriege und das darauf folgende Leid berührte sie. Es war nicht schwer zu erkennen, dass die Leiden der Menschheit überwiegend auf ihre eigenen Taten zurückzuführen waren. Es wurde als notwendiges Gebot der Stunde empfunden, den Menschen ihre Irrtümer und Torheiten bewusst zu machen und sie zu einem Richtungswechsel zu bewegen, so dass sie ihr Leben auf würdigere Ziele ausrichten könnten.

Die „Divine Life"-Mission mit ihrer Aufgabe, die Menschen vor den Kräften der niederen Natur zu retten und zum Bewusstsein ihrer wahren Einheit mit dem ganzen Kosmos zu erheben, entsprach diesem Bedürfnis. Ihr Ziel ist es, religiöses Bewusstsein zu wecken, den Menschen ihre grundlegende Göttlichkeit gewahr werden zu lassen.

Religion kann man nicht durch bloßes Argumentieren oder Diskutieren lehren oder verstehen. Man kann niemanden allein durch Vorschriften oder feste Regeln religiös machen. Man braucht eine besondere Einstimmung auf sein weites Umfeld, die Fähigkeit, das Tiefste wie das Weiteste zu fühlen. Man braucht echte Zuneigung zur Schöpfung. Religion heißt Leben, nicht Reden oder Zeigen. Ich vertrete die Ansicht, dass man religiös sein kann, egal welchem Glauben man angehört und welchen Propheten man anbetet, unabhängig von Sprache, Land, Alter und Geschlecht, vorausgesetzt, man wendet jenen heiligen Begriff „Tapas" (Askese), der eigentlich jede Art von Selbstbeherrschung meint, im täglichen Leben an, soweit es im jeweiligen Umfeld und unter den eigenen Lebensbedingungen möglich ist.

Ich behaupte, dass wahre Religion die Religion des Herzens ist. Das Herz muss zuerst geläutert werden. Wahrheit, Liebe und Reinheit sind die Grundlage wirklicher Religion. Beherrschung der niederen Natur und des Geistes, Pflege von Tugenden, Dienst an der Menschheit, Wohlwollen, Kameradschaft und Freundschaft bilden die Grundlagen wahrer Religion. Die Grundsätze der „Divine Life Society" beinhalten diese Ideale. Und ich versuche, sie vor allem durch Beispiel zu lehren, was ich als gewichtiger erachte, als alle Vorschriften.

Moderne Menschen haben weder die nötige Zeit noch die Geduld für strenge Askese und harte religiöse Praktiken. Viele davon halten sie sogar für Aberglauben. Um der heutigen Generation den Nutzen von echtem *Tapas* im wirklichen religiösen Sinn zu vermitteln, ihr die wirkliche Bedeutung klarzumachen und sie von ihrer Wirksamkeit zu überzeugen, halte ich meine Fackel des „göttlichen Lebens" hoch.

„Divine Life" ist ein System für ein Leben im Einklang mit ethisch-moralischen Grundwerten, das auf alle zugeschnitten ist, auf allen

Stufen vom Einsiedler bis zum Angestellten und Arbeiter gleichermassen praktiziert werden kann und für den Gelehrten wie den Bauern verständlich ist. Diese Religion ist nichts anderes als das, was den täglichen Pflichten eines Menschen ihre tiefere Bedeutung verleiht.

Die Schönheit göttlichen Lebens liegt in seiner Einfachheit und Anwendbarkeit auf den Alltag normaler Menschen. Es ist unerheblich, ob man zum Beten in die Kirche, die Moschee oder den Tempel geht; Gott hört alle ernsthaften Gebete.

Der durchschnittliche Sucher nach Wahrheit wird oft von den Launen seines Geistes getäuscht. Wer den spirituellen Weg einschlägt, wird irregemacht, bevor er das Ende seiner Reise erreicht. Natürlich kommt man auch in Versuchung, mit seinen Anstrengungen auf halbem Weg nachzulassen. Es gibt zahlreiche Fallen, aber wer sich beständig weiterschleppt, kann sicher sein, das Lebensziel zu erreichen, nämlich allumfassendes Sein, Wissen und Glückseligkeit. In allen meinen Schriften habe ich nachdrücklich auf die Beherrschung der aufgewühlten Sinne, die Unterwerfung des Geistes, die Reinigung des Herzens und das Erreichen von innerem Frieden und Stärke hingewiesen – entsprechend der jeweiligen Entwicklungsstufe.

Meinem Verständnis nach ist es die erste Pflicht des Menschen, geben zu lernen; wohltätig und in Fülle zu geben, mit Liebe und ohne irgendeine Belohnung zu erwarten, denn man verliert nichts, wenn man gibt – man erhält es in anderer Hinsicht tausendfach zurück. Wohltätigkeit erschöpft sich nicht im Schenken materieller Güter; zur Nächstenliebe gehören auch Zuneigung, Gefühl, Verständnis und Wissen. Wohltätigkeit bedeutet Selbstaufopferung auf verschiedenen Ebenen des eigenen Seins. Nächstenliebe im höchsten Sinn ist für mich gleichwertig mit *Jnana Yajna*, dem Opfer, das aus dem Studium und Nachdenken über die Schriften besteht.

In ähnlicher Weise meine ich, dass Güte in Sein und Tun das Fundament des Lebens bildet. Mit Güte meine ich die Fähigkeit, mit anderen zu fühlen, sich in das Leben und die Gefühle anderer hineinzuversetzen und so handeln zu können, dass niemand verletzt wird. Güte ist ein Ausdruck von Frömmigkeit. Ich glaube, es ist nicht leicht, wirklich, im innersten Herzen, gut zu sein, obwohl es rein theoretisch leicht erscheinen mag. Es ist eines der schwierigsten Dinge auf Erden, wenn man mit sich selbst ganz ehrlich ist.

Für mich gibt es keine physische Welt. Alles was ich sehe, ist für mich eine wunderbare Manifestation des Allmächtigen. Ich freue mich, wenn ich den *Purusha* (das höchste Wesen, Bewusstsein, Seele) erblicke, diesen *Sahasrarashirsha Purusha* mit Tausenden von Köpfen, Augen und Füßen. Wenn ich Menschen diene, sehe ich nicht die Menschen, sondern Ihn, dessen Glieder sie alle sind. Ich lerne, bescheiden zu sein vor dem mächtigen Wesen, dessen Atem wir atmen und dessen Freude wir uns erfreuen. Ich glaube nicht, dass es darüber hinaus etwas zu lehren oder lernen gibt. Das ist die höchste Religion, der Inbegriff der Philosophie, die man wirklich braucht.

Meine Philosophie ist weder eine verträumte, subjektive, die Welt verneinende illusionistische Lehre noch eine grobe, weltbejahende Theorie sinnorientierten Menschseins. Die Tatsache der Göttlichkeit des Universums, der Unsterblichkeit der menschlichen Seele, der Einheit der Schöpfung mit dem Absoluten ist für mich die einzige Lehre, die es wert ist, in Betracht gezogen zu werden. Da das eine alldurchdringende *Brahman* (das Absolute) als das ganze Universum auf allen Manifestationsebenen neu erscheint, muss der Aspirant erst den niederen Erscheinungsformen huldigen, bevor er sich den höheren zuwendet.

Für den Entwicklungsprozess zur idealen menschlichen Natur hin braucht man gute Gesundheit, klares Verständnis, tiefes Wissen, einen reinen machtvollen Willen und moralische Integrität.

Zu den Hauptbausteinen meiner Lebensphilosophie gehören: Sich anpassen und einfügen, Gutes in allem sehen und auf dem Weg zur Selbstverwirklichung alle natürlichen Anlagen ganzheitlich zu entfalten und so alle menschlichen Kräfte und Fähigkeiten möglichst wirksam zu nutzen. Für mich ist Philosophie nicht nur Liebe zur Weisheit, sondern tatsächlicher Besitz der Weisheit. In allen meinen Schriften habe ich Methoden zur Überwindung und Beherrschung der körperlichen, verstandesmäßigen, geistigen und energetischen Schichten des Bewusstseins beschrieben, um mit *Sadhana* (der spirituellen Praxis) zur Selbstvervollkommnung hin voranschreiten zu können.

Es ist mein Glaubensbekenntnis, Gott in jedem Wesen oder jeder Form zu sehen, Ihn überall, immer und in allen Lebenslagen zu fühlen und alles als Gott zu sehen, zu hören, zu schmecken und zu spüren.

Es ist mein Glaubensbekenntnis, in Gott zu leben, mit Gott zu verschmelzen, mich in Gott aufzulösen.

In dieser Einheit ruhend ist es mein Glaubensbekenntnis – wenn man es als solches bezeichnen kann –, Hände, Kopf, Sinne und Körper in den Dienst der Menschheit zu stellen, die Namen Gottes zu singen, Anhänger zu erheben, ernsthafte Aspiranten zu unterweisen und Wissen auf der ganzen Welt zu verbreiten.

Es ist mein Glaubensbekenntnis, ein kosmischer Freund und Wohltäter zu sein, ein Freund der Armen, Hoffnungslosen, Hilflosen und Gefallenen.

Es ist mein heiliges Glaubensbekenntnis, Kranken zu dienen, sie sorgfältig, mit Zuneigung und Liebe zu pflegen, die Betrübten aufzuheitern, allen Kraft und Freude einzuflößen, mich mit jedem und allem eins zu fühlen und alle gleich zu behandeln.

In meinem höchsten Glaubensbekenntnis gibt es weder Bauern noch Könige, weder Bettler noch Herrscher, weder Männer noch Frauen, weder Lehrer noch Schüler. Ich liebe es, in diesem unbeschreiblichen Königreich zu leben, mich darin zu bewegen und mit meinem Wesen darin verankert zu sein.

Der erste Schritt ist oft der schwerste. Ist er einmal getan, wird der Rest leicht. Die Menschen brauchen mehr Mut und Geduld. Üblicherweise weichen sie aus, zögern und haben Angst. Das kommt daher, dass sie ihre wahre Pflicht nicht kennen. Ein gewisses Maß an Erziehung und Kultur ist erforderlich, um sich einen genügend klaren Begriff seiner Stellung in dieser Welt zu verschaffen. Unser Erziehungssystem bedarf der Überholung, denn jetzt bewegt es sich an der Oberfläche, ohne die menschlichen Tiefen zu berühren. Um dies zu erreichen, sollten Gesellschaft und Politik zusammenarbeiten.

Erfolg ist schwer ohne gegenseitige Hilfe. Kopf und Herz sollten sich ergänzen. Ideal und Wirklichkeit sollten in einem engen Verhältnis zueinander stehen. Arbeit in diesem Bewusstsein ist *Karma Yoga*. Der Herr hat diese Wahrheit in der „Bhagavad Gita“ verkündet.

Ich bete darum, dass dieses höchste Ideal im täglichen Leben jedes Menschen in die Tat umgesetzt werde. Ich bete, dass der Himmel auf Erden herrschen möge. Das ist nicht nur ein Wunsch, sondern eine unleugbare Möglichkeit und Tatsache. Es ist zu verwirklichen, wenn das Leben die wahre Bedeutung erhält, die es haben sollte.

Dr. Kuppuswami (später als Swami Sivananda bekannt) in Malaysia

Einleitung

(Swami Sadananda Saraswati)

Als ich das Manuskript mit dem Titel „Autobiografie von Swami Sivananda“ erhielt, machte ich Freudensprünge, denn ich erwartete (wie es wohl viele erwarten würden), dies sei eine Gelegenheit, Einzelheiten aus dem Leben des Meisters kennenzulernen, die ich trotz meines langjährigen Aufenthalts bei ihm weder von ihm selbst, noch von anderen hatte erfahren können. Aber wie groß war meine Überraschung – um nicht zu sagen Enttäuschung–, als sich herausstellte, dass ich nicht einmal einen Schimmer dessen erhaschen konnte, was mein kleiner Geist so gern wissen wollte. Aber nachdem ich die Manuskripte aus der Hand gelegt und eine Weile in der Art, wie er es mich gelehrt hatte, darüber nachgedacht hatte, erkannte ich die Weisheit seiner Zurückhaltung. Ein Charakterzug, der ihm völlig fehlt und der ihm bei anderen sehr missfällt, ist eitle Neugier und nutzloses Geschwätz.

Der Weise Tiruvalluvar, der in Tamil Nadu zu Recht nicht nur als Dichter sondern auch als moralische Autorität gilt, hat in seinem unsterblichen Gedicht „Tirukkural“ im 20. Kapitel von „Illaraviyal“ (Regeln im Berufs- und Familienleben), das zum Thema „Arathuppal“ (*Dharma* oder Verhaltensregeln) gehört, einen Abschnitt dem „Payanila Sollamai“ gewidmet, was so viel bedeutet wie „Nicht über Fruchtloses reden“. Die Wahrheiten, die dieser Dichter in den zehn Strophen jenes Kapitels ausführt, sind von unschätzbarem Wert.

Die achte Strophe lautet: „Weise, die unterscheiden können zwischen dem, was nützlich ist und was nicht, werden *niemals* unnützen Worten Ausdruck verleihen.“

Wohlbedachte Verschwiegenheit

Swami Sivananda macht sich diese Verhaltensregel in seinem Leben zu eigen und weicht niemals davon ab, nicht einmal aus Vergesslichkeit. Er hält es für Verschwendung, über Vorfälle in seinem Leben zu schreiben, die dem spirituellen Fortschritt des Lesers keinen unmittelbaren Nutzen bringen. Deshalb erfahren wir nicht ein Wort darüber, warum er Indien verließ und ins ferne Malaysia ging zu einer Zeit, als es in strenggläubigen *Brahmanen*-Familien als Frevel galt, das Meer zu überqueren.

Und bekanntlich stammte Sivananda aus einer der orthodoxesten *Brahmanen*-Familien.

Und welcher besondere Umstand veranlasste ihn, eine ziemlich einträgliche Stelle in Malaysia aufzugeben und in unser Land zurückzukehren, um das Leben eines *Sannyasins* (Entsagten) zu führen? Nicht wenige seiner Schüler und Bewunderer wüssten gern, ob er jemals einen eigenen Hausstand hatte und falls ja, was aus seiner Familie geworden ist. Sogar die am wenigsten Neugierigen unter seinen Anhängern, die seine herausragende spirituelle Stellung hoch achten, möchten gerne erfahren, welchen der herkömmlichen Arten von *Tapas* (Askese) und *Sadhana* (spirituelle Praktiken), die üblicherweise von einem Neuling ausgeübt werden, er sich unterzog. Denn ihrer Meinung nach ist es unmöglich, jenen Gipfel spiritueller Höhe, den er erklommen hat, ohne zielgerichtete mühsame und unaufhörliche Anstrengung zu erreichen. Selbst diesen ernsthaften Suchern verweigert unser *Gurudev* (Lehrer) das Vergnügen, zu erfahren, was er tat, um der „Supermann" zu werden, der er ist.

Unbestreitbar ist diese wohlüberlegte Verschwiegenheit hinsichtlich solcher Einzelheiten nicht auf eine natürliche Schüchternheit zurückzuführen, denn wo er über sich selbst spricht, erlegt er sich keine Zurückhaltung auf. Vielleicht ist es umgekehrt. Oft sagt er manches mit einer unvergleichlichen Kühnheit, unbekümmert darüber, dass dies als Prahlerei mit seinen Leistungen ausgelegt werden könnte. Nein, Schüchternheit ist es nicht, die im Weg gestanden hat. Es ist einzig seine Überzeugung, dass es keinem nützlichen Zweck gedient hätte, darüber zu schreiben.

Zum Beispiel was den Grund anbelangt, warum er nach Malaysia ging. Angenommen, es war nur Abenteuerlust, der Wunsch, ferne Länder zu sehen. Was würde es uns als spirituellen Aspiranten nützen, wenn wir es wüssten? Angenommen, es war das Gefühl, der Sache der unglücklichen indischen Arbeiter zu dienen, die damals von Agenten und ihren Helfern mit Versprechungen hoher Löhne und einem angenehmen Leben praktisch geködert wurden, in Wirklichkeit aber beträchtlicher Not ausgesetzt waren. Selbst in diesem Fall wird uns dieses Wissen nicht helfen, uns als spirituelle Persönlichkeiten zu entfalten. Im Wissen, dass eine Schilderung dieser Lebensphase uns keinen Nutzen bringt, hat der Verfasser dieser Autobiografie sie nicht mit einem Wort erwähnt. Und wenn es ein besonderer Umstand war, der ihn zu einem grundlegenden Wandel seiner Lebensanschauung veranlasste und ihn dazu trieb, in aller Eile ein *Sannyasin* zu werden, muss nicht jeder, der den inneren Drang verspürt, sich von der Welt zurückzuziehen, dies aus derselben Erfahrung heraus tun wie Sivananda. Im Fall einer unwiderstehlichen göttlichen Berufung wird man automatisch angezogen. Daher dient es keinem praktischen Zweck, den Grund dafür zu erwähnen, warum der Autor der Welt entsagte.

Hinweise auf Sivanandas Sadhana

Dasselbe gilt für die anderen Fragen, einschließlich *Sadhana* (der spirituellen Praktiken), die er sich zu eigen gemacht haben muss. Viele Bücher sind über *Sadhana* geschrieben worden, um spirituelle Aspiranten zu unterweisen – und auch Swami Sivananda hat viele solcher Abhandlungen geschrieben. Trotzdem muss man sich darüber im Klaren sein, dass eine bestimmte geistige Übung immer nur subjektiv für einen Menschen genau die richtige ist und für niemanden sonst. Jedes *Sadhana* zielt darauf ab, den eigenen Geist zu einem möglichst hilfreichen und am wenigsten schädlichen Instrument zu machen. Unser Geist ist aber unser eigener und nicht der eines anderen. Er spiegelt die Folgen unserer Handlungen in früheren und im jetzigen Leben wider. Jeder Geist muss auf besondere Weise behandelt werden und nur der Besitzer dieses einen Geistes kennt diesen besonderen Weg aus Erfahrung und Praxis. Auch wenn Swami Sivananda ausführlich darüber berichten würde, welchen Hindernissen er gegenüberstand, um Herrschaft über seinen Geist zu erlangen und wie er ihnen begegnete, wäre es folglich nur ein wenig persönliche Geschichte und nichts, was uns in irgendeiner Weise helfen könnte, auch wenn wir noch so sehr darauf erpicht wären, Nutzen daraus zu ziehen.

Dennoch kann man nicht sagen, dass Sivananda zu diesem Thema ganz geschwiegen hätte. Im Laufe der Autobiografie gibt er uns an verschiedenen Stellen genügend Informationen.

Er sagt zum Beispiel: „Das Leben als Wandermönch half mir, in großem Maß Geduld, rechte Einsicht und ausgeglichenes Gemüt in Freude und Leid zu entwickeln. Ich traf viele *Mahatmas* (große Meister) und lernte wundervolle Lektionen. An manchen Tagen musste ich ohne

Essen meilenweit gehen. Mit einem Lächeln begegnete ich aller Mühsal."

Gewiss, das ist eine sehr kurze Darstellung. Aber sie ist äußerst aufschlussreich. Es ist nicht leicht, mit leerem Magen meilenweit zu gehen und dabei Gleichmut zu bewahren. Das ist echtes *Sadhana*. Es erhebt den Menschen mehr als hundert *Japa Malas* (*Mantra*-Wiederholung mit der Gebetskette) ohne Hunger in einer behaglichen Ecke. Aus solchen Passagen kann man die Art der strengen Askese erahnen, der er sich unterzogen haben muss.

An anderer Stelle schreibt er: „Selbstverwirklichung ist eine transzendentale Erfahrung. Man kann auf dem spirituellen Weg nur voranschreiten in blindem Glauben an die Worte der Weisen, die die Wahrheit verwirklicht haben und Kenntnis des Selbst besitzen." Diese Worte beziehen sich auf seine Suche nach einem *Guru*. Hier erhalten wir Einblick in die Art seines Glaubens. Es ist keineswegs der Glaube eines Unwissenden. Er kannte alle Lehren der „Upanishaden" (Teil der indischen Heiligen Schriften; Schluss der „Veden") über das Selbst. Dennoch war er sich der Notwendigkeit eines *Gurus* voll bewusst. Er wusste, dass das Ego nicht gezügelt werden kann ohne unbedingtes Vertrauen in die Worte eines *Gurus*. Diese Wahrheit lehrt er uns, wenn er über seine Suche nach einem *Guru* schreibt.

Auf diese Art und Weise erfahren wir etwas über seine spirituelle Praxis. Tatsächlich ist Swami Sivananda ein sehr praktischer Mensch. Was er aus Büchern oder von Menschen lernte, pflegte er in die Praxis umzusetzen, um zu sehen, inwieweit diese Lehre für ihn zutraf. Eignete sie sich nicht für ihn, so verwarf er sie nicht, sondern ließ sie einfach beiseite. Soweit sie ihn betraf, war sie nicht wirkungsvoll. Das war alles. Daher schreibt er über alles aus eigener Erfahrung. Er hält nichts davon, den Körper zu quälen, um spirituelle Kräfte zu erlangen und Wunder zu vollbringen. Auch darüber schreibt er in diesem Buch.

Motiv für die Autobiografie

Manchmal bezweifle ich, ob ein Heiliger überhaupt eine Autobiografie schreiben sollte. Ich frage mich, ob nicht eine Spur von Eitelkeit dabei ist, wenn man über sich selbst und seine Errungenschaften schreibt. Es mag verzeihlich sein, wenn ein weltlicher Mensch sich so darstellt, um sich zu profilieren. Aber ist es für einen selbstentsagten Heiligen richtig, dasselbe zu tun?

In dieser Hinsicht kann man Swami Sivananda überhaupt nichts vorwerfen, denn sein Buch ist nur dem Namen nach eine Autobiografie. Es enthält nichts, was man so auslegen könnte, als ziele es darauf ab, die Achtung und gute Meinung der Leser zu gewinnen. Er hatte nur ein Motiv. Er weiß, dass – obwohl er nichts derartiges geplant hatte – Gott ihn dazu veranlasst hat, die „Divine Life Society" und die „Forest University" (heute: „Forest Academy") zu gründen und ähnliche Aktivitäten zu unternehmen, die alle einem dringenden Bedürfnis der Menschen auf der ganzen Welt entsprechen, nämlich ein Leben ohne Furcht und im Vertrauen auf den Schutz Gottes zu führen. Ob er will oder nicht, er findet sich an der Spitze einer großen Mission und bevor er die Erde verlässt, möchte er die Menschen wissen lassen, wie diese edle Bewegung in den Dienst der Menschheit gestellt werden kann. Das verstehe ich als Hauptzweck dieser Veröffentlichung unter dem Titel „Autobiografie von Swami Sivananda". Natürlich kann man dieses Buch nicht mit anderen Biografien vergleichen, die aus anderen Gründen entstanden sind.

Wertvolle Lektionen im Buch

Jetzt können wir dazu übergehen, den Wert des Buches zu untersuchen. Vom Anfang bis zum Ende hat es großen erzieherischen Wert für den, der Nutzen daraus ziehen will. Im ersten Kapitel zeigt sich die große Achtung, die Sivananda für seinen Urahnen Appayya Dikshitar hegt. Absichtlich kurz sind Herkunft und Kindheit abgehandelt. Über seine Liebe zum Arztberuf und wie Ärzte idealerweise arbeiten sollten berichtet er im Abschnitt über seine Laufbahn in Malaysia.

Wie sein Glaube an die Aussagen der *Shrutis* (heilige Schriften; die „Veden") – „An dem Tag, an dem du leidenschaftslos wirst, entsage der Welt" – ihn verwandelte, entdeckt man im Abschnitt: „Das Erwachen einer neuen Sicht".

Sein Leben als Wandermönch, den Nutzen, den er aus Pilgerreisen zog, seine Suche nach einem *Guru* und seine Wahl von Rishikesh als endgültigen Aufenthaltsort werden einfach, ohne stilistische Ausschmückungen geschildert. Dennoch enthalten sie alle eine Lehre für uns. Seine Bemerkungen über törichten spirituellen Ehrgeiz, seine Entscheidung, sich *Sadhana*, eine ganzheitliche spirituelle Praxis, anzueignen, die Art, wie er im „Swarg Ashram" lebte, die Vortragsreisen und die Reise zum Kailash verdeutlichen seine frühen Versuche, *Sadhana* mit selbstlosem Dienst zu verbinden.

Nach dieser Anfangsperiode seiner geistigen Entwicklung finden wir ihn engagiert in der Massenverbreitung spirituellen Wissens. Er hat die Entwicklungsstadien der „Divine Life"-Mission sehr gut beschrieben. Besonders wertvoll sind seine Bemerkungen darüber, wie er mit seiner Selbstlosigkeit und inneren Größe die dauerhafte Anhänglichkeit und Hingabe seiner Schüler gewann.

Nachdem die dritte Phase – „Eine große Einrichtung entsteht" – erreicht ist, beschreibt er mit Vergnügen die dort geleistete, edle, wertvolle Arbeit. Dann entdeckt er sich selbst als kosmischen Freund und Wohltäter, denn er lebt beständig im upanishadischen Gedanken: *Aham Brahma Asmi* – „Ich bin Brahman". Er kümmert sich auch um die Verbesserung der Natur derer, die bei ihm sind. Was er für sie und mit ihnen tut, ist in „Gruppen-Sadhana" und den folgenden Abschnitten beschrieben. Zu gegebener Zeit gewinnt die „Divine Life"-Bewegung an Stärke und erfüllt die Bedürfnisse der Zeit dank ihrer allgemeinverbindlichen Ideale und ihrer wirksamen Methoden zur spirituellen Vervollkommnung.

Das Ganze ist wie ein chronologischer Jahresbericht gehalten, aber die Schönheit des Buches besteht darin, dass sich mit jedem Satz die vornehme Gesinnung des Autors enthüllt, die Aufrichtigkeit und Ernsthaftigkeit, mit der er die selbstgewählte Aufgabe ausführt, der Menschheit Nutzen zu bringen und die Liebe und Achtung, die ihm seine Schüler, Bewunderer und sogar zufällige Besucher entgegenbringen. In Wirklichkeit sieht man die Größe des Menschen und seiner Arbeit hinter dem ungeschminkten Bericht über das Leben im *Ashram*. Das schnelle Wachstum der Mission, das er in einem kurzen Kapitel schlicht feststellt, ist für uns der Beweis, dass hinter einem guten Menschen, der etwas Gutes tut, immer Gott steht, um ihm zu helfen. Die Kapitel über das Wesen der „Divine Life"-Bewegung, die keine geheimen Lehren kennt, die wahre Religion predigt und in Wirklichkeit nichts anderes ist als eine einfache, praktische Art, unbeschwert und wirklich glücklich zu leben, sind äußerst aufschlussreich.

Weiter lesen wir von spirituellen Konferenzen, Vortragsreisen, der Organisation von öffentlichem *Mantra*-Singen (*Nagar Kirtan*) und Prozessionen am frühen Morgen (*Prabhat Pheri*) usw. und sehen die kraftvolle Arbeit Sivanandas, um die Menschen ihre Zeit bestmöglichst nutzen zu lassen, indem sie nach den Idealen der „Divine Life"-Bewegung leben.

Der Verfasser gibt uns auch Anweisungen, wie man sich um Aspiranten kümmern, allumfassende Liebe praktizieren kann, allen helfen sollte und wie man Schüler von fern unterstützen kann. Die Wiedergabe einiger Briefe an seine Schüler zeigt, wie sehr er sich um das spirituelle und sogar das materielle Wohlergehen jener bemühte, die sich ihm angeschlossen hatten. Im letzten Teil des Buches beschäftigt er sich mit verschiedenen Themen wie dem Geist der Anpassung, der Herrlichkeit und Notwendigkeit der Entsagung, auch wenn man jung ist, den Eigenschaften eines guten Schülers, der Notwendigkeit zur Reinigung des Herzens, der rechten Einstellung gegenüber Frauen, ob Frauen der Welt entsagen können und vielen anderen praktischen Fragen. Einige dieser Kapitel zeugen von seinem weiten Horizont und sogar von einer kühnen Abwendung von anerkannten Konventionen, in Anpassung an die Erfordernisse der heutigen Zeit.

Das Buch enthält wertvolle Ratschläge für *Sannyasins* (Entsagte, Mönche) zu richtiger Meditation, wahrem Dienen, darüber, wer einen Ashram eröffnen kann und wer es nicht tun sollte, zum Verhältnis von *Sannyasins* und Politik, über den Wert der Einweihung durch einen *Guru* und ähnliche Themen. Unabhängig von seinem Titel ist das Buch eine Fundgrube wertvollster Ratschläge und Unterweisungen.

Einige Abschnitte sind den Büchern und Veröffentlichungen des Meisters gewidmet. Dabei können wir feststellen, wie sehr er sich von anderen unterscheidet, denn er legt keinen Wert auf das Urheberrecht. Er hat kein wirtschaftliches Interesse. Er möchte, dass den Menschen überall auf der Welt auch nach seinem Tod ein ständiger Vorrat an nutzbringendem Wissen zur Verfügung steht. Deshalb schreibt er ununterbrochen. Seine Bücher erscheinen jedes Jahr in steigenden Auflagen und werden kostenlos an Tausende in Indien und anderswo verteilt.

Ein Teil des Buches gibt praktische Ratschläge an seine Schüler, sich nicht zu streiten, kein Ärgernis zu erregen und keine Gedanken des Hasses zu pflegen. Es ist unmöglich, hier alles anzusprechen, was dieses

Buch enthält. Aber eines kann man mit Sicherheit sagen: Man kann jede Seite zufällig aufschlagen und wird die eine oder andere Lehre finden, die unsere innere Natur verwandelt. Jedes Wort kommt aus der eigenen, tiefen Erfahrung des Autors. Das Buch macht deutlich, dass er immer bemüht war, seinen Geist rein, erhaben und edel zu halten und diese Reinheit und Vornehmheit auch seinen Schülern zu vermitteln.

Warnung vor übernatürlichen Kräften

Der Meister pflegte uns zu warnen und darüber auch in seinen Büchern zu schreiben, dass ein echter spiritueller Aspirant nicht nach *Siddhis* (übernatürlichen Kräften) verlangen sollte, denn wenn man sich diese wünscht, kommt der weitere spirituelle Fortschritt zum Stillstand.

Er hat einige Vorfälle erlebt, wo Menschen mit guten Fortschritten der Versuchung dieser Kräfte erlagen und von da an ernstlich zurückfielen. Niemand kann bestreiten, dass die Meinung des Meisters in dieser Angelegenheit richtig ist. Aber von Zeit zu Zeit überkommen mich Zweifel. Im *Ashram* erhalten wir viele Briefe von Menschen aus verschiedenen Orten mit der Beschreibung von Wundern, die der Meister vollbracht hat. Es kann nicht sein, dass alle, die solche Briefe schreiben, die Unwahrheit sagen oder unter Sinnestäuschungen leiden. Wahrscheinlich ist ein kleiner Prozentsatz von Leuten dabei, die einer Selbsttäuschung unterliegen. Aber wenn man von der Art der berichteten Vorfälle ausgeht – die sorgfältig in allen Einzelheiten geschildert werden –, bin ich zum Schluss gekommen, dass der Meister übernatürliche Kräfte einsetzt. Wenn dem so ist, wird er fallen? Ich kann mit Sicherheit behaupten, dass er nicht fallen kann, denn er hat sich jenseits von Aufstieg und Fall erhoben. Er hat den Zustand erreicht, in dem er sich selbst mit dem Höchsten identifiziert – man mag es *Atman* (Selbst), *Satchidananda* (Sein-Wissen-Glückseligkeit) oder *Ishwara* (Gott) nennen; wo bliebe da die Frage nach Aufstieg und Fall? Wenn das Ego abgelegt ist, wie kann es da irgendeine Gefahr geben?

Wir können uns einer Sache sicher sein: Der wirkliche *Siddha* (Vollkommener; Meister mit übernatürlichen Fähigkeiten), der nicht nach *Siddhis* verlangt und sich nicht darum kümmert, sie aber zu uneigennützigen Zwecken und als Ergebnis seiner Einheit mit Gott einsetzt, unterscheidet sich grundlegend von dem gewöhnlichen kleinen Menschen, der über ein paar geistige Kräfte verfügt, um außergewöhnliche Dinge zu vollbringen oder der Herrschaft über Geister hat. Die Macht über Geister, gute oder böse, ist etwas ganz anderes als spirituelle Macht. Und kein wirklicher *Siddha* nennt sich selbst einen *Bhagavan* (Göttlicher) oder stellt seine Kräfte zur Schau. Man kann sagen, dass der *Siddha* nicht weiß, dass er Wunder vollbringt, denn für ihn sind es keine Wunder – für ihn sind es ganz gewöhnliche Dinge, weil er auf einer Ebene jenseits der Erfassbarkeit für normale Menschen lebt. Ich muss schlussfolgern, dass Swami Sivananda zu diesen gehört. Aber er offenbart sich nicht jedem als solcher.

Schlusswort

Bevor ich diese Einleitung schließe, komme ich nicht umhin, festzustellen, dass der Autor – sehr wahrscheinlich unbewusst – mit jedem Satz seine wahre Persönlichkeit offenbart. Und was für eine großartige Persönlichkeit! In diesem Sinne ist dieses Buch tatsächlich eine richtige Autobiografie.

Durch seine Schriften sehen wir seinen herausragenden Charakterzug: Die Leidenschaft, jedem – ob klein oder groß, gelehrt oder ungelehrt, jedem in seiner eigenen, bescheidenen und begrenzten Weise – erkennen zu helfen, dass er Erbe ist jener höchsten Wonne, die das ganze Universum durchdringt, der Wonne, von der all das (was wir auf der Welt sehen) kommt, durch die es erhalten wird und in der es aufgeht. Wir sehen sein unablässiges Bestreben, kleine Naturen in vornehme Wesen zu verwandeln, so dass sie ihre Fesseln leicht überwinden und auf immer im ewigen Wohnsitz der Glückseligkeit leben können, der ihr Geburtsrecht als der Kinder Gottes ist.

नमः शिवाय

Vorwort

(Shri N. C. Ghosh)

Mit dieser schönen Biografie eines großen Gelehrten hat die *Yoga Vedanta Forest University* von Shivanandanagar, Indien, einen außerordentlichen Dienst erwiesen. Als typisches Produkt von Swami Sivanandas Genius verbindet das Buch eine eingehende Analyse seiner Erfahrungen mit einer tiefen, unmittelbar überzeugenden Aufrichtigkeit. Das ganze Buch ist erfüllt von der prophetischen Vision eines Sehers, eines selbstverwirklichten Menschen. Es hat eine so klare, poetische Ausdruckskraft, dass es der trockenen philosophischen Diskussion über das tiefgründigste Thema überhaupt neues Leben eingehaucht hat.

Indiens spirituelle Kultur wurde bereichert

Diese inspirierende Lebensgeschichte von Paramahamsa Swami Sivananda verherrlicht das kulturelle Erbe Indiens. Sie wird der ganzen Welt unermesslich viel Gutes bringen, denn sie weist viele sonst für Biografien unübliche Merkmale auf. Die Feder des Meisters gibt uns Einblick in seine Persönlichkeit, Hinweise auf praktisch gelebte Spiritualität und eine Vorstellung des großen geistigen Erbes Indiens. Sie liefert auch eine Grundlage für allumfassendes Verständnis und Liebe sowie einen beeindruckenden Überblick über die Gründung, Entwicklung und Tätigkeiten der „Divine Life Society".

Mitten im Getöse und Getriebe des Atomzeitalters wirkt eine spirituelle Einrichtung wie die „Divine Life Society" fast wie ein Paradox. In ihr manifestiert sich das unendliche Absolute in Form menschenfreundlicher Arbeit und schöngeistiger Kultur; damit stellt sie sich den vielen abwärts gerichteten Tendenzen der modernen Zivilisation entgegen. Für die Öffentlichkeit gibt es selten Gelegenheit, sich aus erster Hand über die Aktivitäten dieser Einrichtung und ihren berühmten Gründer und Präsidenten zu informieren. Unter diesem Gesichtspunkt wird man das Buch äußerst praktisch und wertvoll finden. In gedrängter Form gibt es viele nützliche Informationen über ein Leben im Einklang mit der Natur, mit Gott, ein „göttliches Leben" und zeigt eine Perspektive auf, die die Aufmerksamkeit des Lesers bis zum Schluss fesselt. Der

Autor beschreibt ebenso wunderbare wie lehrreiche Vorfälle und Ereignisse seines Lebens aus unmittelbarer Erfahrung. Leser mit einem Hang zur Religiosität werden viel Freude an diesem Buch haben, denn es enthält einen Schatz praktischer Lehren zur spirituellen Erhebung.

Der Verfasser erläutert die wichtigsten Merkmale der spirituellen Kultur Indiens für die vielen Leser, die im weltlichen Leben stehen, aber dennoch ein Leben im Einklang mit ihrer göttlichen Natur anstreben und nicht in der Lage sind oder keine Zeit haben, sich tiefgründig mit bedeutenden Schriften wie den „Veden" auseinanderzusetzen. Mit einem Wort, das Buch zeigt eine Göttlichkeit auf, die der Verehrer lieben, anbeten und in einem reinen Herzen pflegen sollte und erweckt so im Leser den Wunsch nach *Sadhana* (spiritueller Praxis).

Eine vorbildliche Persönlichkeit

Zum Nutzen der Menschheit hat Swamiji versucht, durch zahlreiche Hinweise auf praktisches *Sadhana* das Buch zu einer Hilfe für alle Aspiranten zu machen. Diese Autobiografie spiegelt lebhaft wider, wie sehr sein großes Herz für Millionen leidender Menschen in Indien und im Ausland schlägt und auf welche Weise er sein Vaterland erheben und wieder zu seiner einstigen Größe führen wollte. Wenn unsere Jugend die Anerkennung und Bewunderung der Welt gewinnen will, soll sie sich von dem bewundernswerten Leben Swami Sivanandas inspirieren lassen. Er ist nicht nur ein Seher und der größte Fackelträger des *Vedanta* (Philosophie des Absoluten) im Osten, sondern die Verkörperung alles Großen und Edlen im Leben. Seine magische Persönlichkeit, seine Lebenskraft und Ausdauer zeigen sich hier wunderschön. In schlichtem Stil gehalten, angereichert mit bewegenden Ereignissen, fesselt diese Autobiografie den Leser mit Sicherheit.

Die im Buch geschilderten neuartigen Methoden, Schüler auszubilden, werfen auch Licht auf unser eigenes spirituelles Leben. Jesus Christus sagte: „Ich bin das Licht der Welt; wer mir nachfolgt, der wird nicht wandeln in der Finsternis, sondern wird das Licht des Lebens haben." [Joh 8:12] Dieses Buch eines tiefgründigen Heiligen erhellt schlagartig die verschiedenen Aspekte der Wahrheit von der allumfassenden Einheit. Wir sind voller Bewunderung für Swamiji. Er schwimmt auf der Welle der Beliebtheit, weil die tiefsten philosophischen Wahrheiten so gut in anregende Geschichten verpackt und in einem so eingängigen, einfachen Stil geschrieben sind, dass sogar Anfänger die Lehren annehmen können. *Jnana Yogis* (Gelehrte) und *Karma Yogis* und andere Anhänger Sivanandas werden sich über dieses Buch sehr freuen; es ist eine Goldgrube und führt den Leser in eine neue Welt voll Entzücken und Ekstase ein. Es schenkt genau das eine, das man braucht.

Sivananda – eine „Weltmacht"

Wenn Sivananda spricht, hört die Welt zu. Seine strahlende Persönlichkeit und unverfälschte, ursprüngliche Sicht, sein brillanter Verstand und sein allumfassendes Mitleid zusammen mit seinem ungestümen Drang, die Menschheit zu erheben, haben ihn zu einem wahrhaftigen Gottmenschen gemacht.

Swamiji sagt: „Mein Ziel und Ideal ist es, die Gefallenen zu erheben, die Blinden zu führen, mit anderen zu teilen, was ich habe, die Leidenden aufzuheitern, meinen Nächsten wie mein eigenes Selbst zu lieben, Frauen und Kinder und alle Lebewesen zu beschützen. Ich werde euch helfen und führen. Ich lebe, um euch allen zu dienen. Ich lebe, um euch alle glücklich zu machen. Dieser Körper ist zum Dienen geschaffen."

Das ist seine aufrüttelnde Botschaft an die Menschen im Atomzeitalter. Swamiji hat in Jahren harter Arbeit eine neue Welt geschaffen – „Ananda Kutir", die „Wohnstätte der Glückseligkeit" – für den schnellen spirituellen Fortschritt aller nach Wahrheit Suchenden, für alle möglichen Neigungen, Charaktere und Entwicklungsstufen. Spirituelle Wahrheit ist ewig, aber sie muss in einem menschlichen Dasein wiederbelebt und sichtbar gemacht werden als lebendiges und leuchtendes Beispiel für uns alle. Das Leben von Swamiji ist ein langes, stilles Gebet, verbunden mit tatkräftigem Handeln in selbstlosem Dienst. Die Geschichte handelt von eifrigem spirituellem Streben und Dienst an der Sache der leidenden Menschheit, oft angesichts großer Prüfungen. Alle Besucher von Swamijis *Ashram* staunen über die große Hingabe und die wirkungsvollen Organisationstalente seiner Schüler unter den Einfluss der Gnade des Meisters. Man kann ohne Zögern behaupten, dass Swamijis Mission auf gutem Weg ist, eine „Weltkraft" zu werden.

Die Geschichte von Paramahamsa Sivanandas Leben ist ein Lehrstück für praktizierten Glauben. Swamiji hat die Welt durch die Vielseitigkeit seines Wesens und seiner Fähigkeiten und seine zahllosen, unterschiedlichsten Beiträge zum Weltgeschehen in Erstaunen versetzt. Nachdem er Selbstverwirklichung erreicht hatte, bemühte er sich darum, diese Wahrheit weiterzugeben. Es gibt große Beispiele von *Siddha Jnanis* (selbstverwirklichte Vollkommene) in der Menschheitsgeschichte wie Buddha, Jesus Christus, Ramakrishna Paramahamsa und andere. Von seinem Wirken her gesehen personifiziert Swami Sivananda selbst den Idealtyp eines *Siddha Jnani*.

Erfüllung der spirituellen Aufgabe Indiens

Es ist die Aufgabe Indiens, die Welt durch seine Spiritualität zu verändern. Indiens wahrer Auftrag ist es, seine spirituelle Botschaft in der Welt zu verbreiten. Diese Zeiten erfordern eine Veränderung in den Herzen. Wir wünschten uns die Freiheit, weil wir meinten, wir hätten bestimmte Wahrheiten zu verkünden; Botschaften, die nicht nur für Indien sondern für die ganze Welt von Nutzen sind. Indien sollte seine wahre, vornehme Mission erfüllen, indem es diese Botschaft verbreitet. Für diese Aufgabe geben uns gottverwirklichte Menschen wie Swami Sivananda die richtige Führung. So wie das Indien unter der Fremdherrschaft einen Gandhi brauchte, um es in die Freiheit zu führen, braucht das aufstrebende Indien einen Sivananda, um ihm sein kostbares Erbe bewusst zu machen und seine spirituelle Berufung wieder aufleben zu lassen.

Noch nie wurden Persönlichkeiten wie er dringender gebraucht als heute, wo die Welt bis an die Zähne mit Atomwaffen ausgerüstet, am Rand eines selbstmörderischen Krieges steht. Er ist sozusagen eine Verbindung zwischen Himmel und Erde. Wenn jemand namhaft zum Frieden und zur spirituellen Erhebung der Menschheit beitragen kann, dann ist es sicher Sivananda.

Obwohl in Indien Armut und Elend herrschen, sind die Inder glücklich, weil sie immer noch berühmte lebende Heilige wie Swami Sivananda haben. Er ruft eindringlich dazu auf, das Glück der Seele anstelle materieller Vergnügungen zu suchen. Er ist ein Heiliger mit einer internationalen Sichtweise und einer der Pioniere, die die *Yoga*-Praktiken aus ihrer klösterlichen Abgeschlossenheit befreit und für *alle*

Menschen zugänglich gemacht haben. Er verliert sich nicht in meditativem Rückzug, um Erkenntnis zu erlangen. Er ist ein Heiliger für die Massen. Er ist zu uns gekommen mit der Berufung, die Wahrheit in der Lüge aufzuzeigen, Licht ins Dunkel zu bringen und Unsterblichkeit in dieser vergänglichen Welt zu begründen. Mit einem Wort, er ist ein moderner Prophet für die ganze Welt. Geht einfach in den malerischen „Sivananda Ashram" in Rishikesh zu Füßen des majestätischen Himalaya Gebirges, wo zwischen dem Ganges im Vordergrund und dem „Vishvanath Mandir" (Shiva-Tempel) im Hintergrund eine Kolonie Heiliger unter der göttlichen Führung von Swami Sivananda für das Wohlergehen der Menschheit lebt und arbeitet und unterzieht euch einer gründlichen körperlichen, geistigen und seelischen Erneuerung.

Sivanandas Errungenschaften

Die „Divine Life Society" wurde von Seiner Heiligkeit 1936 gegründet und dient heute der Menschheit durch die Verbreitung von Wissen und die Unterweisung von Aspiranten im *Yoga* und *Vedanta* an der „Yoga Vedanta Forest University". Ich möchte in aller Bescheidenheit die Aufmerksamkeit der Welt auf diesen lebenden Heiligen und Weisen lenken, der immer bereit ist, jedem ernsthaften Wahrheitssuchenden seine helfende Hand zu reichen. Seine Einrichtung ist einzigartig, denn sie ist das große Geschenk eines göttlichen Wesens, das paradoxerweise das kosmische Bewusstsein eines Weisen, die Tatkraft eines Unternehmers, den Wagemut eines Abenteurers und eine neue, erfrischende Annäherung an die Religion in sich vereint. Sie verbindet sehr schön das Wesentliche der verschiedenen Wege, Gott zu sehen und sich ihm zu nähern.

Die beiden aufsehenerregenden Ereignisse in Swami Sivanandajis Leben sind seine Reise durch Indien und Sri Lanka im Jahr 1950 und das 1953 von ihm einberufene Parlament der Religionen. Es verwundert nicht, dass ihm überall auf seiner Reise ein warmer Empfang zuteil wurde. Er hielt Vorträge an mehreren Universitäten und Lehrkörpern, in denen er vor allem über allumfassenden Frieden und die hinduistische Philosophie sprach. Durch sein umfassendes Wissen und seine zum Nachdenken anregenden Bemerkungen gewann er die Hochachtung aller Zuhörer.

Als am 3. April 1953, einem gesegneten Tag für Indien, das Weltparlament der Religionen feierlich eröffnet wurde, begann ein neues Kapitel im „Sivananda Ashram". In der Tat war es das erste Mal in der Geschichte des Landes, dass so viele hervorragende Männer und Frauen aus verschiedenen Teilen der Welt auf indischem Boden verweilten.

Dieses Parlament wird zweifellos von den Philosophen und anderen Intellektuellen der Welt zu den größten Errungenschaften des 20. Jahrhunderts gezählt werden.

Der magnetische Einfluss von Sivanandas Leben

Die menschliche Sprache ist ein völlig unzureichendes Mittel zur Beschreibung übersinnlicher Wahrnehmungen. Der Leser wird in diesem Werk viele Visionen und Erfahrungen jenseits von Physik und Psychologie erwähnt finden. Mit der Weiterentwicklung des modernen Wissens verschiebt sich die Grenzlinie zwischen Natürlichem und Übernatürlichem ständig. Echte mystische Erfahrungen sind heutzutage nicht mehr so verdächtig wie vor einem halben Jahrhundert. Die Worte von Swami Sivananda haben in seinem Heimatland bereits einen gewaltigen Einfluss ausgeübt. Gelehrte aus Europa haben in seinen Worten den Widerhall universeller Wahrheit entdeckt. Aber seine Worte sind nicht das Ergebnis verstandesmäßiger Überlegungen; sie wurzeln in unmittelbarer Erfahrung. Daher sind diese Erfahrungen des Meisters für Religions-, Psychologie- und Physikstudenten von ungeheurem Wert, zum Verständnis religiöser Erscheinungen ganz allgemein.

Swami Sivananda ist ein aufsteigender Stern am spirituellen Firmament. Er ist eine lebendige Verkörperung von Frömmigkeit und seine Botschaft breitet sich weitherum aus. Es gibt bereits ein Netzwerk von Zweigstellen der „Divine Life Society" in ganz Indien und im Ausland. Tausende haben Trost in seinen Lehren gefunden und erfahren, wie die wundertätige Kraft von Swamiji *i*hnen materielle und spirituelle Hindernisse aus dem Weg geräumt hat. Die erhabenen Ideale von Frieden und Harmonie, die Seine Heiligkeit in seinem Leben beispielhaft verwirklicht, sind heute zum Schlagwort einer Weltinstitution wie der Vereinten Nationen geworden. Er wird als ebenbürtig mit Krishna, Buddha und Jesus angesehen.

Der Dienst an der Menschheit war stets seine brennende Leidenschaft; sein ganzes Bestreben richtete sich mit allen erdenklichen Mitteln darauf. Die weltbekannte „Yoga Vedanta Forest University“ hat über 200 seiner Bücher über verschiedene fesselnde Themen veröffentlicht, aber das vorliegende Buch ist ein so großartiges Epos, dass es alle früheren Publikationen in den Schatten stellt. Es ist ein Abbild der einzigartigen indischen Kultur, Tradition und Würde. Große spirituelle Wahrheiten werden in einfachen Worten und lebendigen Geschichten beschrieben, Religionskonflikte im Licht unmittelbarer Erfahrung gelöst. Auf diesen Seiten wird jeder Mensch, egal welcher Glaubensrichtung, Mut, Vertrauen, Hoffnung und Erleuchtung finden. Swamijis Leben ist ein Versuchslabor für religiöse Experimente. Seine Botschaft ist eine stille Kraft, die das Nationalbewusstsein Indiens belebt, ein Vorläufer eines neuen Zeitalters des Lichts und Verständnisses für die ganze Welt.

Massen von Menschen – Männer und Frauen, Junge und Alte, Gebildete und Ungebildete, Agnostiker und Denggläubige – haben sich um ihn geschart, angezogen von seiner unwiderstehlichen geistigen Kraft. Alle spürten die Ausstrahlung seines Geistes und werden durch seine Gegenwart emporgehoben. Seine Liebe kennt keine Grenzen von Rasse, Hautfarbe oder Glaubensrichtung; er gibt rückhaltlos allen, die ihn suchen.

Ich bin sicher, alle Erdenpilger werden das nötige „göttliche Elixier“ in den folgenden Seiten finden, in einer Zeit, in der es in dieser materialistisch beherrschten Welt so dringend benötigt wird. Dieses Buch enthält inspirierende Botschaften für jeden Tag des Jahres und jede Botschaft hinterlässt einen bleibenden Eindruck im Leser und kann zu einem Wendepunkt seines Lebens werden.

Kapitel 1

Ich bin geboren

Die gesegnete Vorgeschichte - Shri Dikshitar

Auf dieser gesegneten Erde, von der allein aus man nach Befreiung streben und sie erreichen kann, in die sogar *Devas* (Götter- und Lichtwesen) hineingeboren werden wollen und müssen, um endgültige Seligkeit zu erlangen, erscheinen von Zeit zu Zeit einige wenige *Mahatmas* (große Seelen), deren einzige Bestimmung im Leben es ist, rundherum Liebe, Licht, Freude und Barmherzigkeit auszustrahlen, den Armen und Hilflosen zu dienen, den Hoffnungslosen und Niedergeschlagenen Trost zu spenden, die Unwissenden aufzuklären, spirituelles Wissen unter den Menschen zu verbreiten und der leidenden Menschheit ungetrübtes Glück zu bringen. Das sind die Heiligen und Weisen, *Arhats* (vollkommene Seelen) und *Buddhas*, *Fakire* und *Bhagavatas*, die die Erde zu verschiedenen Zeiten an verschiedensten Orten geziert haben.

In der „Bhagavad Gita" heißt es:

> „Nachdem er die Welt der Rechtschaffenen erlangt und sich dort eine Ewigkeit lang aufgehalten hat, wird der, der vom *Yoga* abgekommen ist, in einem reinen und wohlhabenden Haus wiedergeboren werden. Oder er wird sogar in einer Familie weiser *Yogis* geboren; wahrlich, eine solche Geburt ist in dieser Welt schwer zu erreichen." [BhG 6.41-42]

Shri Appaya Dikshitar war ein solcher Mensch. Er wurde in Adaipalam bei Arni im Bezirk Nord-Arcot geboren. Ich hatte das Vorrecht, der Familie eines so bedeutenden Heiligen anzugehören.

Ein Riese unter Genies

Shri Appaya Dikshitar, einer der größten Namen in der Geschichte Südindiens, ist der angesehene Verfasser von mehr als 104 Sanskrit-Werken über verschiedene Wissensgebiete. Seine Werke über *Vedanta* zeugen von seinem hohen intellektuellen Niveau. Alle *Vedanta*-Schulen haben sich von seinen einzigartigen, unvergleichlichen Werken anregen lassen. Von seinen philosophischen Arbeiten ist „Chaturmatasarasangraha" zu Recht berühmt für seine Gleichbehandlung der Lehrsätze der vier großen Schulen – *Dvaita*, *Vishisht-advaita*, *Shiva-advaita* und *Advaita* – denen seine Begriffe: „Nyayamuktavali", „Nyamayukhamalika", „Nyayamanimala" und „Nyayamanjari" (die zusammen das „Chaturmatasarasangraha" bilden) entsprechen.

Auf fast allen Gebieten der Sanskrit-Literatur, Dichtung, Rhetorik und Philosophie war er unerreicht, nicht nur unter seinen Zeitgenossen, sondern auch unter Gelehrten mehrerer Jahrzehnte vor und nach ihm. *Kuvalayananda* gilt allgemein als eines der besten Werke über Rhetorik. Seine Gedichte zur Lobpreisung Shivas sind bei Shiva-Anhängern sehr beliebt. Unter dem Titel *Parimala* hat er auch einen gelehrten Kommentar über den *Vedanta* verfasst; er ist ein einzigartiges Denkmal philosophischer Gelehrsamkeit.

Shri Appaya Dikshitar besaß einen scharfen Verstand. Er wurde bereits zu Lebzeiten verehrt und genießt auch heute noch große Achtung. Einmal besuchte er ein Dorf, den Geburtsort seiner Frau. Die Dorfbewohner, die stolz darauf waren, ihn einen der Ihrigen nennen zu können, bereiteten ihm einen großartigen Empfang. Es herrschte große Aufregung:

„Der große Dikshitar kommt zu uns."

Der berühmte Gast wurde von einer großen Menschenmenge begrüßt, die zusammengeströmt war, um einen Blick auf den „Löwen des *Vedanta*" zu erhaschen. Eine neugierige alte Dame kam, auf ihren Stock gestützt, um das „Phänomen" zu sehen. Mit Rücksicht auf ihr Alter ließ die Menge sie nach vorne durch. Sie starrte Shri Appaya eine Weile lang an. Schwache Erinnerungen an ein bekanntes Gesicht gingen ihr durch den Kopf. Sie grübelte: „Ich muss dieses Gesicht schon einmal irgendwo gesehen haben" und rief plötzlich: „Warten Sie, oh ja, sind Sie nicht der Ehemann von Achcha?" Der große Gelehrte bestätigte ihre Vermutung mit einem Lächeln. Die Dame ging enttäuscht nach Hause zurück und bemerkte: „Was für ein Aufhebens sie machen – dabei ist es nur der Mann von Achcha!" Sri Appaya verewigte diesen Vorfall in einem halben Vers und drückte darin eine Welt von Weisheit aus: *Asmin Grame Achcha Prasiddha* – „In diesem Dorf gebühren Ruf und Vorrang Achcha".

Eine bedeutende spirituelle Persönlichkeit

Shri Appaya gilt bei vielen als Inkarnation Shivas. Als er zum Tempel von Tirupati in Südindien kam, verweigerten die *Vaishnavas* (Anhänger Vishnus) ihm als *Shaiva* (Shiva-Verehrer) den Zutritt.

Aber siehe da! Am nächsten Morgen hatte sich die Vishnu-*Murti* (Statue von Vishnu) in einen Shiva verwandelt! Der Tempelvorsteher war verblüfft, bat Dikshitar um Verzeihung und flehte ihn an, die *Murti* wieder in Vishnu zurück zu verwandeln, was der große Heilige selbstverständlich tat.

Shri Dikshitar lebte Mitte des 16. Jahrhunderts. Auf dem Gebiet der Dichtung machte er dem Gelehrten Jagannatha Konkurrenz. Er vertrat keine von der *Vedanta*-Lehre Shankaras abweichenden Ansichten, trug aber hitzige Auseinandersetzungen mit Vallabha (Name eines *Vaishnava*-Heiligen, der die *Shuddhadvaita*-Philosophie begründete) Anhängern in Jaipur und anderswo aus. Sein Werk „Siddhantalesha" ist die vortrefflichste Übersicht über die lehrmäßigen Meinungsverschiedenheiten unter den Nachfolgern Shankaras. Er war eine der bedeutendsten Persönlichkeiten und Gelehrten, die Indien je hervorgebracht hat. Es gibt zwar keine eingehende Überlieferung seiner Lebensgeschichte, aber seine Werke zeugen ausreichend von seiner Größe.

Mein Geburtsort

Pattamadai ist ein reizender Ort inmitten grüner Reisfelder und Mangohaine, zehn Meilen von Tinnevelly in Tamil Nadu gelegen. Der Kanadiankal, ein schöner Arm des Tambraparni, umfließt Pattamadai wie eine Girlande, ähnlich wie der Sarayu oder Kaveri Ayodhya oder Srirangam einrahmt. Der Tambraparni wird auch „Dakshina Ganga" (Ganges des Südens) genannt. Er fließt durch felsiges, kupferhaltiges Gestein, nach dem er seinen Namen erhielt (*Tambra* bedeutet Kupfer). Sein Wasser ist frisch und gesund. Pattamadai ist bekannt für die Herstellung sehr schöner Strohmatten. Die seidenähnliche Matte, die in der Sivananda-Sammlung ausgestellt ist, wird allgemein sehr bewundert.

Entwicklungsphase

Als Schoßkind in einer Familie von Heiligen und Philosophen genoss ich eine sehr gute Erziehung. Die Leute und der *Radscha* (Herrscher) von Ettiapuram bewunderten meine Kondition, meinen gesunden, starken Körper sowie meine angenehmen Umgangsformen und positiven Eigenschaften. Ich war von Natur aus kühn, mutig, sorglos und liebenswürdig. Besonders in den Dörfern gab es früher gar keinen Raum für die Entstehung schlechter Gewohnheiten. Umgebung und Atmosphäre waren höchst förderlich für Erziehung und Kultur. Als Junge war ich außergewöhnlich lebhaft und umtriebig.

Noch heute erinnere ich mich genau daran, wie ich auserwählt wurde, die Begrüßungsansprache vorzulesen, als Lord Ampthill, der damalige Gouverneur von Madras, 1901 zur Jagd in die Kurumalai-Berge kam.

Ich sang auch ein schönes englisches Willkommenslied auf dem Bahnsteig von Kumarapuram bei Koilpatti. Bei der jährlichen Preisverteilung in der Schule erhielt ich oft viele Bücher als Geschenke. Einmal bekam ich sogar eine wertvolle Gesamtausgabe von Shakespeares Werken und Macaulays Reden und Schriften. 1903 legte ich die Abschlussprüfung an der höheren Schule von Ettiapuram ab.

Dann trat ich in das „S.P.G. College" in Trichinapoly ein, das von dem Geistlichen und späteren Bischof H. Packenharn Walsh geleitet wurde.

Am College interessierte ich mich für Theateraufführungen. 1905 spielten wir den „Mittsommernachtstraum" von Shakespeare, bei dem ich die Rolle der Helena übernahm. Die „Madurai-Tamil-Sangam"-Prüfung bestand ich ehrenvoll. Ich wählte den medizinischen Zweig und gab drei Jahre lang eine medizinische Zeitschrift mit dem Namen „Ambrosia" heraus. Ich war ausgesprochen ehrgeizig und begeisterungsfähig.

In der Schule war ich ein überaus fleißiger Junge. Während meiner Studienzeit am Medizinischen Institut in Tanjore fuhr ich in den Ferien nie nach Hause. Ich verbrachte die ganze Zeit im Krankenhaus. Ich hatte freien Zutritt zum Operationssaal. Ich war einmal hier, einmal dort und erwarb so chirurgische Kenntnisse, wie sie normalerweise nur Studenten höherer Semester besaßen. Ein älterer Assistenzchirurg musste sich einer Prüfung unterziehen; er gab mir seine Lehrbücher, um sie ihm vorzulesen. Dadurch konnte ich mich an theoretischem Wissen mit Studenten, die – von der Jahrgangsstufe her – weiter waren, messen. Ich war in allen Fächern der Beste.

Ich hatte von einem sehr engagierten Assistenten am Mannargudi-Krankenhaus gehört und wollte (genauso gut) werden wie er. In aller Bescheidenheit darf ich erwähnen, dass ich ein größeres Wissen besaß als viele Ärzte mit angesehenen Titeln. Meine Mutter und meine Brüder wollten mich dazu überreden, in ein anderes Fach zu wechseln, aber ich hielt beharrlich an meinem Entschluss fest, denn ich hatte eine große Vorliebe für die Medizin. Meine ganze Freizeit verbrachte ich mit dem Studium aller möglichen medizinischen Bücher.

Im ersten Studienjahr an der „Medical School“ konnte ich bereits Prüfungsfragen beantworten, die andere nicht einmal im letzten Jahr wussten. Ich übertraf die Klasse in allen Fächern. Im ersten Jahr studierte ich Oslers Heilkunde bei Dr. Tirumudi Swami. Das bedeutete ein außergewöhnliches Vorrecht für mich. Leutnant-Colonel Hazel Wright mochte mich gern. Dr. Jnanam lobte mich als Zierde der Institution. Sogar in den Ferien arbeitete ich im Krankenhaus und lernte viel Neues dabei.

Ich kam auf die Idee, eine medizinische Zeitschrift ins Leben zu rufen und arbeitete sofort die Einzelheiten aus. Meine Mutter gab mir hundert *Rupien* für die Anlaufkosten. Ich bat ayurvedische Ärzte um Beiträge über *Ayurveda*. Ich selbst schrieb Artikel zu verschiedenen Themen und veröffentlichte sie, unter mehreren Pseudonymen, in der schon erwähnten Zeitschrift „Ambrosia“.

Nach ihrem ersten Erscheinen im Jahr 1909 gewann die Zeitschrift rasch an Beliebtheit. Angesehene Persönlichkeiten begannen, Beiträge dafür zu schreiben.

Einmal wollte meine Mutter ein Fest feiern und brauchte 150 *Rupien*, um die Ausgaben zu decken. Ich konnte ihr sofort mit diesem Betrag aushelfen.

Bis ich nach Malaysia aufbrach, wurde „Ambrosia“ vier Jahre lang erfolgreich verlegt. Sie hatte Halbquart-Format (13,5 cm x 17,0 cm), 32 Seiten pro Ausgabe und eine ansprechende Aufmachung. Die Themen waren interessant und für praktizierende Ärzte sehr nützlich. Der Inhalt war deutlich spirituell gefärbt. Im Unterschied zu anderen medizinischen Zeitschriften wurzelte „Ambrosia“ in den Lehren der alten Weisen. Spiritualität lag schon in meiner Jugend in meiner Natur.

Prüfungen im Leben

Die Zeitschrift allein befriedigte mich nicht. Ich wollte eine Stelle annehmen, zu meinem eigenen Lebensunterhalt und um der Zeitschrift finanziellen Rückhalt zu verschaffen. Daher verließ ich Trichinopoly und trat in Madras in Dr. Hallers Apotheke ein. Hier musste ich die Bücher führen, Arzneien zubereiten und ausgeben und Patienten versorgen. Ich musste harte Arbeit leisten. Ich erledigte alles und fand trotzdem noch Zeit für die Redaktion und Auflage von „Ambrosia". Ich brachte alte Ausgaben aus Trichinapoly mit und verteilte sie an hohe Beamte und einflussreiche Leute, um ihre Unterstützung zu gewinnen.

Ich beschloss, woanders eine bessere Stelle zu suchen. Schließlich entschied ich mich, mein Glück in Malaya (dem heutigen Malaysia) zu versuchen und schrieb an Dr. Iyengar, einen Freund, der vorher in der Nähe von Dr. Haller praktiziert und sich später in Singapur niedergelassen hatte, dass ich plante, nach Malaysia zu kommen und verließ Madras mit dem Dampfschiff „Tara".

Ich war nicht an so lange Reisen gewöhnt. Ich hatte keine Ahnung, welche Nahrungsmittel ich mitnehmen, was für Vorbereitungen ich für meine Laufbahn in Malaysia treffen sollte und wie viel Geld ich brauchen würde. Ich packte meine Sachen und nahm auch ein großes Paket Süßigkeiten mit, die meine Mutter liebevoll für mich vorbereitet hatte. Ich gehörte einer strenggläubigen Familie an und hatte Bedenken wegen des nichtvegetarischen Essens an Bord. Als ich jung war, hatte ich eine große Vorliebe für Süßspeisen. Während der Reise schaffte ich es, mich davon zu ernähren und trank viel Wasser dazu. Da ich an eine solche Kost nicht gewöhnt war, kam ich halbtot in Singapur an!

Es war ein kühnes, verwegenes Abenteuer, sich in die hohe See der Ungewissheit zu stürzen. Ich hatte kein Geld, auf das ich im Falle eines Sinneswandels oder Scheiterns meiner Erwartungen hätte zurückgreifen können. Aber ich war voll riesiger Hoffnungen und sprang ins kalte Wasser, um mein Schicksal herauszufordern. Willensstärke und eiserne Entschlossenheit trugen viel dazu bei, mein Leben und meine spirituelle Entwicklung zu formen. Keine vielversprechende Stellung wartete auf mich in den fernen Sümpfen von Malaysia; ich war völlig unbekannt und besaß weder Freunde noch eine finanzielle Absicherung. Ich musste ganz von vorne anfangen und zu Beginn gegen enttäuschende Rückschläge ankämpfen. Aber später entwickelte sich alles zu meinem Vorteil und meine Stellung festigte sich.

Gleich nach der Ankunft ging ich zu Dr. Iyengar. Er gab mir ein Empfehlungsschreiben an einen seiner Bekannten, Dr. Harold Parsons, einen praktischen Arzt in Seremban, der Hauptstadt von Negri Sembilan. Als ich in Seremban ankam, stellte sich heraus, dass Dr. Parsons gerade nicht da war. Inzwischen war das wenige Geld, das ich gehabt hatte, aufgebraucht. Ich war höchst zuversichtlich, eine Stelle zu bekommen. Dr. Parsons selbst brauchte keinen Assistenten. Aber ich konnte ihn so beeindrucken, dass er mich bei A.G. Rohins einführte, dem Direktor einer nahegelegenen Gummiplantage mit einem eigenen Krankenhaus.

Zu meinem Glück brauchte Herr Rohins gerade einen Assistenten für das Krankenhaus der Plantage. Er war ein schrecklicher Mensch mit einem heftigen Temperament, ein Riese von einem Mann, groß und kräftig. Er fragte mich: „Können Sie ein Krankenhaus ganz allein leiten?" Ich antwortete: „Ja, sogar drei." Er stellte mich sofort ein. Ein dort lebender Inder hatte mir gesagt, ich solle – in Übereinstimmung mit ihrer Politik – die Stelle nicht unter 100 Dollar im Monat annehmen. Herr Rohins stimmte einem Anfangsgehalt von 150 Dollar zu.

Der für das Krankenhaus verantwortliche Arzt war gerade weggegangen und man erzählte mir, er sei nicht besonders fachkundig gewesen. Ich erwarb mir schnell einen guten Überblick über die Krankenhausausstattung und den Vorrat an Arzneimitteln. Die Arbeit nahm mich ganz in Anspruch. Auch hier wartete harte Arbeit auf mich. Ich musste Arzneien herstellen und ausgeben, Bücher führen und persönlich Patienten betreuen, wie schon bei Dr. Haller in Madras.

Ungewohnte Belastungen begannen, sich auf mich auszuwirken und nach einer Weile war mir danach, die Stellung aufzugeben, aber Herr Rohins ließ mich nicht gehen.

Als ich später im „Johore Medical Office" arbeitete, nutzten meine Assistenten meine Güte und Nachsicht über Gebühr aus und erfüllten ihre Pflichten nur sehr nachlässig. Ich musste ihre ganze Arbeit ebenfalls erledigen. Dabei konnte ich mich nicht einmal über zu viel Arbeit beklagen, aus Furcht, dass mein Arbeitgeber dann streng mit ihnen ins Gericht gehen würde. Das Problem der Überlastung dauerte während der ganzen Zeit in Malaysia an; trotzdem machte ich weiter.

Ich war fast sieben Jahre im Gutskrankenhaus bei Seremban tätig, danach wechselte ich nach der Rückkehr von Dr. Parsons aus dem Kriegsdienst auf sein Betreiben ans „Johore Medical Office". In Johore arbeitete ich drei Jahre lang, bevor ich mich von allen weltlichen Betätigungen zurückzog.

In Malaysia kam ich mit vielen armen einheimischen und vertraglich verpflichteten ausländischen Arbeitern sowie mit den örtlichen Bewohnern unmittelbar in Berührung. Ich lernte Malayisch und sprach mit den Einheimischen in ihrer Muttersprache.

Ich half den Plantagenarbeitern sehr gut und war bei allen beliebt. Ich gewann gleichermaßen die Wertschätzung meines Arbeitgebers und der Beschäftigten. Ich diente immer gern. War ich diesen Moment gerade im Krankenhaus, so war ich im nächsten Augenblick bei einem armen Kranken zu Hause, um ihm und seiner Familie zu helfen. Dr. Parsons war Aufsichtsarzt des Gutskrankenhauses und schätzte mich sehr. Ich unterstützte ihn auch bei seiner privaten Arbeit. Ab und zu verwendete ich mein Einkommen, um Freunden und Patienten zu helfen. Ich ging sogar soweit, einige meiner eigenen Wertsachen zu verpfänden.

Sowohl für die Unternehmensleitung wie für die Arbeiter war ich ein Vertrauter. Wenn die Straßenkehrer streikten, kam der Plantagendirektor gewöhnlich nur zu mir. Ich ging dann von einer Partei zur anderen, um zu vermitteln. Über meine eigene Arbeit hinaus besuchte ich andere Krankenhäuser und erwarb zunehmend bakteriologische sowie andere Fachkenntnisse.

Es gab damals nicht ein einziges verfügbares englisches Buch über Medizin, das ich nicht gelesen und verarbeitet hätte. Darüber hinaus half ich auch noch meinen Assistenten und unterrichtete sie täglich eine Weile, um sie dann mit einem Empfehlungsschreiben an andere Krankenhäuser zu schicken, wobei ich ihre Fahrtkosten und einen Betrag für Notfälle aus eigener Tasche bezahlte. Bald war ich in Seremban und Johore Bahru bekannt. Der Bankdirektor verpflichtete mich zu Dank, indem er meine Schecks jederzeit, sogar an Feiertagen, einlöste. Aufgrund meiner menschenfreundlichen Art und Hilfsbereit-schaft wurde ich jedermanns Freund. Ich wurde rasch befördert; mein Gehalt und mein Lebensstil wuchsen gleichermaßen. Das alles erreichte ich nicht an einem Tag, sondern mit unablässiger harter Arbeit, unnachgiebiger Zähigkeit, fleißiger Anstrengung und mit unbezähmbarem Vertrauen in die Grundsätze von Güte und Tugend und ihre praktische Anwendung im täglichen Leben.

Während meiner Zeit in Malaysia veröffentlichte ich zahlreiche Artikel über allgemeine Gesundheit in der „Malaya Tribune" in Singapur.

Erste Lektionen im Dienst an der Menschheit

Ich verlegte mich besonders auf mikroskopische Studien und tropische Medizin. Anschließend zog ich nach Johore Bahru bei Singapur und arbeitete dort drei Jahre lang mit Dr. Parsons und Dr. Green zusammen. Die Ärzte Parsons, Green, Garlik und Glenny lobten mich als äußerst fähigen Arzt und bewunderten meine geschäftige, gewandte und tüchtige Art. Ich war glücklich, fröhlich und zufrieden. Ich pflegte alle Patienten sorgfältig. Nie verlangte ich ein Honorar. Ich fühlte mich glücklich, wenn sie von Krankheit und Beschwerden frei waren. Menschen zu dienen und das, was ich habe, zu teilen, entspricht meiner angeborenen Natur.

Ich heiterte die Menschen mit meinem Witz und Humor auf und ermunterte die Kranken mit liebevollen, aufbauenden Worten. Die Kranken spürten sofort neue Gesundheit, Hoffnung, Mut, Lebenskraft und Vitalität. Überall fanden die Menschen, ich hätte eine besondere heilende Gabe und rühmten mich als einen sehr netten, angenehmen Arzt mit einem liebenswürdigen, hochherzigen Charakter. In Ernstfällen pflegte ich nachts Wache zu halten. Ich verstand die Gefühle der Kranken und bemühte mich, ihre Leiden zu lindern.

Ich wurde Mitglied des *Royal Institute of Public Health*, der *Royal Asiatic Society* und des *Royal Sanitary Institute* in London. Während meines Aufenthalts in Malaysia veröffentlichte ich ein paar medizinische Bücher wie „Hausmittel", „Früchte und Gesundheit", „Krankheiten und ihre tamilischen Bezeichnungen", „Entbindungskalender", „14 Vorträge über öffentliche Gesundheit". Ich gab vielen Arbeitslosen Obdach, Essen und Kleidung und brachte sie in irgendeiner Anstellung unter.

Meine Ansichten waren liberal. Der Geist der Entsagung war in mir verwurzelt. Unehrlichkeit, Diplomatie* und Doppelzüngigkeit sind mir fremd. Ich war sehr offen, ehrlich, schlicht und aufrichtig. In dem Krankenhaus, in dem ich arbeitete, bildete ich viele junge Leute aus und brachte sie nachher in verschiedenen Krankenhäusern unter. Ich wandte meine ganze Energie und Zeit auf, menschliches Leid zu lindern und versuchte, Armen und Kranken rund um die Uhr mitfühlend zu helfen. Diese Art selbstlosen Dienstes reinigte mein Herz und Gemüt und führte mich auf den spirituellen Weg.

In meiner Jugend fand ich großen Gefallen an gepflegter Kleidung und meiner Sammlung kurioser, phantastischer Gold-, Silber- und Sandelholz-Kunstwerke. Manchmal kaufte ich goldene Ringe und Halsketten und trug sie alle auf einmal. Wenn ich ein Geschäft betrat, verlor ich keine Zeit mit der Auswahl. Ich nahm alles, was ich sah. Feilschen und Handeln liegen mir nicht. Ich bezahlte die Ladenrech-nungen ohne nähere Prüfung. Selbst heute noch kaufe ich viele Bücher für die Bibliothek der *Forest University*, für die Schüler im *Ashram*, wenn ich in einen Buchladen komme.

Ich besaß viele Hüte, trug sie aber nie. Manchmal trug ich eine Filzkappe oder einen seidenen Turban wie ein Radschputen-Prinz.

Lange Zeit bereitete ich mir mein Essen selbst zu und Radfahren war meine liebste körperliche Betätigung. Gäste bewirtete ich liebevoll und aufmerksam. Malaysia war ein Land der Verlockung, aber nichts konnte mich verführen. Ich war rein wie ein Kristall und hielt mich an meine tägliche Praxis der Verehrung, des Gebets und des Studiums der Schriften. Ich spielte Harmonium und sang *Bhajans* (Lieder) und *Kirtans* (*Mantras*). Auch in Malaysia praktizierte ich *Anahata Laya Yoga* (Auflösen des Bewusstseins durch Konzentration auf innere Klänge) und *Swara Sadhana* (eigene spirituelle Übungen).

* Anm.: Manche werden sich vielleicht wundern, weshalb Swami Sivananda das Wort „Diplomatie“ in diesem Kontext wählte. Diplomatie muss nicht schlecht sein, aber es ist eben nur eine Art Kompromiss unter verhafteten Menschen mit verschiedenen Vorstellungen und Wünschen. Mit Diplomatie kann man vorübergehend Differenzen entschärfen und Vereinbarungen treffen, aber es hat nichts mit wahrhaftiger Demut, Liebe und Gradlinigkeit gegenüber dem Göttlichen zu tun. Gott – und damit auch das Göttliche in uns – können wir nur mit absolut aufrichtigem und ganzem Herzen erreichen. Diplomatie ist sozusagen ein Arrangement im Nichtgöttlichen.

Kapitel 2
Der Ruf des Unsterblichen

Das Erwachen einer neuen Sicht

> Gibt es nicht eine höhere Berufung im Leben als das Einerlei von täglicher Pflicht, Essen und Trinken? Gibt es keine höhere Form ewigen Glücks als diese vergänglichen, täuschenden Vergnügen? Wie ungewiss ist das Leben hier. Wie unsicher ist das Leben auf dieser Erde, mit allen Arten von Krankheiten, Ängsten, Sorgen, Furcht und Enttäuschungen. Die Welt der Namen und Formen ändert sich ständig. Die Zeit vergeht. Alle Hoffnungen auf Glück in dieser Welt enden in Leid, Verzweiflung und Kummer.

Solche Gedanken stiegen ständig in mir auf. Der Arztberuf lieferte mir mehr als genug Beweise für die Leiden dieser Welt. Für einen leidenschaftslosen Menschen (*Vairagi*) mit einem mitfühlenden Herzen ist die Welt voller Leid. Wahres und dauerhaftes Glück erlangt man nicht einfach durch Ansammeln von Reichtümern. Mit der Reinigung des Herzens durch selbstlosen Dienst entstand eine neue Sicht. Ich war zutiefst davon überzeugt, dass es einen Ort geben müsse – ein trautes Heim voll ursprünglicher Herrlichkeit, Reinheit und göttlichen Glanzes –, wo man durch Selbstverwirklichung vollständige Sicherheit, vollkommenen Frieden und dauerhafte Glückseligkeit erreichen kann.

Ich dachte oft an folgenden *Shrutis*:

Yada-hareva Virajet Tada-hareva Pravrajet

„An dem Tag, an dem du keine Wünsche mehr hast [Vairagya],
solltest du der Welt entsagen".

Sravanartham Sannyasam Kuryat

„Um die Shrutis zu erfahren,
sollte man auf das weltliche Leben verzichten".

Die Worte der Schriften sind bedeutsam. Ich gab mein angenehmes, bequemes, verschwenderisches Leben auf und kehrte nach Indien zurück auf der Suche nach einem geeigneten Ort für Gebet und Besinnlichkeit, Studium der Schriften und eine höhere Form des Dienstes an der ganzen Welt. 1923 verabschiedete ich mich vom bequemen Leben und vom Geldverdienen und nahm das Leben eines Bettelmönchs auf, eines echten Suchers nach Wahrheit. Mein Gepäck ließ ich bei einem Freund in Malaysia. Ein malayischer Lehrer, der 1939 in den *Ashram* kam, sagte mir: „Herr (S) bewahrt immer noch alle Ihre Sachen auf und wartet auf Ihre Rückkehr!"

Als wandernder Bettelmönch

Von Singapur aus kam ich in Benares an und hatte eine Vision von Shiva. Von dort ging ich weiter nach Nasik, Puna und zu anderen bedeutenden religiösen Mittelpunkten. Von Puna ging ich zu Fuß nach Pandarpur, eine Entfernung von 70 Meilen. Unterwegs blieb ich ein paar Tage im *Ashram* von *Yogi* Narayan Maharaj in Khedgaon. Dann verbrachte ich etwa vier Monate in Dhalaj am Ufer des Chandrabhaga.

Durch das ständige Reisen lernte ich, mich an verschiedene Menschentypen anzupassen. Ich lernte viel aus dem Leben von *Yogis*, *Mahatmas* und bedeutenden Persönlichkeiten. Der in mir verwurzelte Hang zum Dienen ermöglichte mir überall ein sanftes, friedliches Leben. Das Leben als Wandermönch half mir, in großem Maß *Titiksha* (Duldungskraft), rechte Einsicht und ein ausgeglichenes Gemüt in Freude und Leid zu entwickeln. Ich traf viele *Mahatmas* und lernte wunderbare Lektionen. Manchmal musste ich ohne Essen meilenweit gehen. Mit einem Lächeln begegnete ich allem Ungemach.

Der Nutzen von Wallfahrten

Für *Mahatmas* und Verehrer sind Pilgerreisen und Besuche heiliger Orte Teil ihrer spirituellen Praxis. Sie haben dabei verschiedene Ziele im Auge. *Mahatmas* kommen in religiösen Zentren mit ernsthaften Verehrern zusammen, vermitteln ihr Wissen und ihre Erfahrungen und führen sie. Sie suchen geeignete Orte zur Meditation, wo sie Anregung und die richtigen Voraussetzungen für ein vertieftes *Sadhana* finden. Sie räumen die Zweifel von Menschen aus, die im Berufs- und Familienleben stehen, segnen und leiten sie. Verehrer treffen auf ihren Pilgerreisen *Mahatmas* und erhalten Klarheit über Fragen. Sie werden durch heilige Männer und heilige Orte angeregt und entwickeln verschiedenste positive Eigenschaften, wenn sie mit unterschiedlichen Menschen zusammenkommen. Sie werden geschult, sich an ein einfaches Leben zu gewöhnen und Mühen zu ertragen.

Manche Menschen verbringen ihr ganzes Leben auf Pilgerreisen und wandern oft von Kadirkamam in Sri Lanka zum Berg Kailash in Tibet, von Puri nach Dwaraka, von Amarnath in Kashmir nach Allahabad, von Benares nach Rameshwaram. Ich habe viele Menschen getroffen, die im Alter bereuten, ihre Jugend mit einem solchen Wanderleben vergeudet zu haben. Ich führte das Leben eines Wandermönchs nur eine Weile auf der Suche nach einem *Guru* und einem geeigneten Ort mit spirituellen Schwingungen, um dann mein Leben in Zurückgezogenheit und strengem *Sadhana* zu verbringen.

Die Notwendigkeit eines Gurus

Auf dem spirituellen Weg gibt es viele Hindernisse. Der *Guru* (Lehrer) führt die Aspiranten sicher und räumt alle möglichen Schwierigkeiten aus dem Weg, mit denen sie konfrontiert sind. Er inspiriert seine Schüler und verleiht ihnen durch seine Segnungen Kraft. „Guru“, „Ishwara“ (persönlicher Gott), „Wahrheit“ und „Mantra“ sind im Grunde dasselbe. Es gibt keinen anderen Weg, die schädlichen weltlich-en *Samskaras* (Eindrücke) der leidenschaftlichen Natur ungeschliffener, weltlich ausgerichteter Menschen zu überwinden, als die persönliche Verbindung mit dem *Guru* und der Dienst für ihn.

Auf der Suche nach einem *Guru* erreichte ich Rishikesh und betete zu Gott um seine Gnade. Es gibt viele eigenwillige Schüler, die sagen: „Ich brauche keinen Guru ... Gott ist mein Lehrer.“ Sie tragen ihre eigene (individuelle) Kleidung und leben unabhängig für sich. Wenn sie sich dann in Schwierigkeiten verwickeln, sind sie verwirrt. Man sollte sich an die Anweisungen der Schriften und der Weisen halten. Wenn man sich im Herzen ändert, sollte sich diese Veränderung auch äußerlich bemerkbar machen. Ängstliche und schwache Gemüter können sich die Herrlichkeit und Freiheit eines Lebens als *Sannyasin* (Entsagter, Mönch) kaum vorstellen. Ich empfing die heilige Einweihung am Ufer des Ganges am 1. Juni 1924 aus den geweihten Händen von Paramahamsa Viswananda Saraswati. Die *Viraja Homa* (Feuerzeremonie beim Eintritt in den Stand der Entsagung) wurde von meinem *Acharya*

Guru (Meister), Sri Swami Vishnu-devanandaji Maharaj, im „Kailash Ashram“ für mich durchgeführt.

Am Anfang braucht man einen persönlichen Lehrer. Er allein kann den Weg zu Gott, dem *Guru* aller *Gurus*, zeigen und die Schlingen und Fallgruben auf dem Weg umgehen. Selbstverwirklichung ist eine transzendentale Erfahrung. Man kann den spirituellen Pfad nur mit bedingungslosem Glauben an die Worte der Weisen beschreiten, die *Apta Vakya* (die Wahrheit) verwirklicht und Selbsterkenntnis erlangt haben.

Der Schüler braucht die Gnade des *Gurus*. Das heißt nicht, dass er untätig dasitzen und auf ein Wunder seines *Gurus* warten sollte, das ihn direkt in *Samadhi* (überbewusster Zustand) befördert. Er kann nicht *Sadhana* für den Schüler praktizieren. Es ist unsinnig, von einem Tropfen Wasser aus dem *Kamandalu* (der Bettelschale) des *Gurus* spirituelle Erfolge zu erwarten. Der *Guru* kann den Schüler führen, seine Zweifel klären, den Weg bahnen, die Schlingen, Fallen und Hindernisse wegräumen und den Pfad erleuchten. Aber der Schüler muss selbst jeden Schritt auf dem spirituellen Weg gehen.

Spiritueller Fortschritt erfordert starkes, unentwegtes Vertrauen in die Lehren des *Gurus* und der Schriften, brennende, anhaltende Leidenschaftslosigkeit (*Vairagya*), Verlangen nach Befreiung, einen unbeugsamen Willen, glühende Entschlossenheit, eiserne Bestimmtheit, unerschütterliche Geduld, die Zähigkeit eines Blutegels, die Regelmäßigkeit einer Uhr und die Einfachheit eines Kindes.

Wenn du keinen Lehrer hast, nimm Krishna, Shiva, Rama oder Jesus Christus als deinen *Guru*. Bete zu Ihm. Meditiere über Ihn. Singe Seinen Namen. Er wird dir einen geeigneten *Guru* schicken.

Das Ende der Reise

Im Juni 1924 kam ich nach Rishikesh; es erwies sich als mein Schicksal und Ziel. Mein *Guru* schenkte mir die Einweihung und genügend spirituelle Stärke und Segnungen. Mehr kann der Lehrer nicht tun. Dann liegt es am Schüler, intensives und strenges *Sadhana* zu üben.

Rishikesh ist eine Bahnstation im Bezirk Dehra Dun im Bundesstaat Uttar Pradesh, eine heilige Stätte mit vielen *Mahatmas*. Es gibt *Kshetras* (*Speisestätten*) dort, wo alle *Sadhus* (Mönche, Weise), *Yogis* und Aspiranten kostenlos Essen erhalten. Sie können in einem der *Dharma*-

shalas (Halle; Wohltätigkeitseinrichtung) oder *Kutirs* (Hütte, Behausung) wohnen oder sich selbst irgendwo eine Hütte bauen.

In der Umgebung von Rishikesh gibt es reizende Plätze wie die Wälder von Bramapuri, Nilakantha, Vashishtha Guha und Tapovanam. *Sadhus* (Einsiedler), die dort leben, versorgen sich mit Trockenvorräten und bereiten ihr Essen selbst zu. Die schöne Himalaya-Landschaft erfreut die Seele. Der heilige Ganges ist ein Segen. Man kann stundenlang in Versunkenheit auf einem Felsen oder einer Sandbank am Ufer des Ganges sitzen.

Es gibt ein paar Bibliotheken mit maßgeblichen Werken in Sanskrit, Englisch und Hindi über *Yoga* und Philosophie. Gelehrte *Mahatmas* geben jeden Tag Unterrichtsstunden und persönliche Unterweisung für engagierte Schüler. Das Klima ist meist angenehm – etwas kalt im Winter von November bis März und ein wenig heiß im Sommer zwischen April und Juni. Es gibt schulmedizinische und ayurvedische Krankenhäuser. Rishikesh ist daher ein idealer Ort für intensive, ungestörte spirituelle Praktiken für alle, die nach Wahrheit suchen.

Kapitel 3

Auf dem Amboss: Teilhaben am göttlichen Reichtum

Erste spirituelle Bestrebungen

Manche *Mahatmas* verbringen ihr ganzes Leben mit dem eingehenden Studium der Schriften und führen gerne hitzige Diskussionen und Streitgespräche über schwer verständliche *Yoga*- und *Vedanta*-Themen. Manche *Yogis* mühen sich mit *Hatha-Yoga*-Übungen ab. In der Hoffnung auf übernatürliche Kräfte und foltern den Körper. Ein paar fühlen sich vom *Kundalini Yoga*, dem *Yoga* der Energieerweckung und den *Tantra Shastras* (Schriften über *Tantra*, die Shiva-Shakti-Philosophie) angezogen. Sie wollen auf diese Weise geistige Kräfte erlangen, um Wunder vollbringen zu können. Andere verbringen ihre ganze Zeit mit *Japa* (*Mantra*-Wiederholung) und *Kirtan* (*Mantra*-Singen) und beklagen stundenlang ihr Getrenntsein von Gott. Gebildete junge Leute schreiben ständig interessante Artikel und Vorträge, um sich auf weltweite Vortragsreisen vorzubereiten. Ich liebe und respektiere alle diese großen Seelen wegen ihrer gründlichen Vertiefung in ihr jeweiliges Gebiet.

Aber erreichen sie alle die Vollkommenheit?

Ich stellte fest, dass sie nicht über die richtigen Voraussetzungen und Annehmlichkeiten verfügten. Ihnen fehlte die Anleitung durch einen kundigen Menschen. Sie konnten ihr *Sadhana* nicht beständig und systematisch ausüben und wechselten ihre Praktiken häufig. Entweder achteten sie übermäßig auf ihre Bedürfnisse oder kümmerten sich gar nicht um ihre Gesundheit. Sie dachten alle viel an die Zukunft und strebten nach übernatürlichen Kräften (*Siddhis*), Wundern, Ansehen und Berühmtheit. Das ließ nur ihr Ego anschwellen. Ich studierte ihre Methoden genau; das öffnete mir die Augen und gab mir die Kraft, mich an eine strenge spirituelle Praxis in der richtigen Richtung zu halten. Ich fühlte die Gnade Gottes. Ich erhielt Kraft und Führung von innen und fand Wege für eine ganzheitliche Entwicklung. Selbstverwirklichung war das Ziel meines Lebens und ich war entschlossen, jedes bisschen meiner Energie und Zeit mit Studium, Dienst und *Sadhana* zu verbringen.

Ganzheitliches Sadhana

Dienst an Kranken, Armen und *Mahatmas* reinigt das Herz. So kann man göttliche Eigenschaften wie Mitleid, Mitgefühl, Barmherzigkeit und Großzügigkeit entwickeln. Es trägt dazu bei, schlechte Eigenschaften und Unreinheiten des Geistes wie Selbstsucht, Stolz, Hass, Zorn, Gier, Eifersucht und so weiter auszumerzen. Die kranken Meister und armen Dorfbewohner hatten keine angemessene medizinische Versorgung. Tausende von Pilgern nach Badrinath und Kedarnath brauchten ebenfalls ärztliche Hilfe. Daher richtete ich beim Lakshmanjhula-Tempel am Weg nach Badri-Kedar den „Satyaseva Ashram" ein, eine kleine Apotheke und Krankenstation und half den Verehrern mit großer Liebe und Hingabe. In ernsten Fällen stellte ich eine besondere Ernährung zusammen und besorgte Milch und alles sonst Notwendige. Die spirituelle Entwicklung schreitet schneller voran durch Dienen mit dem richtigen, hingebungsvollen Gefühl (*Bhav*) und einer entsprechenden Einstellung.

Um meine gute Gesundheit aufrechtzuerhalten, praktizierte ich *Asanas* (Körperstellungen), *Pranayama* (Atemübungen), *Mudras* (Körperstellungen in Verbindung mit Atmung) und *Bandhas* (Verschluss; Übung in Verbindung mit Atmung). Abends unternahm ich lange, weit ausholende Spaziergänge. Zusätzlich machte ich Körperübungen. Ich achtete besonders auf eine einfache Lebensweise, erhabenes Denken, leichte Ernährung, vertieftes Studium, stille Meditation und regelmäßige Gebete. Ich liebte die Abgeschiedenheit und befolgte *Mauna* (Schweigen). Ich mochte keine Gesellschaft und nutzloses Gerede. Von der Bibliothek des „Ram Ashrams" in Muni Ki Reti lieh ich mir Bücher für meine Studien und widmete jeden Tag eine gewisse Zeit dem Studium. Ich hatte immer ein Wörterbuch in Reichweite und schlug die Bedeutung schwieriger Wörter nach. Schlaf und Entspannung gaben mir genug Kraft, mein intensives *Sadhana* fortzusetzen. Ich suchte die Nähe großer Meister, ließ mich aber nie auf Diskussionen und Debatten ein. Selbstanalyse und -beobachtung dienten mir als Führung.

Um Gebet und Meditation mehr Zeit zu widmen, zog ich in den „Swarg Ashram". Ich lebte in einem kleinen *Kutir* (Hütte) von acht mal zehn Fuß mit einer kleinen Veranda davor und bezog mein Essen von der Kali-Kambliwala-Speisestätte. Heute trägt das *Kutir* mit einigen nachträglich hinzugefügten Räumen die Nummer 111. Ich behielt mein *Sadhana* und den Dienst an Kranken bei. Jeden Tag ging ich eine Stunde lang von Hütte zu Hütte, um kranke *Mahatmas* zu pflegen, nach ihrem Wohlergehen zu fragen und sie mit dem Nötigen zu versorgen. Ich verbrachte viel Zeit mit Meditation und praktizierte verschiedene *Yoga*-Arten. Die Erfahrungen daraus sind in viele meiner Veröffentlichungen als Ratschläge für Aspiranten eingeflossen. Ich verbreitete meine Gedanken und Erfahrungen schnell, um der Welt und allen Wahrheitssuchenden zu helfen. Üblicherweise hielten sogar große *Mahatmas* ihr Wissen geheim und lehrten es nur einigen Auserwählten.

Das Leben im „Swarg Ashram"

Ich wendete nicht viel Zeit zum Zähneputzen, Kleiderwaschen und Baden auf. Das erledigte ich schnell zwischendurch, wenn ich zwischen *Sadhana*, Studium und Dienst ein wenig Luft hatte. Ich war nie von jemandem abhängig, obwohl es ein paar Schüler gab, die auf eine Gelegenheit warteten, mir Dienste zu erweisen. Ich hatte feste Zeiten für alle Arbeiten wie zum Beispiel Studium, Schriftwechsel mit *Sadhakas* (Schülern), Übungen, Bettelgänge und so weiter. Nach und nach kamen viele Menschen zu mir. Das beeinträchtigte meine planmäßige Arbeit ernstlich. Mit der Zustimmung der *Ashram*-Verwaltung zog ich einen Drahtzaun um meine Hütte und verschloss das Tor.

Besuchern führte ich meine Gelehrsamkeit nicht durch langwierige, hochphilosophische Erörterungen vor. In fünf Minuten gab ich jedem ein paar kurze Hinweise zum praktischen *Sadhana*. Am Eingang zu meinem eingezäunten Gelände brachte ich ein Schild an mit der Aufschrift: „Fragestunde zwischen 16.00 und 17.00 Uhr – fünf Minuten pro Besucher".

Im Winter kamen nicht viele. Ich nutzte dann die Zeit für einen forschen Spaziergang auf dem Gelände und sang dabei *Bhajans* (Lobgesänge) und Lieder. An manchen Tagen verließ ich mein *Kutir* gar nicht. Zum Essen bewahrte ich aus den Überresten meiner Almo-sen immer etwas trockenes Brot auf. Mein Ziel war eine vertiefte spirituelle Praxis (*Sadhana*).

Meine Freude war unbeschreiblich, wenn ich abends stundenlang auf einer Sandbank oder einem Felsen am Ganges saß und die herrliche

Natur bewunderte. Ich wurde eins mit der Natur. In dieser Zeit gründete ich die „Swarg-Ashram-Sadhu-Sangha-Gesellschaft", einen Verein zur Förderung der Mönche, um Abhilfe für die herrschenden Missstände zu schaffen und ließ die Einrichtung registrieren. Ich lud bedeutende Meister ein und organisierte eine Zeitlang wöchentliche Vorträge und tägliche *Bhajans* und Rezitationen des „Ramayana". Ein paar Monate lang führten wir auch Vorträge über „Yoga Vashishtha" (Lehre des *Yoga*-Meisters Vashishta), das „Ramayana" von Tulsidas (Heilige Schrift über das Leben von Rama) und die „Upanishaden" (indische heilige Schrift) durch. Meine Schüler förderte ich in ihrer Entwicklung durch organisatorische Mitarbeit im Verein.

Unterwegs in göttlichem Dienst

1925 besuchte ich den Kleinstaat Sherkot in Dhampur im Bezirk Bijnur. Die *Rani* (Herrscherin) von Sherkot, Shrimati Phulkumari Devi, bereitete mir einen herzlichen Empfang. Ich führte dort mehrere Tage lang *Bhajans* durch und leistete den Dorfbewohnern ärztliche Hilfe. Die *Maharani* (Fürstin) von Mandi, Shri Lalita Kumari Devi, besuchte den *Bhajan* ebenfalls. Selbst nach Jahren noch sagte sie immer, wenn sie mich traf: „Ich kann Ihre wohlklingenden, anregenden Lieder nicht vergessen. Sie sind noch ganz frisch in meinem Gedächtnis. Ich spüre ihren Einfluss bis jetzt. Sie haben mich verzaubert und meine Seele erhoben."

Von Sherkot ging ich zu Fuß nach Rishikesh zurück und besuchte die Dörfer am Weg. Ich hielt Vorträge über *Yoga* und leitete *Kirtans* und *Bhajans* mit den Gruppen von Verehrern, die dabei zusammenkamen. Diese gelegentlichen Reisen halfen mir, alle göttlichen Eigenschaften zu entwickeln und der Menschheit ganz allgemein zu dienen. Während meines Lebens als Wandermönch (*Parivrajaka*) besuchte ich einmal Rameshwaram und die heiligen Orte Südindiens. Damals hielt ich mich eine Weile lang im „Shri Ramana Ashram" auf. Der Anwalt Shri Chand Narain Rarkuli von Sitapur begleitete mich. Unterwegs war ich auch in Puri und verehrte Jagannath (Name für Vishnu bzw. Krishna). In Waltair nahm ich ein Bad im Meer. In Rameshwaram verehrte ich Ramalinga (indischer Heiliger). Ich kam am Tag von Shri Ramanas Geburtstagsfeier im *Ashram* an. Ich hielt *Bhajan* und *Kirtan* in der großen Halle vor Shri Bhagavan Ramana und den Verehrern. Ich umwanderte den *Arunachala*-Hügel („Roter Berg“ oder „Hügel des Lichtes“, der heilige Berg Südindiens) und verehrte ihn als *Tejas Linga* („Säule des Lichtes“, Phallus-Symbol für die göttliche schöpferische Kraft).

Wann immer sich eine Gelegenheit bot, der Menschheit als Ganzes zu dienen oder wenn man mich nötigte, bei spirituellen Konferenzen den Vorsitz zu führen, besuchte ich verschiedene Stätten in Bihar, im Pandschab und in anderen Provinzen. Ich gründete dynamische spirituelle Zentren, organisierte Konferenzen und *Kirtan*-Zusammenkünfte und beteiligte mich an den Aktivitäten zahlreicher schulischer, religiöser und spiritueller Einrichtungen. Sogar wenn ich im Zug reiste, brachte ich Mitreisenden *Yoga*-Übungen bei und gab ihnen einfache Unterweisungen über *Mantra*-Wiederholung (*Japa*) und Meditation. Ich führte immer einen Arzneikoffer mit mir und leistete Kranken ärztliche Hilfe.

Zu den Wallfahrtsorten, die ich besuchte, gehören Lahore, Meerut, Srinagar in Kashmir, Patna, Monghir, Lucknow, Gaya, Kalkutta, Ayodhya, Lakhimpurkheri, Bhagalpur, Ambala, Aligarh, Sitapur, Bulandshaher, Delhi, Shikohabad, Nimsar, Mathura, Brindavan, Etawah, Mainpuri und viele andere Orte in Nordindien. In der Provinz Andhra besuchte ich den „Shanti Ashram“ in den Totapalli-Bergen, die Friedensmission in Waltair sowie Rajahmundry, Kakinada, Pithapuram und Lakshmi Narasapuram.

Auf Reisen hatte ich immer mein Tintenfass, Schreibfedern, Bleistifte, Nadeln, Bücher wie das „Viveka Chudamani“, die „Upanishaden“, die „Bhagavad Gita“ und die „Brahmasutras“ dabei und ein paar Briefmarken, um dringenden Schriftverkehr erledigen zu können. Zwei Stunden vor der Abfahrt ging ich zum Bahnhof. Statt mich überall umzuschauen, setzte ich mich unter einen Baum und erledigte meine Schreibarbeiten. Ich führte nie ein Adressbuch zu dem Zweck, Anhänger oder Freunde an wichtigen Stationen meiner Reise aufzusuchen in der Hoffnung auf gutes Essen oder finanzielle Unterstützung. Ich brachte die Arbeit, um derentwillen ich unterwegs war, so rasch wie möglich zu Ende und kehrte bei der ersten sich bietenden Gelegenheit nach Rishikesh zurück.

Ich pilgerte nach Kedarnath und Badrinath, Tunganath und Triyuginath. Swami Balananda und Swami Vidyasagar begleiteten mich. Ich badete kurz in den heißen Quellen von Badri Narayan. Während der Reise sang ich *Kirtan* und *Bhajan* und übte geistiges *Japa*.

Von Kalkutta aus erreichte ich mit einem Boot Ganga Sagar, die Mündung des Ganges in die Bucht von Bengalen. Shrimati Maharani Surat Kumari Devi war dabei. Dort gibt es einen kleinen *Kapila*-Tempel. Ich badete im Meer. Es fand gerade eine *Mela* (Jahrmarkt) statt. Ich half den Pilgern, die Leiter hinaufzusteigen.

Der Ruf des Kailash

In den frühen Jahren meiner spirituellen Praxis in Rishikesh beschloss ich, den Kailash (heiliger Berg) in Westtibet aufzusuchen. Am 12. Juni 1931 brach ich mit Seiner Heiligkeit Shri Swami Adwaitanandaji, Shri Swami Swayam Jyoti Maharaj, Shri Brahmachari Yogananda, Ihrer Hoheit Maharani Surat Kumari Devi von Singhali und Shri Kedarnath, ihrem Sekretär, zu einer Pilgerfahrt an diesen heiligen Ort auf. Wir badeten alle im Manasaro-var-See und umrundeten den Kailash. Ich ging die ganze Entfernung zu Fuß. Auf dieser schönen Erde gibt es keinen dem Kailash vergleichbaren Ort mit der wundervollen Schönheit seines ewigen Schnees. Die Reise zum Kailash ist die schwierigste aller Wallfahrten. Er wird auch Meru genannt, der Weltenberg. Zur selben Zeit besuchte auch Seine Hoheit der *Maharadscha* von Mysore den Kailash. Die Gesamtentfernung von Almora zum Kailash beträgt ungefähr 230 Meilen. In zwei Monaten kann man leicht hin und wieder zurückkommen. Am 22. August kehrten wir nach Almora zurück.

Massenverbreitung von spirituellem Wissen

Am 9. September 1950 begab ich mich auf eine tatkräftige Mission zur Verbreitung von Wissen, indem ich eine ausgedehnte zweimonatige Reise durch ganz Indien und Sri Lanka unternahm. Am 7. November 1950 kehrte ich nach Rishikesh zurück. Auf dieser Reise kam ich mit Tausenden ernsthaft spirituell Interessierten im ganzen Land in enge Berührung. Ich freue mich von Herzen, dass der Allmächtige mir die Gelegenheit gab, Ihm und Seinen Kindern durch diese Reise zu dienen. Ich erinnere mich mit unermesslicher Freude an die tiefe Frömmigkeit der Menschen in Indien und Sri Lanka, an ihre Hochachtung gegenüber dem Heiligen Stand des *Sannyasa* (Mönchtums) und an ihren Eifer, sich Wissen über *Yoga* und *Vedanta* anzueignen.

Ich besuchte alle wichtigen Städte und Dörfer im ganzen Land. Ich sprach an öffentlichen Versammlungen und veranstaltete *Kirtans.* Ich hielt Vorträge an Schulen, Kollegs und Universitäten über sittliche Lebensweise und richtige Erziehung sowie bei öffentlichen Veranstaltungen über allgemeine spirituelle Themen. Anlässlich dieses historischen Ereignisses, der Reise durch ganz Indien und Sri Lanka, wurden Bücher im Wert von tausenden von *Rupien* kostenlos an die Öffentlichkeit verteilt.

Ich hielt mich an meine übliche Gewohnheit und verschwendete keine Zeit mit der Vorbereitung schöner, weitschweifiger Reden über *Yoga*, *Bhakti* und *Vedanta* für diese Anlässe. Neben den *Kirtans* und Gesängen gab ich praktische Unterweisungen für *Sadhana.* Das löste bei den Zuhörern eine wunderbare Wirkung aus. Wenn ich in Gegenwart der Anhänger eine überschäumende Freude in mir fühlte, verband ich den Anlass auch mit Shiva- und Krishna-Tänzen. Die Menschen waren begeistert. Selbst heute noch wiederholen Tausende meine Lieblingslieder „Agada Bhum", „Chid-ananda-hum", „Pilade" und andere. Manchmal tanzten die Leute lange in göttlicher Verzückung.

Überall wo ich hinkam, war ich überwältigt von der Liebe der Menschen. An jeder Station der Reise genoss ich ihre Wärme, Herzlichkeit und Hingabe. Wieder und wieder badete ich im Meer der Hingabe der Massen an Gott. Wieder und wieder kostete ich den Zaubertrank des Namens Gottes, den all die Menschen mit tiefem Gefühl und Inbrunst sangen.

Dienen bereitet mir Freude. Ich kann keine Sekunde lang ohne Dienen leben. Auf der Reise durch ganz Indien fand ich dafür ein ergiebiges Feld. Ich arbeitete zwei Monate lang ohne Pause oder Erholung. Der Reisewagen, Fahrt- und Flugpläne von Flugzeugen, Zügen, Bussen und Schiffen schränkten die Intensität meiner Arbeit ein. Ich musste mich an die „Zeit" halten, um verschiedene Aufgaben zu erfüllen und hatte nicht genug Zeit für die Bedürfnisse der Anhänger.

Auf dem Rückweg wollte ich von Bombay aus auf den Reisewagen verzichten und meine Reise von Provinz zu Provinz fortsetzen, in jeder

Stadt und in jedem Dorf von Tür zu Tür gehen, *Kirtans* und *Bhajans* singen und das „Maha-Mrityunjaya-Mantra" für die Gesundheit und ein langes Leben der Verehrer wiederholen. Ich wollte die „Botschaft vom Göttlichen Leben" persönlich jedem einzelnen bringen.

Spirituelle Konferenzen

Obwohl ich im „Swarg Ashram" eine besondere Vorliebe für tiefe Meditation in Abgeschiedenheit hatte, richtete ich in regelmäßigen Zeitabständen *Satsangs* in den Abendstunden ein. Ich lud die *Mahatmas* und *Brahmacharis* dazu ein. Ein Meister aus dem Pandschab sprach dabei über „Yoga-Vashishtha" (*Yoga*-Lehre des Vashishtha) und das „Ramayana" von Tulasidas; zum Schluss leitete ich *Bhajan*- und *Kirtan*-Singen. Gelegentlich besuchte ich Sitapur, Lakhimpurkheri, Meerut und andere Stätten in Uttar Pradesh und im Pandschab, um dort abends *Kirtans* zu halten und Vorlesungen mit *Yoga* Vorführungen an höheren Schulen und Kollegs zu geben. Dabei verteilte ich Merkblätter über „20 wichtige spirituelle Anweisungen" und „Die Bedeutung von Brahmacharya". Morgens um vier Uhr führte ich gemeinsame Gebete und stille Meditation ein und drängte alle spirituellen Anwärter, an diesem gemeinsamen *Sadhana* teilzunehmen.

Ich forderte die Leute auf, *Likhita-Japa* (*Mantra*-Schreiben) zu üben. In öffentlichen Versammlungen ließ ich die Teilnehmer bewegungslos sitzen, *Mantras* schreiben und während der ganzen Zeit Schweigen bewahren. Wer am meisten *Mantras* leserlich geschrieben hatte, erhielt ein Geschenk. Um die Menschen zu ermutigen, schenkte ich nicht nur den Gewinnern des Wettbewerbs spirituelle Bücher, sondern allen Anwesenden. Verehrer brachten in der Regel sehr viele Früchte, die ich an Ort und Stelle an die Zuhörer verteilen ließ. Am Ende nahm ich ein wenig davon als *Prasad*.

Vortragsreisen

Die Veranstalter arbeiteten gewöhnlich ein dicht gedrängtes Programm für eine Woche oder zwei Wochen aus. Dazu gehörten auch zwei bis drei Tage ununterbrochenes *Mantra*-Singen (*Akhanda Kirtan*). Zu meiner Entlastung bei der Arbeit in den Außenstellen nahm ich Shri Swami Svarupananda und Shri Swami Atmananda, zwei meiner

Schüler, mit. Der erstere übersetzte meine englischen Reden schnell und gekonnt in Hindi und der letztere leitete wohlklingende *Bhajans* und *Kirtans*. Zahlreiche Flugblätter wurden zur kostenlosen Verteilung gedruckt.

Die erste Reise dieser Art unternahm ich 1933 nach Lakhimpurkheri, Meerut und Hardoi. Danach reiste ich jedes Jahr ein oder zwei Wochen im Pandschab und in Bihar. Ich bat meine Schüler im „Swarg Ashram" und den Posthalter in Rishikesh, mir keine Post nachzusenden. Während dieser Reisen erledigte ich keinen Schriftwechsel, sondern konzentrierte mich ganz auf die tatkräftige Verbreitung von Wissen.

Obwohl ich in Rishikesh normalerweise einfach von trockenem Brot (*Rothis*) lebte, hatte ich während dieser anstrengenden tage- und nächtelangen Arbeit das Bedürfnis nach energiereicher Nahrung und Früchten. Gewöhnlich hatte ich ein paar Scheiben Brot oder Kekse in der Tasche, denn die Arbeit an verschiedenen Orten ließ mir keine Zeit für Mahlzeiten oder Ruhepausen. Bevor ich aufbrach, versorgte ich mich mit genügend Geld für die Rückreise. Ich verlangte niemals Geld von den Veranstaltern für meine Ausgaben, sondern bat sie, stattdessen eine große Anzahl von Flug- und Merkblättern in verschiedenen Sprachen zu drucken, die dann bei den Veranstaltungen verteilt wurden.

Die Schüler, die mich auf diesen Reisen begleiteten, sagten immer: „Es ist eine reine Freude, mit dem *Guru Maharaj* zu reisen wegen der wundervollen Behandlung, die er einem zuteil werden lässt." Ich teilte alles mit ihnen, was ich hatte, achtete sehr auf ihre Gesundheit und machte sie beliebt und bekannt. Manchmal schrieb ich den Veranstaltern: „Bitte halten Sie genug Früchte und Kekse in meinem Zimmer bereit. Das ist mein *Saguna Brahman* (Gott mit Eigenschaften). Die Mitarbeiter brauchen nahrhaftes Essen und energiereiches Obst, um solide Arbeit leisten zu können." Bei meinem Aufenthalt in Sitapur 1934 rief ich eine Kampagne für ein medizinisches Hilfswerk ins Leben. In den Bezirken von Andhra besuchte ich zahlreiche Dörfer und gab den armen Dorfbewohnern Arzneien. Shri Swami Omkarji und Schwester Sushila (Shri Ellan St. Clair Nowald) begleiteten mich.

Unfehlbare Inspiration

In Zeiten anstrengender Arbeit pflegte ich mich durch *Japa*, Meditation, tiefe Atemübungen, *Bhastrika* (spezielle Atemübung), *Pranayama* und *Kirtan* zu erholen; das gab mir neue Energie. An vielen Orten veranstaltete ich *Nagar Kirtans* (Singen des Namens Gottes in der Öffentlichkeit am frühen Morgen) und *Prabhat Pheri* (Prozession am frühen Morgen). Wo immer ich hinkam, war die ganze Stadt mit spirituellen Schwingungen geladen. Die Menschen fühlten den wunderbaren Frieden und die Kraft tagelang. Anhänger schrieben mir oft noch nach mehreren Jahren:

„Geliebter Swamiji, wir hören noch heute, wie du das „Om" und das „Maha-Mantra" singst."

Viele Menschen wiederholen noch heute die beliebten Gesänge wie „Om Namah Shivaya", „Chid-ananda-hum" und „Sita Ram Sita Ram", wenn sie auf den Feldern arbeiten. Die Schüler in den Kollegs und Schulen singen mein Lieblingslied „Govinda, Govinda".

Die Reise brachte herrliche und dauerhafte Ergebnisse.

Im *Ashram* gab es sehr viel Arbeit, so dass ich 1938 mit den Reisen aufhörte. Ich sandte meine Schüler in verschiedene Zentren, um spirituellen Versammlungen bei den Zweigstellen beizuwohnen. Bei verschiedenen Anlässen veranstalteten Anhänger aus dem Pandschab einen Sitzstreik vor meiner Hütte und nötigten mich, ihre jährlichen *Sankirtan*-Konferenzen im Dezember in Lahore zu besuchen.

Die kraftvolle Verwandlung der Massen

Auszüge aus Briefen, die ich in der Zeit zwischen 1933 und 1936 schrieb, vermitteln einen Eindruck meiner Arbeit auf den Reisen:

I. Wenn ich reise, verströme ich im Laufe einer Woche meine ganze Energie. Jetzt bin ich müde. Aber die Leute bedrängen mich, Meerut zu besuchen. Es ist alles Seine Gnade. Sein Wille geschehe. Schickt mir keine Briefe hierher. Das würde meine Arbeit stören. Die Leute verschlingen mich von allen Seiten. Nichts ist sicher. Wahrscheinlich kehre ich in ein oder zwei Wochen nach Rishikesh zurück.

II. Ich verbringe meine Zeit damit, tagsüber interessante Vorträge zu halten und nachts *Kirtans* zu singen. Ich pumpe Freude und Kraft in die Anhänger. Ich brülle wie ein Löwe. Die Leute lassen mich nicht eine Sekunde allein. Sitapur und Lakhimpurkheri sind jetzt Vaikuntha [der

Wohnsitz Vishnus] auf Erden. Ich hielt *Kirtan* mit 3000 Menschen, ein Ereignis, wie es Lakhimpur in seiner ganzen Geschichte noch nie erlebt hat. Heute habe ich *Kirtan* mit *Harijans*. Mit der *Kirtan*-Bewegung können wir Indien umgestalten. Indien braucht das. Eine große Erneuerung findet jetzt statt.

III. Sagt den Veranstaltern, dass ich jetzt leidlich mit ihnen zufrieden bin. Ein dreitägiges *Akhanda Kirtan* [ununterbrochenes *Mantra*-Singen] muss dringend organisiert werden. Das ist der einzige wirksame, dauerhafte und wesentliche Teil der Arbeit. *Sankirtan* [gemeinsames *Mantra*-Singen] an verschiedenen Orten, um die ganze Atmosphäre anzuregen und aufzuladen, ist eine andere Aufgabe. Beides ist wichtig für den Weltfrieden. Örtliche Krawalle halten dem Namen Ramas nicht stand. Ihr braucht keine Angst vor dem Ausgehverbot zu haben.

Arten von Kirtan

Heute noch habe ich vor Augen, wie Tausende aufstanden und tanzten, wenn ich *Agada-Bhum-Mantras* sang. Nach jedem *Bhajan* und *Kirtan* gab ich Anleitungen zur spirituellen Praxis (*Sadhana*). In Bihar machte ich *Kirtan* vom Lastwagen aus. Ich fuhr mit einer Gruppe von Anhängern auf einem offenen Lastwagen und veranstaltete von da aus *Kirtans*. In Rishikesh tat ich bei verschiedenen Gelegenheiten dasselbe von einem Boot aus.

Sehr interessant waren auch die Gruppen-*Kirtans*. Zuerst rief ich alle Regierungsbeamte aus der Zuhörerschaft zum *Kirtan* auf der Bühne auf, dann alle Lehrer, Ärzte, Studenten, Frauen und Mädchen. Das rief große Begeisterung hervor. Es war etwas Neues. Zuerst zögerten die Leute und waren schüchtern. Dann spürten sie, wie gut es ihnen tat. Nach ein paar Monaten waren sie alle treue *Kirtan*-Anhänger und gründeten *Kirtan*-Kreise (*Mandalis*) in verschiedenen Städten.

Kapitel 4
Die göttliche Mission

Erste Stufe

Wie Schüler ausgebildet werden

Ich habe immer die stille spirituelle Praxis in Zurückgezogenheit geliebt. Während des Tages schrieb ich für gewöhnlich ein paar Artikel und Briefe an wissensdurstige Aspiranten. Ich arbeitete nie nachts mit einer Lampe. Morgens verließ ich meine Behausung nur für etwa eine Stunde, um die Kranken mit Arzneimitteln zu versorgen, einen raschen Spaziergang auf dem Gelände zu machen, im Ganges zu baden und zur Speisestätte zu gehen, um mein Essen zu holen. Dieser Tagesablauf wurde während meines 35-jährigen Lebens in Rishikesh zur Gewohnheit. Ich ließ mich nie in unverbindliche Gespräche mit Freunden ein. Wenn ich zur Küche ging, wahrte ich Schweigen. Ich nahm einen schmalen Pfad durch den Dschungel, um niemandem zu begegnen. Auf dem Weg zur *Kshetra* (Küche) verband ich tiefe Atmung mit geistiger *Japa* (*Mantra*-Wiederholung).

Ich hatte keinen Ehrgeiz, durch eine ausgedehnte Reise oder aufsehenerregende Vorträge weltberühmt zu werden. Ich machte nie den Versuch, für irgendjemand ein *Guru* zu sein. Ich freue mich nicht, wenn die Leute mich „Sat Guru“ (Weisheitslehrer) oder „Avatar“ (Inkarnation Gottes) nennen. Ich bin ganz und gar gegen „Gurutum“, gegen jede Art von *Guru*-Kult. Er ist eine Gefahr für die Menschheit und ein großes Hindernis, das den Sturz vieler großer Persönlichkeiten auf dem spirituellen Pfad ausgelöst hat. Auch heute noch bitte ich die Menschen, sich nur im Geist vor mir zu verneigen. Meine Haltung dazu bringen die folgenden Zeilen von 1931 an einen meiner Schüler klar zum Ausdruck:

> „Ich bin nur ein gewöhnlicher *Sadhu* [Einsiedler]. Ich könnte Dir nicht viel helfen. Außerdem nehme ich keine Schüler an. Ich kann bis zu meinem Lebensende Dein aufrichtiger Freund sein, aber ich möchte niemanden längere Zeit bei mir haben. Ich gebe einige Monate lang Unterweisung und bitte dann meine Schüler, an einsamen Orten in Kashmir oder Uttarkashi zu meditieren.“

Zurückhaltung und Demut

Ich sagte oder tat nie auch nur das Geringste, um Menschen mit Versprechungen von großen Erfolgen wie *Mukti* (Befreiung) nur durch einen Tropfen Wasser aus dem *Kamandalu* (Bettelschale) oder *Samadhi* (überbewusster Zustand) durch eine bloße Berührung anzulocken. Ich betonte stets die Wichtigkeit von stillem *Sadhana* (spirituelle Praktiken), *Japa* (*Mantra*-Wiederholung) und Meditation für einen regelmäßigen Fortschritt auf dem spirituellen Weg. Alle Aspiranten hielt ich dazu an, sich durch selbstlosen Dienst an der Menschheit zu läutern.

1933 schrieben die Verleger in Madras Artikel über mein Leben, in denen sie von mir als „Avatar" sprachen. Meine Antwort darauf zeigt meine Einstellung, die ich immer beibehielt:

> Bitte streichen Sie alle Bezeichnungen wie „Krishna-Avatar" [Inkarnation Krishnas] und „Bhagavan" [ehrfürchtige Anrede: Erhabener, Göttlicher]. Halten Sie den Text natürlich und einfach, dann wird er die Leser ansprechen. Übertreiben Sie nicht zu viel und zu oft. Betiteln Sie mich auch nicht als „Mandaleshwar" [Weltenlehrer]. Zeigen Sie einfach die Wahrheit auf; die Wahrheit strahlt aus sich selbst. Ich führe ein einfaches, natürliches Leben. Ich habe unermessliche Freude am Dienen. Selbstloser Dienst hat mich erhoben und gereinigt. Dieser Körper ist zum Dienen bestimmt. Ich lebe, um allen zu dienen und die Welt glücklich und froh zu machen.

Ich verneige mich im Geist sogar vor Eseln und anderen Tieren. Mit *Namaskara* (Gruß, bei der die Handinnenflächen aneinanderliegen) verneige mich zuerst vor meinen Schülern und Anhängern. Ich sehe das eigentliche Wesen hinter allen Namen und Formen. Das ist echter *Vedanta* (Philosophie des Absoluten) im täglichen Leben.

Die Schritte von Neulingen lenken

Von 1930 an kamen viele ernsthafte Schüler zu mir mit dem brennenden Wunsch, ihr Leben der Spiritualität zu widmen und baten um Führung. Ich hatte ein ebenso brennendes Verlangen, der Welt zu dienen. Damals lebten *Sadhus* und *Mahatmas* unter eigentümlichen, erbärmlichen Bedingungen, ohne die nötigen Voraussetzungen und Einrichtungen und ohne geeignete Führung für die spirituelle Entwicklung.

Viele quälten ihren Körper in der heißen Sonne und in der Kälte des Himalayas. Manche verfielen dem Genuss von berauschenden Getränken, um *Samadhi,* den sogenannten überbewussten Zustand, herbeizuführen.

In der Absicht, eine Gruppe von *Sannyasins* (Entsagten) und *Yogis* in den richtigen Grundlagen zu unterweisen, erlaubte ich ein paar Anwärtern, in den benachbarten Hütten zu wohnen. Ich traf Vorkehrungen mit der Küche für ihre Mahlzeiten und weihte sie ein. Ich sorgte dafür, dass sie alles Nötige hatten. Ich ermutigte sie, sich in *Vairagya* (Wunschlosigkeit) zu Üben und achtete sehr auf ihre Gesundheit. Ich fragte sie häufig nach ihren *Sadhanas* (spirituelle Übungen) und gab ihnen nützliche Hinweise, um Schwierigkeiten und Hindernisse in ihrer Meditation auszuräumen. Wenn sie mir ihre Dienste anboten, bat ich sie, eine Hütte nach der anderen aufzusuchen, um den alten und kranken *Mahatmas* mit *Bhakti* (Hingabe) und *Shraddha* (Glauben) zu dienen, indem sie ihnen Essen aus der Küche brachten, die Beine massierten und ihre Kleider wuschen.

Gebildete Schüler beauftragte ich, Abschriften kurzer Artikel von mir anzufertigen und sie zur Veröffentlichung an Zeitschriften und Zeitungen zu schicken, sowie sich dem Studium, *Japa* (der *Mantra*-Wiederholung) und der Meditation zu widmen. Das Kopieren meiner Artikel machte ihnen große Freude, da diese das Wesentliche der Lehren aller Weisen und Heiligen sowie klare Erläuterungen zu den schwierigen Teilen der „Upanishaden" und der „Bhagavad Gita" enthielten. Meine Abhandlungen gaben auch praktische Anweisungen zur Beherrschung der ungestümen Sinne und Schwankungen des Geistes.

Statt jahrzehntelang alte heilige Schriften zu studieren, verbrachten meine Schüler täglich nur ein paar Minuten mit der Abschrift meiner Abhandlungen und lernten dabei *Yoga* und Philosophie leicht in kurzer Zeit. Ich beobachtete ihre Gesichter genau, um zu sehen, ob ihnen die Arbeit gefiel und suchte dann sorgfältig Themen aus, die ihren Vorlieben und ihrer Veranlagung entsprachen und betraute sie damit.

Manchmal musste ich die ganze Arbeit selbst machen. Ich liebe die Schüler. Ungefragt kümmerte ich mich um ihre Bedürfnisse.

Alte Menschen, die keine weltlichen Bindungen mehr hatten, waren mir willkommen. Ich ermutigte sie, ihre spirituellen Übungen fortzusetzen und bat sie, ein Bad im Ganges zu nehmen, *Japa* zu praktizieren und Wissen über die höchste Wahrheit zu erwerben (*Shravana*, die erste Stufe des *Jnana Yoga*). Ich freute mich sehr, wenn ich Frieden und Wonne auf ihren Gesichtern sah. So kamen immer mehr Anwärter zu mir. Der „Swarg Ashram" konnte die steigende Zahl von Wahrheitssuchenden nicht mehr aufnehmen. Ich liebte den *Ashram* und genoss den Frieden dort, aber im Interesse der spirituellen Erhebung zahlreicher gebildeter *Sadhakas* (spirituell Übende) beschloss ich, den „Swarg Ashram" zu verlassen.

Zweite Stufe

Pflanzen des jungen Baumes

Pläne schmieden liegt nicht in meiner Natur. Ich verlasse mich auf die Gnade Gottes. Ich hatte beschlossen, den „Swarg Ashram" zu verlassen. Wohin sollte ich gehen? Das war ein großes Problem. Eine Zeitlang blieb ich in einem kleinen Zimmer in der Bibliothek des „Rama Ashrams". Einige meiner Schüler lebten in einer kleinen Wohlfahrtseinrichtung (*Dharmashala*) in der Nähe und bekamen ihre Mahlzeiten von der Speisestätte (*Kshetra*). Ein paar Tage lang ging ich auch dorthin. Um Zeit zu sparen, brachte mir ein älterer Mönch das Essen. So vergingen Monate.

Dann fand ich in der Nähe ein kleines Haus (*Kutir*) in verfallenem Zustand. Wir besserten es aus und brachten Türen und Fenster an. Ich nahm es in Besitz und lebte mehr als acht Jahre dort. Ich hätte leicht ein paar strohgedeckte Hütten im Urwald errichten können. Aber das wäre für meine Arbeit nicht geeignet gewesen. Bücher und Unterlagen hätten durch Termiten Schaden nehmen können. In einem ehemaligen Pilgerhaus (*Dharmashala*), das ein Ladenbesitzer später als Kuhstall genutzt hatte, gab es mehrere Räume ohne Türen. Nach und nach verwandelten wir sie alle in Unterkünfte für die Schüler.

Wenn Anhänger mir Geld für persönliche Zwecke gaben, ließ ich davon Merkblätter drucken wie „20 wichtige spirituelle Anweisungen", „Der Weg zu Frieden und Wonne", „40 goldene Regeln" und andere Schriften und gab sie an Besucher ab. Ich verwendete das Geld auch für wirksame Medikamente zur Behandlung kranker *Mahatmas* und für Porto, um Artikel an Zeitungen und Briefe an eifrige Anwärter zu schicken. Das Werk wuchs beständig. Ich trat nicht an die Öffentlichkeit auf der Suche nach Schülern.

Viele echte Suchende nach Wahrheit kamen zu mir und baten um Hilfe und Führung. Sie erhielten die Einweihung von mir, lebten in den angrenzenden Unterkünften und arbeiteten rund um die Uhr. Um den großen Arbeitsanfall zu bewältigen, schaffte ich ein Kopiergerät und eine Schreibmaschine an. Die Anhänger zeigten großes Interesse, selbstlosen Dienst zum Nutzen der spirituellen Erhebung der Welt zu leisten. Ich bewunderte ihre Ergebenheit mir gegenüber. Bei der Arbeit vergaßen sie ihre Vergangenheit und gingen ganz im Dienst und *Sadhana* auf, um sich weiterzuentwickeln. Manche Anhänger gaben freiwillige Spenden für die edle Sache. Ich erhielt Trockenvorräte für fünf Schüler von der „Kalikambliwala"-Küche in Rishikesh. Die restlichen Schüler und die Besucher musste ich aus den dürftigen Schenkungen einiger Bewunderer versorgen. Diese Zuwendungen erlaubten mir auch, ein paar Bücher zum Verkauf drucken zu lassen.

Begabungen bestmöglich nutzen

Als neue, fähige Leute hinzukamen, rief ich verschiedene Aufgabenbereiche ins Leben, die ihren Vorlieben und ihrer Persönlichkeit entsprachen. Ich fand ihre Begabungen und verborgenen Fähigkeiten heraus und ermutigte sie in hohem Maße. Eine kleine Küche wurde eingerichtet, um die Mitarbeiter, Besucher und Bedürftigen, die keine Almosen (*Bhiksha*) aus dem Almosenhaus beziehen konnten, mit Essen zu versorgen. Ich richtete verschiedene Adressdateien ein – von Anhängern, höheren Schulen, Büchereien, Spendern, Anwärtern für den Stand der Entsagung (*Nivritti Marga*) – und verschickte meine Bücher in regelmäßigen Zeitabständen, um Wissen weiterzuverbreiten.

Die Adressen waren in verschiedene Rubriken übersichtlich unterteilt, zum Beispiel: *Ashrams*, Gesellschaften/Verbände, Anwälte, Richter, Universitätsabsolventen, Buchhändler, Verleger, Firmen, Ärzte, Schüler, mit denen ich in Briefwechsel stand, Zweigstellen der „Divine Life Society", Büchereien, Frauen, *Brahmacharis* und *Sannyasi*-Schüler, Zeitschriften und Periodika, *Maharadschahs* (Herrscher) und *Zamindars* (Grundbesitzer), eingeweihte Schüler, monatliche Geldgeber, im Berufs- und Privatleben stehende Schüler, Offiziere, Gönner, Lehrer, Geizhälse.

Zu jedem Überbegriff gibt es mehrere Adressbücher, nach Ländern geordnet. Ich trug persönlich die richtigen Anschriften ein und vermerkte Änderungen sorgfältig. Bis heute trage ich wichtige Adressen selbst ein und lasse die Schüler alle Adressbücher auf dem neuesten Stand halten.

Dritte Stufe

Eine große Einrichtung entsteht

Um die „Divine"-Mission in großem Maßstab systematisch weiter auszubauen, gründete ich 1936 die „Divine Life Trust Society", eine Treuhandgesellschaft, die ich in Ambala urkundlich registrieren ließ. Als ich 1936 von Lahore zurückkehrte, wo ich eine *Kirtan*-Versammlung geleitet hatte, kam mir plötzlich der Gedanke an eine Treuhandgesellschaft. Ich stieg in Ambala aus, um mich mit einem Anwalt zu beraten und die Gesellschaftsurkunde vorzubereiten. So wurde die „Divine Life Society" zur Verbreitung von spirituellem Wissen auf der ganzen Welt gegründet. In der Folge entstanden an die 300 Zweigstellen in allen bedeutenden Städten. Tausende von Schülern erhielten von mir die Einweihung zum *Sannyasa* (Mönchsstand). Während ihrer Ausbildung bleiben sie bei mir und arbeiten. Fortgeschrittene Schüler rufen eine eigene Mission in großen Städten ins Leben oder machen ihre *Sadhana* (spirituelle Praxis) in einer Höhle im Himalaya.

Dürstende Aspiranten in aller Welt erhalten Führung auf dem Postweg. Artikelserien über die praktische Seite von *Yoga*, *Bhakti* (Hingabe), *Vedanta* (Philosophie des Absoluten) und Gesundheit kommen in Form von Flugblättern und umfangreicheren Schriften in mehreren Sprachen heraus. Führende Zeitungen in allen Ländern veröffentlichen meine Abhandlungen über *Yoga*, Gesundheit und allgemeine spirituelle Themen. Ein halbes Dutzend Zeitschriften werden im *Ashram* auf Englisch und Hindi herausgegeben und auf der ganzen Welt verschickt.

Der *Ashram* kann jetzt etwa 400 Personen aufnehmen: Gebildete Gelehrte, *Mahatmas*, *Yogis*, Anhänger, Arme und Kranke, ganz zu schweigen von den Schülern aus den benachbarten Dörfern.

Ein Mittelpunkt kraftvoller spiritueller Erneuerung

Viele Fremde kommen in den *Ashram*, bleiben ein paar Wochen oder Monate und bewundern die großartige Arbeit, die hier geleistet wird. Junge und alte Bewohner von Shivanandanagar, Männer und Frauen, erfreuen sich am Frieden und der Wonne dieser Heiligen Stätte und helfen der Welt in unterschiedlicher Art und Weise. Allen widme ich meine sorgfältige, persönliche Aufmerksamkeit. Ich stelle ihnen alles Lebensnotwendige zur Verfügung und unterstütze sie in ihrer Entwicklung.

Für ihren Aufenthalt gibt es mehrere Gebäude, Hütten und Gästehäuser. Mehr als 30 Schreiber arbeiten Tag und Nacht an der Korrespondenz und den Büchern. An der „Yoga Vedanta Forest University" unterrichten fachkundige Lehrer eine große Zahl von Studenten in allen Schriften. Der Universitätsverlag ist jetzt mit elektronisch gesteuerten, automatischen Setz-, Druck-, Falz- und Bindemaschinen ausgerüstet. Zur Verbreitung von Wissen unter der Jugend werden schriftliche Wettbewerbe durchgeführt und Stipendien für Studien an Kollegs und Hochschulen vergeben.

Das „Sivananda-Krankenhaus" ist ein Segen für die Meister, *Yogis*, Pilger und armen Bewohner der Nachbardörfer. Erfahrene Ärzte unterschiedlicher medizinischer Richtungen arbeiten im Krankenhaus, das mit modernen Röntgen- und Diathermie-Apparaten sowie einem HNO-Hochfrequenzgerät zur Untersuchung von Hals-, Nasen-, Ohren- und Augenkrankheiten ausgestattet ist.

Spezielle Gebete im „Vishwanath Mandir" (Shiva-Tempel) haben kranken auf der ganzen Welt ein neues Leben geschenkt. Dieser speziell für einen bestimmten Menschen durchgeführte Gottesdienst bringt den Betroffenen Frieden und Wohlergehen. Ich freue mich grenzenlos über Hunderte von Briefen von Verehrern, die von der Rettung ihres Lebens dank der Gebete im „Tempel aller Glaubensbekenntnisse" im *Ashram* berichten.

Auch führende Vertreter und Anhänger anderer Religionen kommen in den *Ashram* und halten ihn für ein ideales Zentrum – eine gemeinsame Plattform –, um der Welt zu dienen. Ich sehe eine riesige spirituelle Kolonie vor mir; Freude und Glückseligkeit spiegeln sich auf dem Gesicht jedes Bewohners. Die Menschen kommen aus unterschiedlichen Beweggründen, um materieller und geistiger Vorteile willen und sind dann sprachlos, ihre Wünsche im Übermaß erfüllt zu sehen. Ehre dem Herrn, dass er uns dieses ideale Zentrum für alle Wahrheitssuchenden geschenkt hat.

Zusätzlich zu den normalen Aktivitäten werden gelegentliche Blindenhilfswerk-Camps im *Ashram* und in den Außenstellen durchgeführt. Regionale „Divine Life"-Konferenzen werden in wichtigen Städten Indiens Indiens organisiert. In den Ferien kommen Anhänger und Schüler mas-senweise, schließen sich dem üblichen Tagesablauf und dem *Satsang* an und ziehen daraus unermesslichen Nutzen.

Vierte Stufe

„Gruppen-Sadhana"

Junge Aspiranten schliefen in der winterlichen Kälte aus alter Gewohnheit oft bis sechs oder sieben Uhr am Morgen. Sie dürfen ihr kostbares Leben nicht mit Schlaf in den frühen Morgenstunden zwischen vier und sechs Uhr (*Brahmamuhurta*) vergeuden. Diese Zeit ist sehr günstig für tiefe Meditation. Die Atmosphäre ist mit sattwigen (reinen) Schwingungen geladen. Man kommt ohne große Anstrengung zu wunderbarer Konzentration.

Von meiner Hütte aus pflegte ich einige Male die Mantras – *Om Om Om, Shyam Shyam Shyam, Radheshyam Radheshyam Radheshyam* – laut zu singen und brachte so die Schüler dazu, für Gebet und Meditation früh aufzustehen. Bei den Tamasigen (Trägen) wirkte das nicht. Ich sorgte dafür, dass jeweils noch vor Sonnenuntergang zu Abend gegessen wurde. Das half einigen, morgens leichter aufzustehen. Nur wer sich abends den Magen mit schwerem Essen überlädt, findet es schwierig, am nächsten Morgen früh aufzustehen.

Zu Beginn der spirituellen Praxis passiert es oft, dass man zwar früh aufsteht, dann aber vom Schlaf überwältigt wird und während der ganzen Meditationszeit in einer Sitzhaltung schläft, wenn man versucht, allein in seinem Zimmer zu meditieren. Das brachte mich auf den Gedanken, am frühen Morgen (*Brahmamuhurta*) gemeinschaftliches Gebet und Meditation einzuführen. Ein Schüler läutete vor jedem Gebäude eine Glocke. Die Aspiranten kamen dann zum „Gruppen-Sadhana" zusammen. Ich schloss mich jahrelang jeden Tag der Gruppe an.

Gebet und Unterricht

Die Sitzung begann mit Anrufungen Ganeshas, Lobpreisungen des *Gurus* (*Stotra*) und *Mantras* (*Kirtan*). Dann las gewöhnlich einer der Schüler ein Kapitel aus der „Bhagavad Gita" und erklärte die Bedeutung eines Verses (*Shloka*). Ein anderer gab ein paar kurze Tipps zu Konzentration und Meditation. Am Ende hielt ich einen halbstündigen Vortrag über schnellen spirituellen Fortschritt und schlug verschiedene Methoden zur Über- windung negativer Geisteshaltungen und zur Beherrschung der ruhelosen Sinne vor. Ich legte großen Nachdruck auf sittliche Vollkommenheit. Am Ende der Gruppen-Sitzung sangen alle zusammen zehn Mal das „Shanti Mantra" (Friedens-*Mantra*). Die Schüler behielten das göttliche Bewusstsein während ihrer täglichen Arbeit bei.

Einige Schüler lebten im „Brahmananda Ashram", etwa 200 Meter von meinem *Kutir* entfernt. Morgens um vier Uhr machte ich dort häufig Überraschungsbesuche und sang ein paar Mal „Om", damit sie zum Gebet aufstanden. Ich übte keinen Zwang aus, sich der gemeinsamen Meditation anzuschließen. Ich gestattete ihnen auch, ihre eigenen Übungen in ihrer Hütte durchzuführen. So widmete ich meine ganze Aufmerksamkeit der spirituellen Erhebung meiner Schüler. Selbst heute noch sprechen viele Schüler, die damals die gemeinschaftlichen Gebete und Meditationen mitgemacht haben, davon, wie sehr meine kurzen Vorträge über spirituelle Praxis (*Sadhana*) sie inspiriert haben.

Zwischen drei und vier Uhr nachmittags richtete ich ebenfalls eine „Lehrstunde" ein. Ich bat einen der Schüler, ein Kapitel aus einem meiner Bücher vorzulesen. Am nächsten Tag stellte ich dann Fragen zu den wichtigen Punkten. Ich bildete die Anwärter auf vielfältige Weise aus. Sie lernten, die *Mantras* der Schriften zu singen, *Kirtans* zu leiten und kurze Vorlesungen zu halten. Ich beauftragte einen Schüler, Fragen zu stellen und andere, sie zu beantworten. In der Nachmittagsstunde führte ich *Likhita Japa* (*Mantra*-Schreiben) ein und morgens *Tratak* (Augenreinigungs- und Konzentrationsübung) und andere *Yoga*-Übungen. Tagsüber musste jeder Abhandlungen über *Yoga* und Philosophie verfassen und seine eigenen spirituellen Erfahrungen beschreiben.

Wenn Schulkinder in den *Ashram* kommen, lehre ich sie auch heute noch ein paar kurze englische Sätze und fordere sie auf, etwas vorzutragen. Viele haben meine englischen Lieder wie „Eat a little" gelernt.

Ich bildete meine Schüler auch in organisatorischen Arbeiten aus und lehrte sie, Schreibmaschine zu schreiben, Bücher und die Gesellschaftsgeschäfte zu führen und sich um Anhänger, Besucher und Kranke zu kümmern. Auf diese Weise entfaltete die „Yoga Vedanta Forest University“ bereits in ihren Anfängen eine kraftvolle Wirkung.

Besucher betreuen

Wenn Besucher zu mir kamen, redete ich nicht mit ihnen über ihre Privatangelegenheiten, sondern forderte sie auf, die Vergangenheit zu vergessen und *Mantras* mit mir zu singen. Ich brachte ihnen Musik, Lobpreisungen Gottes (*Bhajan*), *Mantra*-Singen (*Kirtan*) und Philosophie bei. Auch heute noch empfehle ich Anhängern, die in den *Ashram* kommen, ein bestimmtes Buch zum Lesen und stelle ihnen am nächsten Tag Fragen dazu. Ich kläre alle ihre Zweifel und gebe hilfreiche Ratschläge, um Schwierigkeiten und Hindernisse auszuräumen.

Alle sind glücklich über meine persönliche Aufmerksamkeit. Die planmäßige Arbeit dieses heiligen Zentrums im Himalaya am Ufer des Ganges hat Tausende aus ganz Indien und von anderen Ländern auf der Suche nach Wahrheit angezogen. Die „Divine Life Society“, die „Yoga Vedanta Forest University“ und der „Sivananda Ashram“ wurden Schlagworte für alle spirituellen Anwärter. In verschiedenen Zentren wird nun eine ähnliche Arbeit planmäßig aufgebaut durch Gründung von Zweigstellen der Universität, der „Divine Life Society“, des „Sivananda Ashrams“ und der „Sivananda-Yogaschule“.

Ich achte sorgfältig auf die Ernährung im *Ashram* – sie muss ausreichend sein, um in guter Verfassung zu bleiben – nicht zum übermäßigen Genuss oder zur Sinnesbefriedigung, sondern um den Fortschritt in der spirituellen Praxis zu fördern.

Sonntags führte ich salzlose Kost ein, wie zum Beispiel einfache gekochte Kartoffeln. Und nach *Ekadashi* (der elfte Tag nach Voll- und Neumond) gab es Brot, Milch und Obst.

Ich begann mit einem Dutzend Schüler. Bald kamen in den Ferien viele Anhänger aus Delhi, Madras, Kalkutta und anderen indischen Städten zu mir. Da führte ich „Gruppen-Sadhana“ ein: ein besonderes Programm mit allen wichtigen Bestandteilen geistiger Übungen, eine Art spiritueller Zusammenkunft über die praktische Seite von *Yoga*.

Das entwickelte sich allmählich zu „Sadhana Wochen" in den Oster- und Weihnachtsferien und ist in den letzten 20 Jahren zu einem festen Bestandteil geworden.

Verschiedene Zweige der „Divine Life Society" in Indien veranstalteten ähnliche Tagungen mit gleichem Ablauf wie die „Sadhana-Wochen" im *Ashram*. Sie laden bedeutende Persönlichkeiten als Referenten dazu ein und verteilen bei diesen Anlässen kostenlos Merkblätter und Bücher. So ist eine dynamische Tätigkeit zur spirituellen Erweckung im Gange.

Swami Sivananda vor seinem Ashram

Kapitel 5

Mein Glaube: Seine Methodik und Verbreitung

Die „Divine Life"-Bewegung

Ich liebe die Abgeschiedenheit. Manchmal muss ich mich zurückziehen. Ich sehne mich nicht nach Ansehen und Ruhm. Ich habe nie viel Zeit für das eingehende Studium der Schriften und Weltreligionen aufgewendet, nur um aufsehenerregende Vorträge vorzubereiten. Ich liebte es nie, Zeit mit geschliffenen Abhandlungen für Buch- oder Zeitungsveröffentlichungen zu verbringen. Es erfreute mich nicht, wenn die Leute mich „Mahatma" oder „Guru Maharaj" nannten. Ich hatte nie vor, eine Einrichtung zu gründen, um meinen Namen zu verewigen. Aber Gott wollte es anders. Die ganze Welt kam voll göttlicher Herrlichkeit und Glanz zu mir. Vielleicht ist das auf die innigen Gebete Tausender ernsthafter Wahrheitssucher zurückzuführen, in Verbindung mit meinen ureigensten Neigungen, alles was ich habe, mit anderen zu teilen und der Welt allgemein zu dienen zur Erlangung von Licht, Frieden, Wissen und Macht.

Ich fand geeignete Einrichtungen und geschickte Hände, die Arbeit weiterzuführen; das veranlasste mich, die „Divine Life Society" ins Leben zu rufen. Ich brachte die Botschaft der Weisen und Heiligen und lehrte die Welt den Weg zu Frieden und Glückseligkeit. Dank der Beliebtheit der „Divine Life Society" kamen viele gelehrte, fromme Seelen von weither zu mir. Sie teilen die Liebe zum selbstlosen Dienst mit mir und leisten wertvolle Arbeit bei der Verbreitung des rechten Wissens, das allein dauerhaften Frieden und Glück verleihen kann. Viele Außenstellen der „Divine Life Society" im Ausland drucken Teile meiner Werke neu und verteilen sie kostenlos in ihren Einzugsgebieten.

Das Gebot der Stunde

Wenn der Mensch in Selbstsucht, Gier und Leidenschaft verstrickt ist, vergisst er Gott natürlich ganz. Er denkt ständig an seinen Körper, seine Familie und seine Kinder. Er kümmert sich nur um sein Essen, Trinken und um seine Bequemlichkeit. Er ertrinkt im Meer von Geburt und Tod (*Samsara*). Materialismus und Skeptizismus beherrschen ihn. Er lässt sich von Kleinigkeiten aus der Ruhe bringen und fängt an zu streiten. Überall herrscht Ruhelosigkeit, Elend, panische Angst und Durcheinander. Die Welt scheint derzeit im Griff rein materialistischer Denk- und Handlungsweisen zu sein. Die Erfindung neuer Bomben ruft überall Schrecken hervor. Die Menschen haben den Glauben an die heiligen Schriften und die Lehren der Weisen und Heiligen verloren. Aufgrund falscher Erziehung und schlechter Einflüsse sind sie gottlos geworden.

Die umwälzenden Ereignisse seit Beginn des 20. Jahrhunderts verfehlten ihre Wirkungen auf alle spirituell gesinnten Menschen, Entsagte (*Sannyasins*), Heilige und Diener Gottes nicht. Die Schrecken der Weltkriege bewegten sie aufs äußerste. Die darauf folgenden verhängnisvollen Seuchen und der weltweite Niedergang rührten ihre mitleidvollen Herzen. Sie sahen, dass die Leiden der Menschheit größtenteils durch deren eigene Taten hervorgerufen worden waren. Das Gefühl verstärkte sich, es sei ein dringendes Gebot der Stunde, den Menschen ihre Irrtümer und Torheiten bewusst zu machen und sie dazu zu bringen, die eingeschlagene Richtung zu korrigieren, um ihr Leben voller Begeisterung für wertvollere Ziele einzusetzen.

Millionen suchten dringend nach einer solchen Führung. Dieses stille Gebet wurde erhört und ich erlebte das Entstehen der „Divine Life"-Mission" mit ihrer Aufgabe, die Menschen den Kräften der Unmenschlichkeit und Gewalttätigkeit zu entreißen und ihr Leben auf dieser Erde göttlich zu machen.

Genau zu diesem kritischen Zeitpunkt rief ich die „Divine Life Society" ins Leben. Heute gilt sie als Segen für die Welt. Sie basiert auf dem Kern der Lehren aller Religionen, Heiligen und Propheten der Welt. Ihre Grundsätze sind universell und allumfassend und stehen im Einklang mit Wissenschaft und Vernunft. Sie hat sich zum Ziel gesetzt, die Men-schen über die Sorgen und den Jammer ihres weltlichen Lebens zu erheben, indem sie ihnen ermöglicht, die glückselige Göttlichkeit zu erkennen, die sich hinter allen äußeren Erscheinungen verbirgt. Gute Gedanken durchdringen und beeinflussen alle guten Menschen. Die von der „Divine Life"-Bewegung geschaffenen Gedankenströme übten ihre entsprechende Wirkung auf die Menschen in Europa und Amerika aus.

Nun herrscht überall auf der Welt großes Verlangen nach Frieden. Millionen fürchten die rasche Vernichtung der ganzen Menschheit durch Atomwaffen.

Allumfassende Ideale für spirituelle Vollkommenheit

Die „Divine Life Society" ist eine offene allumfassende Institution; ihre Zwecke, Ideale und Ziele sind breitgefächert und universell. Sie lehnt keine Grundsätze und Lehren irgendeines Glaubens ab. Sie schließt die Grundprinzipien aller Religionen und Glaubensrichtungen ein und kennt keine bevorzugten oder einseitigen, sektiererischen Glaubenslehren. Sie führt die Menschen auf den spirituellen Weg und versetzt sie in die Lage, ein an göttlichen Grundsätzen orientiertes Leben zu verwirklichen, auch wenn sie ganz normal in der Welt leben und einer bestimmten Religion oder Glaubensrichtung angehören.

Die „Divine Life Society" hat ein nachdrückliches Erwachen auf der ganzen Welt ausgelöst und viel zu einem neuen Leben in Handlungsfreiheit, einem Leben in Ausgeglichenheit inmitten weltlicher Umtriebe und einem Leben in Glückseligkeit durch geistige Nichtverhaftung und inneres Abstandgewinnen von Wünschen, Selbstsucht und Besitzdenken beigetragen. Die Grundsätze, Ziele und Ideale der Gesellschaft und ihre Vorgehensweise stoßen auf allgemeine Wertschätzung. Sie betont nachdrücklich die praktische Seite der Spiritualität und erklärt den „Ganzheitlichen-Yoga" (*Yoga* der Synthese) auf vernünftige, wissenschaftliche Weise. Menschen aus verschiedensten Institutionen und Vereinigungen auf der ganzen Welt werden Mitglieder der „Divine Life Society" und schreiben mir, um spirituelle Führung zu erhalten. Ich kümmere mich besonders um sie und erteile ihnen Unterweisung auf dem Postweg für ihren geistigen Fortschritt und ihr Wohlergehen.

Die „Divine Life Society" erklärt, dass jeder Mensch in seinen eigenen Lebensumständen Weisheit erlangen kann, egal, ob er den Stand eines *Brahmacharis* (ein enthaltsam Lebender), *Grihasthas* (jemand, der im Berufs- und Familienleben steht), *Vanaprasthas* (ein Rentner) oder *Sannyasis* hat (jemand, der sich von der Welt zurückgezogen hat) oder ob er ein Straßenkehrer, *Brahmane* (Priester, oberste Kaste), *Shudra* (Diener, Angehöriger der niedrigsten Kaste) oder *Kshatriya* (Krieger) ist, ob er vielbeschäftigt im Alltagsleben steht oder sich als

Sadhaka (Übender) in den Himalaya zurückgezogen hat.

Göttliches Wissen ist kein Vorrecht von *Sannyasins* (Entsagten) und Einsiedlern. Sie erklärt ebenfalls, dass, obwohl *Jnana Yoga* („Yoga des Wissens"), die *Vedanta*-Philosophie, die zentrale Grundlage bildet, es nötig ist, auch die anderen *Yoga*-Arten auszuüben: *Karma Yoga* („Yoga des selbstlosen Handelns"), dient zur Reinigung von Gemüt und Herz. *Hatha Yoga* („Yoga der Körperstellungen"), hilft uns, die gute Gesundheit und Kraft aufrechtzuerhalten sowie unser *Prana* (die Lebensenergie) zu reinigen und den Geist zu festigen. *Raja Yoga* („Yoga der Geistesbeherrschung"), hilft uns die *Sankalpas* (Gedanken) zur Ruhe zu bringen und Konzentrationsfähigkeit in der Meditation herbeizuführen. Und *Jnana Yoga* („Yoga des Wissens") lüftet den Schleier der Unwissenheit und lässt uns für immer in *Satchidananda Swarupa* (seiner eigenen ursprünglichen Natur von Sein-Wissen-Glück-seligkeit) ruhen.

Der kritische Punkt

Die Studenten wurden ungläubig, verloren den Glauben an die Religion unter dem Einfluss der Wissenschaft. Sie vernachlässigten Pflicht und rechtes Handeln (*Dharma*), begannen zu rauchen und zu spielen. Junge Frauen richteten sich nach der Mode. Offiziere waren nur noch auf ihren eigenen Vorteil bedacht. Die Gesundheit der Menschen verschlechterte sich. Die Menschen kümmerten sich nicht mehr um die Schriften. Der Materialismus übernahm die Herrschaft.

An diesem kritischen Punkt, um die Herrlichkeit Gottes wieder aufleben zu lassen, das Wissen über *Yoga* zu verbreiten, den ganzheitlichen *Yoga* zu lehren, den Menschen Hingabe und Glauben einzuflößen, den spirituellen Aufschwung der Menschheit zu fördern, Frieden und Glück in jedes Heim zu bringen, rief ich die „Divine Life Society" ins Leben und gründete die „Yoga Vedanta Forest University", an einem geheiligten, reizenden Ort im Himalaya, am Ufer des Heiligen Ganges in Rishikesh.

Das schnelle Wachstum der Mission

1936 rief ich die „Divine Life Society" ins Leben zur spirituellen Erhebung der Menschheit. Ich bildete viele ernsthafte *Yoga*-Schüler aus. Zu ihrer raschen Entwicklung führte ich die morgendlichen gemeinschaftlichen Gebetsstunden und „Gruppen-Asanas“ ein. Bedürftigen und Tausenden von Pilgern leistete ich ärztliche Hilfe durch ein kostenloses Ambulatorium. Ich sandte Fachkundige an verschiedene Zentren, wo sie vorlesungen über *Bhakti*, *Yoga* und *Vedanta* hielten. Ein kleiner Tempel für Gebete und Gottesdienste wurde errichtet. Als dann viele Schüler kamen, mussten Verpflegungs- und Unterkunftsmöglichkeiten für sie und die Besucher geschaffen werden; so entstand der „Sivananda Ashram“.

Die „Yoga Vedanta Forest University“ entwickelte sich, als regelmäßige Kurse für alle *Yoga*-Wege eingerichtet wurden. Um die Schüler weltweit zu unterstützen, wurde der Universitätsverlag mit automatischen Maschinen eingerichtet, um die nötigen Werke über die praktische Seite des *Yoga* und ein halbes Dutzend Zeitschriften zu drucken. Die kleine Ambulanz wuchs zu einer großen medizinischen Einrichtung, mit einem Allgemeinen Krankenhaus und eigenen Gebäuden. Obwohl die „Divine Life Society“ weiterhin die Hauptorganisation bleibt, mussten viele andere Einrichtungen gegründet werden, um die verschiedenen Bereiche abzudecken, die sich im Laufe der Zeit herausgebildet haben, um gezielte Arbeit leisten zu können. Jetzt ist der *Ashram* eine sehr große spirituelle Siedlung und sieht aus wie eine riesige Fabrik vor dem Hintergrund des wundervollen, unbeschreiblichen Friedens des Himalayas. Anwärter, die in den *Ashram* kommen und ein paar Monate oder Jahre hierbleiben, finden Spielraum für ihren spirituellen Fortschritt sowohl als Mitarbeiter in den verschiedenen *Ashram*-Einrichtungen, als auch als stille Meditierende in der Umgebung des Tempels oder in den Einsiedeleien im nahen Urwald. Jeder wählt die ihm entsprechende Lebensweise.

Die Grundsätze

Mehr als danach zu streben, nach diesem Leben den Himmel zu erreichen, versuchen die Gefolgsleute der „Divine Life Society“, himmlische Zustände auf Erden herrschen zu lassen. Die Grundsätze der „Divine Life Society“ sind absolut unsektiererisch und allgemeingültig. Die Grundlage dieser Bewegung ist die Befolgung der drei Ideale Wahrhaftigkeit, Gewaltlosigkeit und Reinheit – also die allen Religionen der Welt gemeinsamen Maximen. Daher genießt die „Divine Life“

-Bewegung die bereitwillige Unterstützung der Völker aller Glaubensrichtungen und Kulturen. Ihr Lebensentwurf und -ziel ist allgemeinverbindlich und für alle auf der Erde annehmbar, die sich über das Leid erheben und dauerhafte Wonne erlangen wollen. Das also ist die „Divine Life"-Bewegung.

Keine Geheimlehren

Praktisch angewandte Spiritualität im Sinne der „Divine Life Society" ist nichts anderes als das Wesentliche aller Yogaarten und die Grundzüge aller Religionen. Hier findet jeder ethische Prinzipien, die mit seinem eigenen Glauben übereinstimmen. Es bedarf heute mehr denn je der tatkräftigen und nachdrücklichen Umsetzung dieser Ideale, denn die jüngsten Entwicklungen in Wissenschaft, Politik und Soziologie sind geneigt, die Menschheit näher als je zuvor an den Rand des gefährlichen Abgrunds von völligem Agnostizismus und gewaltsamer Selbstzerstörung zu führen. Hass und Gewalt, Unwahrheit und Betrug, Laster und Unreinheit sind an der Tagesordnung.

Nur eine starke Gegenkraft kann diesen Abwärtstrend vielleicht bis zu einem gewissen Grad ausgleichen. Die „Divine Life Society" wurde gegründet, um diesen wuchernden negativen Einflüssen Widerstand zu leisten und den Strudel, in dem die Menschheit dem Ruin entgegentreibt, aufzuhalten. Ich bringe die Botschaft von Frieden, Wohlwollen, Brüderlichkeit und Verwirklichung geistiger Einheit. Die „Divine Life"-Bewegung kennt weder kleinliche Regeln noch Geheimlehren noch abgegrenzte Bereiche nur für Eingeweihte. Wer die Wahrheit liebt, erkennt ihre Fülle, unendliche Schönheit, Erhabenheit und Herrlichkeit. Sie bietet Platz und Zuflucht für alle. Sie versetzt einen in die Lage, die Religion des Herzens, die Religion der Einheit, zu verwirklichen.

Was ist wahrer Glaube

Religion kann man nicht durch reine Beweisführung oder Erörterungen lehren. Man kann niemanden nur durch Vorschriften oder moralische Regeln zur Religion bekehren. Einen spirituellen Anwärter kann man nicht mit dem Hinweis auf Stapel hochgeistiger Lektüre oder Wunder seines Meisters gewinnen. Übe Religion praktisch aus, lebe nach ihren Lehren, wenn du dich entwickeln und das Ziel des Lebens verwirklichen willst. Was immer deine Religion, dein Prophet, deine Sprache und dein Land, dein Alter oder Geschlecht sein mögen, du kannst dich leicht entwickeln, wenn du weißt, wie du das Ego und die niedere Natur des Geistes zerstören und Körper, Sinne und Geist beherrschen kannst. Das habe ich als Weg zu wahrem Frieden und ewiger Wonne erkannt. Daher versuche ich nicht, die Leute durch hitzige Streitgespräche zu überzeugen.

Wahrer Glauben ist der Glaube des Herzens. Das Herz muss zuerst gereinigt werden. Wahrhaftigkeit, Liebe und Reinheit sind die Grundlage wirklichen Glaubens. Unterwerfung der niederen menschlichen Natur und Beherrschung des Geistes, Pflege von Tugenden, Dienst an der Menschheit, Wohlwollen, Kameradschaft und gegenseitige Freundschaft bilden die Grundfesten wahrer Religion. Diese Ideale gehören zu den Leitmotiven der „Divine Life Society". Ich nehme es mit der Verbreitung dieser Ideale auf breiter Basis sehr genau.

Ich verschwende keine Zeit damit, passende maßgebende Stellen in den Schriften zu suchen, um die Neugier von spirituellen Anwärtern zu befriedigen. Ich führe ein praktisches Leben und versuche, den Schülern ein Beispiel zu geben, um ihr Leben zu formen. Wisse, dass wahrer Glauben beginnt, wenn du das Körperbewusstsein überschreitest. Der Kern der Lehren aller Weisen und Heiligen und die Grundlagen aller Religionen und Glaubensbekenntnisse sind gleich. Die Menschen streiten sich ohne Notwendigkeit über Unwesentliches und verfehlen das Ziel.

Möge die „Divine Life"-Bewegung als Vorbotin von Frieden, Harmonie und erhabenem Leben ihren Glanz und ihre Herrlichkeit über die ganze Welt verbreiten.

Das Evangelium Göttlichen Lebens

Die Welt der Erscheinungen stellt sich uns mit vielen Schwierigkeiten in den Weg bei jedem Schritt, den wir unternehmen, um zum Ziel "Nirwana" zu gelangen, das Buddha nach Jahren entschlossener, beständiger Anstrengung erreichte. Die Menschen von heute haben weder die nötige Zeit noch die Geduld für strenge Askese (*Tapas*) und harte religiöse Praktiken, von denen manche sogar als Aberglauben abgetan werden. Um der heutigen Generation den Nutzen religiöser Askese zu vermitteln, ihnen ihre wahre Bedeutung klarzumachen und sie gründlich von deren Wirksamkeit und Nützlichkeit zu überzeugen, lehrte ich mein Evangelium vom „Göttlichen Leben". „Divine Life" ist ein ganzheitliches System für eine spirituelle Lebenseinstellung für jeden, welches von jedem Angestellten und Arbeiter gleichermaßen ohne übermäßige Beeinträchtigung ihrer täglichen Pflichten umgesetzt werden kann. Die Schönheit des „Göttlichen Lebens" liegt in seiner Einfachheit und praktischen Anwendbarkeit im täglichen Leben normaler Menschen. Man kann den Lehren seiner eigenen Religion treu bleiben und gleichzeitig die Grundsätze des „Göttlichen Lebens" befolgen und sich so schnell spirituell weiterentwickeln.

Die praktische Seite

Der durchschnittliche Sucher nach Wahrheit wird oft von den Launen seines Geistes getäuscht. Wer den spirituellen Pfad einschlägt, wird irregemacht, bevor er das Ziel seiner Reise erreicht und unterliegt natürlicherweise der Versuchung, mit seinen Anstrengungen auf halbem Weg nachzulassen. Es gibt zahlreiche Fallgruben, aber wer sich stetig dahinschleppt und ein Leben in Gott führt, kann sicher sein, das Ziel seines Strebens, die Selbstverwirklichung, zu erreichen. In allen meinen Werken habe ich auf die Beherrschung der ungestümen Sinne und des Geistes, die Reinigung des Herzens, Erlangen von innerem Frieden und geistiger Stärke hingewiesen, entsprechend dem jeweiligen Entwicklungsstand, den persönlichen Neigungen und der Wesensart jedes einzelnen.

Aufgaben der DLS-Zweigstellen und spiritueller Aspiranten

Meine Botschaft an Aspiranten und die Zweigstellen der „Divine Life Society" lautet:

> Ihr seid auf die Welt gekommen, um spirituelle Vollkommenheit zu erlangen, höchste und ungetrübte Wonne. Der Zweck menschlicher Geburt ist es, Göttliches Bewusstsein zu erreichen. Das Ziel des Lebens ist Selbstverwirklichung. Der Mensch ist kein sinnliches Tier. Der Mensch ist seiner grundlegenden Natur nach ewig frei, rein, vollkommen, unsterblich. Spüre, dass du das Unsterbliche Selbst bist. Du bist

Satchidananda.

Denke daran: *Ajo nityah sasvatoyam purunah* – „Du bist ungeboren, ewig, unvergänglich und uralt". In diesem erhabenen Bewusstsein zu leben heißt, in jedem Augenblick deines Lebens unbeschreibliche Freude und grenzenlose Freiheit im Geist zu erfahren. Das ist dein Geburtsrecht. Das ist der Zweck deines Lebens. Das ist das Ziel. Es ist das Hauptanliegen der „Divine Life"-Bewegung, dies durch ein Leben in Wahrhaftigkeit, Reinheit, selbstlosem Dienst und Hingabe zu verwirklichen.

Im Zeitalter atomarer Massenvernichtungswaffen herrscht Furcht vor. Hass regiert die Politik weiter Teile der sogenannten aufgeklärten und zivilisierten Menschheit. Dieses Zeitalter des Fortschritts hat sich in Wirklichkeit als Zeitalter des Verfalls von Anschauungen und Werten, Idealen und Moralvorstellungen breiter Schichten der Bevölkerung entpuppt. An diesem kritischen Punkt suchen gebildete Männer und Frauen der ganzen Welt Erleuchtung und Wissen in Indien, diesem heiligen Land. Es ist eure vornehme Aufgabe, dieses Licht des spirituellen Wissens und Idealismus bis in jeden Winkel dieser Erde zu verbreiten.

Die Einheit aller Menschen

In den „Upanishaden" heißt es:

> „All das ist wahrlich der *Atman*. Das Eine, glückselige Selbst wohnt in allen Wesen."

Die geistige Einheit der ganzen Menschheit ist eine wichtige Lektion für den Menschen von heute. Was auch immer war und in Zukunft sein wird, alles ist wahrlich das eine, ewige Wesen allein. Die Botschaft der „Divine Life"-Bewegung vom Göttlichen Leben lautet:

> Sieh Gott in jedem Gesicht. Diene allen. Liebe alle. Sei freundlich zu allen. Sei mitfühlend. Fühle, dass jeder du selbst ist. Diene deinen Mitmenschen und allen Wesen im Geist der Verehrung des Göttlichen in ihnen. Dienst an der Menschheit ist in Wirklichkeit Gottesdienst. Lasst diese Botschaft landauf landab die Freiheit verkünden, lasst sie in jedes Haus und jedes Herz eindringen. Wahrlich, alle großen Religionen der Welt verkünden diese göttliche Botschaft als spirituelle Grundlage

menschlichen Lebens. Sie erklären die allumfassende Brüderlichkeit der Menschheit unter der Vaterschaft des Allmächtigen Gottes. Sei dir bewusst, dass das Wesentliche der „Veden", das Herz der „Bibel", der Kern des „Korans," der heiligen „Gathas" [Lieder, Verse] und aller heiliger Schriften der Welt im Grunde dasselbe ist und einstimmig die liebliche Melodie von Liebe und Eintracht, Güte und Freundlichkeit, Dienst und Verehrung singt. Lege die Schranken von Namen und Formen nieder. Suche die Einheit im Herzen aller Wesen. Schließe die ganze Mensch-heit in deine geistige Umarmung ein. Lebe für den Frieden. Lebe für allumfassende Liebe. Lebe im Göttlichen.

Der laute Ruf von „Divine Life"

Eine „Divine Life"-Zweigstelle ist in der heutigen Zeit ein großer Segen für die Menschheit, ein echter Segen Gottes. Sie ist ein Feld für dynamischen *Yoga* und angewandten *Vedanta* [Philosophie des Absoluten]. Die Verbreitung von „Divine Life" ist die Hoffnung der Menschheit. Durch „Divine Life" werden sich die Menschen von Unwissenheit, Kummer und Leid befreien und jenseits aller Sorgen noch in diesem Leben, hier und jetzt, in das himmlische Reich von Frieden und Wonne eingehen. „Divine Life" bringt der Menschheit Frieden und Brüderlichkeit. Es reinigt den Menschen, veredelt seine Natur und entfaltet seine wunderbare verborgene göttliche Wesensart. „Divine Life" ist Indiens Geschenk an die ganze Welt.

Lasst den Ruf der „Upanishaden" in jedem Dorf, in jeder Stadt erschallen. Lasst den herrlichen Gesang des göttlichen Namens in jeder Siedlung ertönen. Lasst in jedem Herzen Tugend wachsen und rechtes Handeln [*Dharma*] jeden Schritt im Leben bestimmen. Göttliches Leben muss praktisch umgesetzt werden. Die Ideale von „Divine Life" müssen in der gelebten Wirklichkeit Ausdruck finden, sich im Leben der Menschen manifestieren. Das ist wichtig. Seid ergeben. Arbeitet einträchtig zusammen. Seid anpassungsfähig. Passt euch an, fügt euch ein, seid versöhnlich. Denkt immer daran, dass es um die Sache geht, nicht um persönliche Ansichten und Meinungen. Löst daher alle Meinungsverschiedenheiten und arbeitet zusammen zugunsten eines reinen Lebens und spiritueller Vollkommenheit.

> Vollkommenheit des Einzelnen führt schließlich zur Vollkommenheit der ganzen Menschheit. Verbreitet die Lehre vom selbstlosen Dienst. Gewinnt alle für den Yogaweg, um das Ziel des Lebens, gute Gesundheit und ein langes Leben zu erreichen.

Ich habe den Wahrheitssuchenden nicht mit Regeln, Vorschriften und Beschränkungen zu helfen versucht, sondern ihnen mittels Briefen, Zeitschriften und wertvollen Veröffentlichungen stufenweise Anleitungen gegeben, wie man durch gemeinsame Gebete, Meditation und Mantrasingen (*Bhajan* und *Kirtan*) spirituelle Schwingungen aufbaut. Für den geistigen Fortschritt kommt es nicht auf die Anzahl an. Ein einziger ergebener Schüler kann die Welt bewegen und ihr Licht und Wissen bringen.

Aus den folgenden Briefen (siehe weiter unten), die ich zwischen 1936 und 1940 an meine Schüler geschrieben habe, geht deutlich hervor, wie ich eine kraftvolle Kampagne auf der ganzen Welt einleitete und über 300 Zweigstellen der „Divine Life Society" gründete.

Die Bedeutung von „Gruppen-Sadhana"

> Die Entwicklung beschleunigt sich durch „Gruppen-Sadhana", Massengebete und gemeinsame Meditation. Es ist nicht der Zweck der „DLS-Zweigstellen", Reichtum, Ansehen und Berühmtheit zu erwerben, sondern der Welt Frieden und Harmonie zu bringen, indem an verschiedenen Orten spirituelle Schwingungen erzeugt werden. Führt wöchentliche Treffen durch. Ladet spirituell gesinnte Freunde ein. Klärt die Zweifel der Anhänger. Ihr könnt eine Bücherei mit philosophischen Büchern aufbauen. Ladet Gelehrte bei euch am Ort zu Vorträgen ein. Druckt gelegentlich meinen Text „20 wichtige spirituelle Anweisungen" und andere Merkblätter und verteilt sie kostenlos. So könnt ihr den Keim für eine „Divine"-Mission legen. Die Saat wird langsam zum Wohle der Welt aufgehen. Das wird eine Menge zu eurer eigenen Entwicklung und gleichzeitig zur Erhebung der Menschheit beitragen.

Die Gründung einer „Divine Life"-Gesellschaft

„Gut begonnen ist halb gewonnen". Ich lege keinen Wert auf großartige

Pläne und Vorhaben. Wenn der Anfang gut gelingt und die Beteiligten aufrichtig, vertrauens- und hingebungsvoll dabei sind, ist der Erfolg gewiss. Ich schrieb an einen ernsthaften Schüler:

> Du hast sehr gut angefangen. Das Werk wird bald Wurzeln schlagen und erblühen. Du kannst die *Yoga*-Stunde in einem Zimmer im Haus abhalten. Bringe auch ein Schild an. Halte einmal pro Woche Treffen ab. Bitte Freunde um ein paar Bücher und baue eine Bibliothek auf. Ich schicke Dir alle meine Werke. Für die anfallenden Kosten kannst Du von den Teilnehmern eine kleine Gebühr nehmen.
>
> Behalte die folgenden Ziele im Auge:
>
> - Selbstverwirklichung durch *Yoga*
> - Jugendlichen durch *Asanas* [Körperstellungen], *Pranayama* [Atemübungen] und ethische Werte neue Impulse zu geben
> - das Wissen der *Rishis* [Seher] und *Yogis* weit zu verbreiten
> - allumfassende Brüderlichkeit und kosmische göttliche Liebe zu entwickeln
>
> Lasse Dich nicht entmutigen und verliere nie Dein Selbstvertrauen. Viele haben mit einer Ortsgruppe der „Divine Life Society" in ihrer eigenen Wohnung angefangen. Die Familienmitglieder treffen sich morgens und abends zum gemeinsamen Gebet und *Mantra*-Singen. Die dabei entstehenden spirituellen Schwingungen bringen der ganzen Familie Frieden und Erfolg. Mache etwas mit ausgewählten Freunden, auch wenn ihr nur zu zweit seid.

Ich bin immer bereit, begeisterten Aspiranten, die das göttliche Wissen weiter verbreiten wollen, genaue Anweisung zu geben:

> Bringe ein paar Leute zusammen. Lies etwas aus meinen Büchern vor. Sprich über Zweifel und Fragen. Leite sie zu *Japa* [*Mantra*-Wiederholung], *Kirtan*, Meditation und zum Studium der „Gita" an. Sag ihnen, sie sollen ein spirituelles Tagebuch und ein Heft für *Likhita Japa* [*Mantra*-Schreiben] führen. Du besitzt kostbares Wissen und Fähigkeiten, zu denen Du nicht genug Vertrauen hast oder derer Du Dir nicht einmal bewusst bist. Bringe Deine verborgenen Talente zum Ausdruck. Gib, was immer Du hast. Es wird der Welt nützen. Bilde bei Dir zu Hause eine Gruppe und rufe ähnliche Aktivitäten in verschiede-

nen Stadtteilen ins Leben. Schwanke nicht. Sei voller Hoffnung. Du kannst Wunder bewirken. Strahle Freude und Frieden aus. Halte Dich an eine bestimmte Arbeitsweise. Arbeite ein wenig – das reicht. So kannst Du Deine Zeit gut und nützlich verbringen. Lasse die Blume erblühen. Die Bienen kommen von selbst. Es braucht keine großen Anstrengungen. Drehe einfach den Hahn auf; es wird von selbst fließen.

Meditiere im Freien mit ausgewählten Freunden. Veranstalte *Yoga-Asana*-Vorführungen. Mache fünf Minuten lang *Tratak* [Augenreinigungs- und Konzentrationsübung] mit dem *Mantra* „Om" oder einem Bildnis Gottes. Führe an *Ekadashi*-Tagen [elfter Tag nach Vollmond und Neumond] Fasten ein. Erkläre die *Chakras* [Energiezentren]. Bereite Dich jeden Abend auf den Unterricht am nächsten Tag vor. Sammle Ideen und notiere sie Dir auf einem Blatt oder in einem Notizbuch. Lies vom Blatt ab, wenn Du keinen Vortrag halten kannst. Sprich langsam. Lade Dich mit leichtem *Kumbhaka* [Luftanhalten] und *Japa* wieder auf. Nimm nahrhaftes Essen und Früchte zu Dir. Wenn Du keine gute Rede halten kannst, schreibe einen Aufsatz und lies ihn mit Betonung und innerem Feuer vor. So entwickelst Du langsam Rednertalent. Wenn Du gute, wissensdurstige Menschen triffst, vermittle ihnen Ideen und rege sie an, ähnliche Gruppen bei sich zu Hause zu bilden. Das wird Deine zukünftige Arbeit erleichtern. Fordere jeden Menschen, den Du triffst, auf, täglich ein paar *Shlokas* [Verse] in der „Bhagavad Gita" zu lesen und das „Gayatri-Mantra" zu wiederholen. Weihe viele ein. Lobe die Nützlichkeit von *Mantras* und *Japa*. Führe *Malas* [Gebetsketten] für *Japa* ein. Ich wünsche Dir Erfolg, Freiheit und Vollkommenheit.

Der spirituelle Strom muss in Fluss bleiben

Ich wache sorgfältig über die Tätigkeiten der Zweigstellen und gebe ihnen hin und wieder Anregungen und Ermutigung. Um den Strom lebendig zu erhalten und sie zu motivieren, schicke ich fähige, fortgeschrittene Aspiranten zu den Zweigstellen. Hier zum Beispiel meine Anweisungen an einen von ihnen:

In welchem Zustand befindet sich das Zentrum jetzt? Tot, nach Luft ringend oder voller Leben? Tritt an alle Leiter höherer Schulen heran und veranstalte Lichtbildervorträge über *Asanas*. Mach das unbedingt. Ich habe das bei meinen Reisen in allen Schulen im Pandschab und in Uttar Pradesh gemacht. Bitte schicke mir ab und zu einen Bericht über Deine Tätigkeiten. Entschuldige Dich nicht mit falschen Vorwänden. Sei nicht schüchtern. Sei nicht feige. Deine Arbeit an Schulen und Kollegs prägt geistige *Samskaras* [Eindrücke] in Tausenden von Gemütern. Sie werden sich entfalten, wenn die Zeit reif ist.

Sei kühn. Auch Magister, Richter und Chirurgen sind nur Men-schen. Auf weltliche Menschen mit normalen Leidenschaften wirkst Du wie ein *Avatar*. Sei mutig und sprich edel, bescheiden und aufrichtig. Du kannst Deine Zuhörer begeistern und fesseln. Stell Dir eine andere, starke Persönlichkeit auf dem Podium vor. Bringe Feuer, Eifer und Begeisterung in Deine Äußerungen. Lasse keine Gelegenheit verstreichen. Was immer Du jetzt tust, ist genug, um die Welt zu erheben. Warte nicht, bis Du ein großer *Pandit* [Gelehrter] geworden bist.

Ich habe lobende Briefe von den Zweigstellen erhalten, die Du besucht und denen Du Deine Filme vorgestellt hast. Niemand hat je zuvor eine solche Arbeit geleistet. Sie ist beispiellos. Wenn die Arbeit Dich zu stark in Anspruch nimmt, ziehe Dich in Dein Zimmer oder an einen einsamen Ort zurück. Lade die Batterie durch stille Meditation in Abgeschiedenheit wieder auf und kehre mit doppelter Energie zurück. Bringe Deine Energie unter Kontrolle. Verbrauche nicht alles auf einmal. Ruhe Dich ausreichend aus. Lerne, Dich zu entspannen. Zieh Dich zurück.

Dienen steht höher als Meditation

Die Arbeit, die Du zur Zeit machst, ist bedeutenderer *Yoga* als die wichtige sogenannte „Meditation" vieler heutiger *Vedantins*, nämlich schlafen und Luftschlösser bauen. Sie ist ein großes *Yajna* [Opfer]. Arbeite wie ein Löwe! Brülle wie ein Löwe! Ich gratuliere Dir zu dem großartigen Werk, das Du in verschiedenen Zentren geleistet hast. Alles ist Seine Gnade. Fühle das. Es ist Sein Wille, der sich durch Deinen Geist, Intellekt und Körper ausdrückt. Sei Ihm immer dankbar. Bitte um Seinen Segen und Seine Gnade. Wenn Dir Deine Anhänger und Bewunderer etwas schenken, lehne es nicht wegen falsch verstandener

Vairagya [Verhaftungslosigkeit] ab. Wir brauchen Geld für die Arbeit, für Arzneien für die Kranken und für Veröffentlichungen. Werde ein *Maha Tyagi* [großer Entsagter] und ein *Maha Bhogi* [großer Genießer]. Ruhe Dich aus. Überarbeite Dich nicht. Reguliere Deine Energie. Atme saubere Luft ein. Verkehre nicht mit Leuten. Sprich nur ein wenig über wichtige Themen. Da Du hart arbeitest, achte gut auf Deine Gesundheit. Nimm viel Milch, Obst und Mandeln zu Dir. Ruhe Dich eine Woche lang aus. Ausruhen heißt, in anderer Hinsicht tätig zu sein und nicht, zu schlafen und die Zeit mit unnützen Freunden oder ziellosem Herumlaufen zu verschwenden.

Diene den Menschen aus ganzem Herzen, bereitwillig, unermüdlich, ohne zu murren, ohne auch nur gelegentlich ein saures Gesicht zu machen, als hättest Du Rizinusöl verschluckt. Das ist ziemlich schwierig. Versuche Dein Bestes. Dann wird es reiner *Yoga* werden. Du musst nicht meditieren. Du musst kein *Japa* [*Mantra*-Wiederholung] machen. Du musst keine Wechselatmung machen. Wandle jede Bewegung, jeden Atemzug, jede Körperhaltung in reinen *Yoga* wie oben beschrieben um. Das ist Dienst an Gott. Du arbeitest, lebst und atmest nur für Ihn. Pflege diesen *Bhava* [dieses Gefühl]. Du wirst bald kosmisches Bewusstsein erreichen. Mache Dir ganz bewusst: Arbeit ist Gebet, Arbeit ist Meditation. Vergiss das nicht! Du musst Dich durch Arbeit und Meditation entwickeln. Straßenkehren ist *Yoga*, wenn man es mit der richtigen Einstellung macht wird. Deine oberste Pflicht ist es, Dich vor allen Älteren, *Swamis* und jedem im *Ashram* zu verneigen, sei es ein Straßenkehrer oder Großgrundbesitzer. Spüre Einheit. Sei freudvoll. Passe Dich an. Ertrage Unrecht und Beleidigungen. Erziehe Deinen Geist zur Ausgeglichenheit unter allen Umständen und überall. Nur dann kannst Du wirklich stark sein.

„Ganzheitlicher Yoga"

Ich bin nicht für eine einseitige Entwicklung, sondern dringe bei meinen Schülern darauf, alle wichtigen *Yoga*-Arten miteinander zu verbinden, unter besonderer Betonung von tatkräftigem selbstlosen Dienst und Entwicklung von Tugenden, wobei ich aber jedem vollen Spielraum für seine individuelle Wahl lasse.

Ich bestehe nicht darauf, dass Du in den Städten bleibst. Deine Gesundheit und Dein spiritueller Fortschritt sind sehr wichtig. Sieh nur, wie viel gute Arbeit Du in so kurzer Zeit geleistet hast. Wenn Du noch Energie hast und glaubst, die Arbeit leicht bewältigen zu können, kannst Du noch eine Weile lang dort bleiben. Oder verabschiede Dich vom Stadtleben – es liegt bei Dir.

Bleibe jedoch nicht unnötig lange in den Städten. Es wäre schädlich für Dein Interesse und Deinen Fortschritt. Du brauchst jetzt Abgeschiedenheit. Widme auch dem Studium viel Zeit. Dein jetziges Wissen ist oberflächlich. Deine innere Natur hat sich auch noch nicht erneuert. *Sadhana* [spirituelle Praxis] ist erforderlich. Du brauchst jetzt Ruhe, ein ruhiges Leben in der Atmosphäre von Ganges und Himalaya, um die Batterie wieder aufzuladen, so dass Du nachher umso tatkräftiger mit doppelter Energie und Kraft wieder arbeiten kannst. Nach einem langen Aufenthalt in den Städten muss man sich in die Abgeschiedenheit zurückziehen. Das wird Dir guttun. Bitte komme und bleibe lange hier. Flüchtige Besuche bringen keinen großen Nutzen.

Du bist gesegnet. Gott lebt. Gott wohnt in allem. Gott ist der Innere Herrscher. Gott muss man erfahren. *Dharma* [rechtes Handeln] führt zur Sicht Gottes. Güte führt zu Gott. Liebe führt zu Gott. Meditiere über das Ewige, Dein innerstes Selbst, den *Atman*. Halte an [der spirituellen Praxis] fest. Tauche ein in *Sadhana* und Meditation. Tritt in die Stille ein. Werde eine Flamme Gottes. Erlange ewige Wonne durch Göttliches Leben. Wer für den Dienst an anderen lebt, ist sehr glücklich. Er ist gesegnet und erfährt Gott. Dienen reinigt das Herz und bringt göttliches Licht. Sei verwurzelt im *Atman*. Das ist wahre *Sadhana* [spirituelle Praxis]. Fordere Dein Geburtsrecht ein, mitten im Schreibmaschine schreiben, herausgeben von Büchern und verfassen von Artikeln. Das ist besser als ein Leben in einer Höhle. Das ist tatkräftiger „Ganzheitlicher Yoga". Fühle auch in der Stadt, dass Du hier im *Ashram* im Himalaya bist. Das ist *Yoga*. Das ist die Prüfung, die [König] Janaka Shri Suka [der Sohn von Vyāsa] stellte.

In der Aufgabe aufgehen

Ich möchte, dass meine Schüler sind wie ich selbst, indem sie sich ganz der Verbreitung der Botschaft Gottes widmen, göttliche Eigenschaften in sich selbst entwickeln und sie anderen einschärfen.

Wo immer Du hingehst, gib, verteile, verbreite Deine Ideen und Ideale. Strahle Deine Gefühle weit aus. Teile mit anderen. Gib, gib, gib immer. Gib allen. Erwarte nichts. Du musst Meditation und Studium wie gewohnt aufrechterhalten. *Brahman*, das Absolute, allein ist wirklich. Ohne *Indriyas* [Handlungs- und Sinnesorgane] bist Du *Brahman – Tat Tvam Asi* [„Das bist du"]. Ich werde nicht müde, das zu wiederholen. Diese Vorstellung muss in Deine Nerven, Zellen, Dein Fleisch und Blut übergehen. Hämmere sie allen in die Köpfe, zusammen mit *Bhakti* [Hingabe] und *Nishkama Karma* [selbstloser Dienst ohne Erwartungen]. Bringe diese drei Ideen in Dein *Chitta* [Unterbewusstsein]. Diese Welt, der Körper, ist nur Schein, *Jalam* [ein Trugbild], *Swapna* [ein Traum].

Bringe Tausenden die *Asanas* bei. Trage meinen Aufsatz über *Brahmacharya* [Enthaltsamkeit] in allen Schulen und Kollegs vor. Demonstriere *Asanas* und *Pranayama*. Nach einer stillen Meditation von fünf oder zehn Minuten mache *Kirtan* und wiederhole das *Mantra* „Om". Erkläre den Teilnehmern die *Yoga*- und *Vedanta*-Begriffe. Die ganze Stadt wird mit spirituellen Schwingungen geladen sein. Du kannst Deine *Yoga*-Stunde aus meinen Schriften und ein paar zusätzlichen Erklärungen zu den *Yoga*-Begriffen aufbauen. Denke an:

- *Mantra*-Einweihung von so vielen Schülern wie nur möglich.
- Einführung der *Japa Mala* [Gebetskette].
- Nächtliches *Kirtan* und *Bhajan*.
- Studium von „Bhagavad Gita" [wichtigste indische heilige Schrift], „Atma-Bodha" [„Das Erwachen zum Selbst" – Werk von Shankara], „Viveka-Chudamani" („Das Kleinod der Unterscheidungskraft" – Hauptwerk von Shankara), „Upanishaden" [letzter Teil der „Veden"]usw.
- Drucken von Flugblättern zur kostenlosen Verteilung.

Veranstalte an *Ekadashi* [elfter Tag nach Vollmond und Neumond] ein Massen-Hari-*Kirtan* in einer großen Halle oder einem Tempel. Organisiere kurze Vorträge bedeutender Persönlichkeiten. Verteile am Ende *Prasad* [Opfergaben]. Triff rechtzeitig die notwendigen Vorbereitungen. Lasse die Welt aufhorchen. Das ist eine wichtige und heilige Aufgabe, wo immer Du hingehst. Es ist eine „Divine Life"-Versammlung in kleinem Rahmen. Ich weiß, dass Du das kannst.

Du leistest wirklich wundervolle Arbeit. Es ist ein schöner Anfang. Diese Verbindung von *Japa, Kirtan, Asanas*, Studium und Vortrag ist genau das Richtige. Nimm immer ein Notizbuch mit. Schreib Dir alles auf, was Du erledigen musst. Durch solche Aufgaben kannst Du wachsen, Deine Denkfähigkeiten entwickeln, die Natur und ihre Wege kennenlernen. Du wirst auch dann konzentrierter sein, wenn der Geist voll beschäftigt ist. Tausende werden zu religiösen Aktivitäten angeregt werden und all das dient Dir zur Reinigung des Herzens und als *Yoga*.

In Einzelgesprächen kannst Du wertvolle, gediegene Arbeit im Stillen leisten. Das ist ein Bereich der Vorbereitung und Erleuchtung für Dich. Die Arbeit muss an verschiedenen Örtlichkeiten in der Stadt aufgenommen werden. Es ist keine blinde Arbeit. Es ist kein Geschäft. Es ist Sein Werk, das durch Deinen Körper und Geist vollbracht wird. Nach fünf Jahren wirst Du viele Lehrer und namhafte religiöse Führer übertreffen, wenn Du ernsthaft und beständig kraftvoll arbeitest.

Kapitel 6

Der „Sivananda Ashram"

Probleme spiritueller Einrichtungen

Spirituelle Organisationen mit hohen Zielen sollten nur von *Mahatmas* gegründet werden, die völlig frei, vollkommen und selbstlos sind. Religiöse Einrichtungen selbstsüchtiger Menschen werden zu Kampfstätten, zu einer Bedrohung für die Gesellschaft und richten die Beteiligten zugrunde. Aufgrund falsch geführter Institutionen und *Ashrams* verlieren die Menschen auf Dauer ihren Glauben an Gott und an die Religion und verdammen alle Meister als Pseudo-*Yogis*. Manchmal machen Leute mit egoistischen Motiven spirituelle Einrichtungen als ein Geschäft auf. Sie leiten die Menschen in die Irre.

Sogar ein von einem selbstverwirklichten Meister ursprünglich mit hohen Zielen und Idealen gegründeter *Ashram* kann später durch Gewinnsucht entweiht werden. Die Gründer müssen überdurchschnittlich befähigt sein, der Menschheit zu dienen. Dann und nur dann, kann jederzeit wahrer Dienst geleistet werden. Wenn es an Interesse und *Shraddha* (Glaube) fehlt, wird es schwierig, die Arbeit systematisch weiterzuführen. Vor allem ist es sehr schwer, Mitarbeiter mit entsprechenden Fähigkeiten und der nötigen Hingabe zu finden. Heutzutage schätzen Aspiranten den Wert selbstlosen Dienstes nicht besonders. Viele *Ashrams* leiden unter dem Mangel an fähigen Mitarbeitern.

Der Ashram wuchs von selbst

Ich dachte nie daran, einen *Ashram* aufzumachen. Als der große Andrang von Schülern und Anhängern kam, die Führung suchten, schuf ich – um ihnen zu helfen und sie für die Welt nützlich zu machen –, Betätigungsfelder für ihre Entwicklung und für das öffentliche Wohl. Ich ermutigte sie in ihren Studien und *Sadhana* und sorgte für die notwendigen Voraussetzungen hinsichtlich Unterkunft und Verpflegung. Hierfür verwendete ich die Spenden, welche ich von einigen Bewunderern für persönliche Zwecke erhalten hatte. Im Laufe der Zeit entstanden so um mich herum ein riesiger *Ashram* und eine mustergültige Institution in einem passenden Umfeld, eine große spirituelle

Siedlung – „Shivananda Nagar".

Ich arbeitete nicht nach großartigen Plänen oder Entwürfen. Ich bat keine bedeutenden Persönlichkeiten oder *Maharadschahs* um Geld. Die Welt schätzte den Dienst, der hier nach rechten Grundsätzen geleistet wurde. Etwas Hilfe kam aus göttlicher Quelle und ich setzte jeden Cent wohlüberlegt, zum höchsten spirituellen Nutzen der Welt ein.

Jedes Jahr tauchen neue palastartige Gebäude auf; trotzdem mangelt es immer noch an Unterkunftsmöglichkeiten für die Bewohner und den Besucherstrom. In jeder Phase entwickelte sich das Werk glänzend. Verschiedentlich drängten mich meine Anhänger zu Werbetouren für Geldspenden. Das war mir unmöglich! Ich freue mich, allen zu geben und zu dienen. 1940 wurden große Vorbereitungen für eine ausgedehnte Reise im Pandschab getroffen. Ich schickte sofort ein Telegramm und sagte ab. Die telegrafische Absage macht die Haltung deutlich, mit der ich den *Ashram* führte:

> Es kümmert mich nicht, ob die „Divine Life Society" gedeiht oder nicht. Wenn es Gottes Gnade will und wir unsere *Sadhana* und den Dienst mit der richtigen Einstellung, mit *Bhava* [Gefühl] und *Shraddha* [Glauben] weiterführen, wird sicher Hilfe aus Göttlicher Quelle kommen. Lasst mich so viel wie möglich dazu beitragen, indem ich in meiner eigenen kleinen Behausung am Ufer des Ganges bleibe. Wo Honig ist, kommen die Bienen von selbst. Rottet den Wunsch nach Geld rücksichtslos aus!

In kurzer Zeit wuchs das Werk. Jetzt werden regelmäßige Kurse über *Yoga, Bhakti, Vedanta* und Gesundheit durchgeführt. Heute leben mehr als 300 Schüler mit allen Annehmlichkeiten bei mir, folgen dem Weg des *Yoga* und dienen der Welt auf vielfältige Weise. Ruhm dem Herrn. Gepriesen seien die Aspiranten. Schüler unterschiedlicher Religionen und Glaubensbekenntnisse kommen aus mehreren Ländern und bleiben wochen- oder monatelang bei mir. Anhänger aus ganz Indien kommen oft in den *Ashram* und schließen sich dem gemeinschaftlichen *Sadhana* und *Satsang* an.

Wo alle willkommen sind

In den Schriften sind *Viveka* (Unterscheidungskraft), *Vairagya* (Leidenschaftslosigkeit), *Shatsampad* (sechs edle Tugenden) und *Mumukshutwa* (Wunsch nach Befreiung) als Voraussetzungen für spirituelle Anfänger vorgeschrieben. Manche strenggläubigen Richtungen haben Kastenbeschränkungen und bestehen darauf, dass die Schüler alle vier Lebensphasen, nämlich *Brahmacharya* (Keuschheit), *Grihastha* (Berufs- und Familienleben), *Vanaprastha* (Rentnertum) und dann *Sannyasa* (Gelübde der Entsagung) der Reihe nach durchlaufen. Wenn Schüler zu mir kommen, frage ich nicht nach ihren Voraussetzungen, ihrer Stellung, Herkunft, Kaste oder Fähigkeit.

Ich heiße selbst Diebe und Schurken, Menschen in zartem Alter sowie Kranke und Alte willkommen. Ich weiß wohl, dass sie alle zu dynamischen *Yogis* werden in der Gesellschaft von Weisen und Heiligen oder wenn sie an einem Ort voll wunderbarer spiritueller Schwingungen bleiben dürfen.

Vollkommene Freiheit

Die spirituellen Schwingungen des *Ashrams* tragen sehr wirkungsvoll dazu bei, die Menschen auf dem Weg des *Yogas* zu formen. Tausende haben das erfahren. Ich erlege den Aspiranten, die im *Ashram* bleiben wollen, keinerlei Vorschriften oder Beschränkungen auf. So viele Menschen wie nur möglich können kommen und so lange bleiben wie sie wollen. Ich verlange von ihnen weder Arbeitseinsatz noch Hilfe, sondern gestatte ihnen, ihre eigenen Studien und spirituellen Praktiken weiterzuführen und helfe ihnen in jeder möglichen Art und Weise.

Sehr ergebene Aspiranten, die selbstlosen Dienst für ihre eigene Entwicklung wertschätzen, verbringen ihre ganze Zeit mit nützlicher Arbeit und führen die Geschäfte der Gesellschaft sehr gut. Für sie ist alles *Yoga*. Sie sind alle *Yoga-Bhrashtas* (in früheren Leben hochentwickelte, aber gefallene Yogis), anschauliche Beispiele und Vorbilder für die Welt. Tausende von Aspiranten waren schon im *Ashram* und haben ihn nach der Ausbildung entweder zu vertieften *Sadhana* in der Einsamkeit oder zu tatkräftiger Arbeit in der Welt wieder verlassen; trotzdem ist der *Ashram* immer voll und jeden Tag bittet mindestens ein Dutzend hochgebildeter Bewerber um Aufnahme.

Die „Gruppen-Meditation“, *Satsang* und das Bad im heiligen Ganges fördert die Schüler auf mystischer Weise. Durch ihre Arbeit kommen sie alle in engen Kontakt mit mir und lernen in Kürze sehr viel. Rasch und ohne besondere Anstrengung entwickeln sie göttliche Eigenschaften und werden große *Yogis*.

Das Wunder der Wunder

Wie ist es möglich, einen *Ashram* unter den oben beschriebenen Umständen zu führen? Vielen ist das ein Rätsel. Auf die Welt wirkt es wie ein Wunder. Die Leute stutzen. Ich mache mir nicht im geringsten Sorgen, wenn die Sekretäre und Leiter des *Ashrams* oft mit einer langen Liste von Verbindlichkeiten über 100 000 *Rupien* zu mir kommen. Die Leute wundern sich grenzenlos, wenn ich trotz solcher Schulden den Kauf von Druckmaschinen für den Universitätsverlag bewillige oder die neuesten Kameras, Vergrößerungsgeräte und Projektoren für das Studio oder den Bau von großen Hallen, Tempeln und *Ghats* (eine zum Wasser hinabführende Treppe) am Ufer des Ganges.

Manche Bewohner behaupten, dass sie hier mehr Essen und Annehmlichkeiten haben, als sie zum Leben brauchen. Sie fühlen sich reich und glücklich. Manche sehen vielleicht aus wie gewöhnliche Dorfbewohner oder haben keine besondere Ausbildung. Aber ich stelle fest, dass jeder im *Ashram* ein großer Heiliger ist mit wunderbaren verborgenen Fähigkeiten und Begabungen. Prominente Persönlichkeiten, die den *Ashram* besuchen, sind sprachlos über die wunderbare Entwicklung unserer Hausgenossen, wundern sich über ihr Können und fragen:

„Lieber Swamiji Maharaj, wie findest du so viele begabte Leute?"

Gibt es irgendeinen Fall, in dem ich einen *Ashram*-Bewohner aufgefordert hätte, zu gehen oder ihm gegenüber negative Gefühle an den Tag gelegt oder harte Worte gebraucht hätte? Kein einziger! Wenn mir ernstliche Beschwerden vorliegen, dass ein Schüler (*Sadhaka*) den Frieden des *Ashrams* stört oder sich nicht in den reibungslosen Arbeitsablauf einfügt, bitte ich ihn, zu gehen und sich woanders niederzulassen. Ich gebe ihm genug Reisegeld und ein Empfehlungsschreiben an Anhänger, damit sie ihm helfen. Bei seiner Abreise gebe ich ihm spirituelle Ratschläge und bete für sein Wohlergehen und seine Erleuchtung. Nach ein paar Tagen oder Wochen empfindet er den *Ashram* als sein trautes Heim und kommt mit einer veränderten inneren Einstellung zurück. Ich heiße ihn herzlich willkommen. Ich vergesse Vergangenes leicht und bin nicht nachtragend. Ich erlaube unnützen und pessimistischen Menschen und sogar denen, die mich kritisieren und die Leitung angreifen, im *Ashram* zu bleiben. Nach einem kurzen Aufenthalt sind sie auf wunderbare Weise verwandelt. Ich entdecke Freude und Glückseligkeit auf ihren Gesichtern.

Wie man sich um Aspiranten kümmern sollte

Ich bringe allen *Yoga*-Schülern grenzenlose spontane Großzügigkeit, Liebe und Zuneigung entgegen, ungeachtet ihres Alters oder Geschlechts, ihrer Fähigkeiten oder Anlagen. Ich freue mich sehr über die, die *Japa* oder ein wenig Meditation ausüben oder der Gesellschaft, Kranken und Armen Dienste erweisen. Ich biete allen Arten von Menschen einen weiten Spielraum, im *Ashram* zu bleiben und sich durch *Sadhana* oder Arbeit für die spirituelle Erhebung der Menschheit zu entfalten. Ich kümmere mich besonders um alte Menschen, junge Aspiranten und hilflose Kranke. Süßigkeiten und Früchte verteile ich immer zuerst an sie und nehme dann selbst ein wenig.

Ich erinnere mich, wie ich den alten *Sadhus* (Mönchen) im „Swarg Ashram" Milch und Quark brachte, ihre Beine wusch und ihnen Arzneien verabreichte, wenn sie krank waren. Auch heute noch schicke ich einen Teil meines Essens zuerst ein paar *Sannyasi*-Schülern und Besuchern des *Ashrams.* Jahrelang brachte ich einen Teil meiner eigenen Mahlzeit persönlich den Schwerarbeitern, die sich nur dürftig ernährten und bei schlechter Gesundheit waren. Später, als die Arbeit in jeder Hinsicht zunahm, hatte ich immer zwei junge *Brahmacharis* bei mir, die an alle *Ashram*-Bewohner Früchte und Kekse verteilten. Sie wurden nicht einfach in die Räume geworfen in der Art hochmütiger Wohltätigkeit weltlicher Menschen. Ich hatte dabei das Gefühl, Gott auf diese Weise zu dienen. Ich verneigte mich zuerst und bot ihnen dann die Gaben an.

Wenn ich gelegentlich Geld, Bücher oder Esswaren an Schüler in Außenstellen schicke, sage ich stets dazu: „Möge dies freundlich angenommen werden". Für die spirituelle Vervollkommnung ist *Bhav* – das innere Gefühl und Motiv – wichtiger. Das ergab sich bei mir ganz natürlich, ohne bewusste Anstrengung. Es geschah nicht wie der Dienst selbstsüchtiger Leute um des eigenen Ansehens willen. Der freiwillige

Dienst in aller Demut - an Kranken, Armen und Hilflosen - ist die wichtigste Form von *Yoga*. Diese eine Tugend allein half mir, alle göttlichen Eigenschaften zu entwickeln und Gott hinter allen Namen und Formen zu sehen.

Hilfsbereitschaft und Liebe gegenüber allen

Aufgrund von *Prarabdha* (Wirkungen des *Karmas* aus früheren Leben), *Vikshepa* (Unruhe, Verwirrung) des Geistes, auf der Suche nach sinnlichen Vergnügen oder Luxus oder weil sie andere Orte sehen wollen, versuchen manche, vom *Ashram* wegzugehen. Manche fortgeschrittene Schüler möchten nach Jahren im *Ashram* Meditationserfahrungen im Himalaya erleben. Ich bewundere sie und stelle ihnen alles Nötige zur Verfügung. Sie hängen alle von Almosen ab, aber ich schicke ihnen zusätzlich Geld für Milch und Obst. Tatkräftige Schüler möchten der Menschheit helfen und auf Vortragsreisen gehen. Ich organisiere spirituelle Zusammenkünfte und schicke sie in verschiedene Zentren.

In der Vergangenheit gab es ein paar Schüler mit übermächtigen Sinnen und Sehnsüchten, die mich kritisierten, den *Ashram* und den ganzen Himalaya beschimpften und uns im Zorn verließen. Ich segnete sie und betete um Licht, Wissen, rechtes Verständnis und innere geistige Kraft für sie. Aber alle gehen nur weg, um nach einer tiefgreifenden Veränderung des Herzens wieder in den *Ashram* zurückzukehren. Ich nehme sie mit großer Liebe und Zuneigung auf und vergesse Vergangenes schnell. Jemand kann hundertmal weggehen und wiederkommen. Meine Liebe zu ihm ist größer. Menschen können nicht durch Zwang, Regeln oder Vorschriften in göttliche Wesen verwandelt werden. Sie müssen alle ihre eigenen, unmittelbaren Erfahrungen machen.

Im *Ashram* ist jeder für den einen oder anderen Arbeitsbereich verantwortlich. Wenn Mitarbeiter plötzlich weggehen, leidet die Arbeit natürlich darunter. Eine Menge Unregelmäßigkeiten können auftreten, wenn neue Leute die Arbeit übernehmen. Es könnte sogar zu großen Verlusten führen. Trotzdem habe ich nur den Fortschritt und das Wohlergehen, die Erkenntnis und den Frieden des Einzelnen im Auge und stehe daher niemand im Weg, der weggehen will.

Persönliche Aufmerksamkeit und Betreuung

Beispiele aus Briefen, die ich vor Jahren an Schüler in Außenstellen geschrieben habe, zeigen, wie ich mich um meine Schüler kümmere:

I. Shri (A) verbessert sich wunderbar. Er ist jetzt oberster Küchenmeister und gleichzeitig Chefschreiber. Bitte gib ihm einen Satz „Upanishaden“, einen Füller und eine Ausgabe meiner „Praxis des Vedanta“ auf meine Rechnung.

II. Bitte achte gut auf Shri (S.R.C) Seine Gesundheit ist ziemlich schwach. Er hat einige Beschwerden. Seine Nahrung ist dürftig. Sei so nett und besorge ihm salzige Kekse und Obst. Er mag keine Süßigkeiten. Mögest Du allezeit im Herrn bleiben.

III. Wenn Du Geld brauchst, schreibe mir sofort. Verdirb Dir Deine Gesundheit nicht im Namen von *Tapasya* [Askese]. Du kannst dennoch tun, was Du für richtig hälst. Jedenfalls verbringe die Zeit sinnvoll. Möge Gott Dich segnen.

IV. Wie geht es Dir gesundheitlich? Schreibe alle Deine Erfahrungen auf und schicke mir einen Bericht, wie Du die 24 Stunden des Tages verbringst. Mein lieber *Yogiraj*, Du kannst jederzeit in den *Ashram* zurückkehren. Das ist Deine geistige Heimat.

Voraussetzungen für ununterbrochene spirituelle Praxis und Vervollkommnung sind:

- gute Gesundheit durch Gebete, Ruhe, Entspannung, zusammen mit zuträglicher Kost und *Sadhana*
- ein ruhiger, kühler Ort mit spirituellen Schwingungen
- einfache, regelmäßige Mahlzeiten
- Unterstützung durch ältere Menschen und Führung durch fortgeschrittene *Yoga*-Schüler oder einen *Guru* [spirituellen Lehrer]
- Gewährleistung medizinischer Versorgung im Bedarfsfall

Sie stellen einen schnellen spirituellen Fortschritt sicher. Dann kann man ohne Besorgnis und Angst in der *Yoga*-Praxis voranschreiten. Und alle nötigen Voraussetzungen findest Du hier im *Ashram*. Soll ich Dir Geld für die Zugfahrt schicken? Herzliche Grüße.

Ermutigung und Ratschläge

Ich bin stets jenen dankbar, die der „Divine“-Mission Dienste geleistet haben. Ich schätze ihre Dienste ungeheuer und lobe sie überschwänglich. Ich kümmere mich auch um die persönlichen Bedürfnisse meiner Schüler, um ihre Gesundheit und spirituelle Entwicklung. Vor einigen Jahren schrieb ich an einen meiner Schüler:

> **I.** Achte gut auf Deine Gesundheit. Du kannst nicht nur von Wasser und Luft leben. Gib diese Idee [welche, wird nicht erläutert] sofort auf. Nimm nahrhaftes Essen und viel energiereiches Obst zu Dir. Lerne, Dich zu entspannen. Das ist sehr wichtig. Unternimm lange, schnelle Spaziergänge. Du hast dieses Jahr gute Arbeit beim Drucken geleistet. Das reicht bei weitem. Alles ist Sein Werk. Alles ist Seine Gnade. Spüre das. Hast Du es bequem dort? Kann ich Dir Geld für Deine persönlichen Ausgaben schicken? Wer aktiv an der Verbreitung von Wissen arbeitet oder sich zu intensivem *Sadhana* zurückzieht, braucht Milch und nahrhaftes Essen.
>
> **II.** Du hast Wunder vollbracht. Das ist keine Schmeichelei. Ich habe nie so viel von Dir erwartet. Überarbeite Dich nicht. Reguliere Deine Energie. Ruhe Dich in Vororten aus, wenn Du ausgelaugt bist. Organisiere *Kirtans* in verschiedenen Zentren an *Ekadashi* (elfter Tag nach Vollmond und Neumond). Führe wöchentliche Kurse durch. Rede einzeln mit den Leuten; damit kannst Du sie mehr beeinflussen. Übernachte nie bei Familien. Meide [zu engen Umgang mit] Frauen, spiele und scherze nicht mit ihnen.
>
> **III.** Fürchte Dich nicht vor der Kälte in Rishikesh. Sorge Dich nicht unnötig. Du kannst meine Decken benutzen. Hole Dir Milch und Tee aus dem Laden auf meine Rechnung. Mögest Du Dich Ewigen Friedens erfreuen.
>
> **IV.** Ruhe Dich aus. Arbeite nicht so hart. Behandle den Kopf mit kühlendem Öl. Mache frühmorgens *Pranayama*, wenn es kühl ist. Das wird Dich wieder reichlich mit Energie aufladen. Iss auch Früchte. Vernachlässige die Morgen- und Abendmeditation nie. Das Ziel eines *Sannyasi* ist die Verwirklichung des Absoluten. *Aham Brahma Asmi* [„ich bin *Brahman*"]. *Brahma Nishta* [Verwirklichung *Brahmans*] ist Deine Nahrung und Dein Alles. Diese Einstellung kannst Du beim *Karma Yoga* aufrechterhalten.

Ich schätze Sanskrit sehr und ermutige Schüler, die sich dafür interessieren, es zu lernen – auch wenn es zu Lasten des *Ashrams* selbst geht.

Einmal schrieb ich an einen Schüler:

> Besäße ich einen Geist oder einen Baum, der Geldnoten und Münzen als Früchte hervorbringt, so könnte ich die Sanskrit-Studenten leicht zufriedenstellen. Ihr Bedarf nimmt kein Ende. Ich muss etwas tun, um ihnen zu helfen. Sie leisten wundervolle Forschungsarbeit. Ihr Studium wird ernstlich beeinträchtigt, wenn wir die Bücher nicht besorgen können. Ich möchte ein Sanskrit-Kolleg mit vielen Studenten gründen und ihnen alle Unterlagen für ihre Quellenarbeit in der Sanskrit-Literatur zur Verfügung stellen. Wir sollten uns erbarmen und anderen helfen, selbst unter Opferung unserer eigenen Wünsche. Das ist meine angeborene Natur. Das ist das *Dharma* [Pflicht] eines Heiligen.

Der Geist der Anpassung

Als einer meiner Schüler den *Ashram* aus irgendeinem Grund verlassen hatte, hatte ich auf einmal das Gefühl, seine wertvolle Erfahrung und Fähigkeit sollten um des Dienstes an der Menschheit willen nicht verlorengehen. So schrieb ich ihm:

> Ich hatte Dir Geld für Deine Ausgaben geschickt. Es kam zurück mit dem Vermerk: „Weggezogen“. Ich bin Dir stets zu Diensten. Doch Du lehnst es ab. Warum solltest Du von irgendjemandem abhängig sein, wenn ich da bin, um Dir auf jede Art und Weise zu helfen? Warum solltest Du in Städten mit weltlichen Menschen zusammenleben? Es gibt verschiedene Gebiete hier, auf denen Du ruhig, sanft, langsam, wenig und unabhängig arbeiten kannst, ohne mit jemand anderem als mir verkehren zu müssen. Auf allen Gebieten fehlt es an Leuten und richtiger Aufsicht. Selbst wenn Du Dich nur ein wenig um den Schriftwechsel kümmerst, ist das eine große Hilfe für die Welt. Du kannst mich auf hunderterlei Arten unterstützen. Arbeite nicht so hart wie vorher. Arbeite ein bisschen, ohne jegliche Verpflichtung. Das ist Gottes Segen und Gnade. Ruhe viel und arbeite ein wenig. Du kannst dem *Ashram* fernbleiben. Man wird Dir Dein Essen in Dein Zimmer stellen. Ich werde Dir Geld für Deine Auslagen geben. Hier ist kein Mangel an Essen für Dich. Ich verweigere niemandem die Nahrung. Warum solltest Du in Städten leben? Nach und nach wirst Du all Deine Fähigkeiten verlieren, wenn Du sie nicht einsetzt. Die weltliche Atmosphäre ist dem spirituellen Fortschritt nicht zuträglich. Komm

deshalb gleich nach Rishikesh. Darf ich Dir das Geld für die Fahrkarte schicken? Wenn Du willst, kannst Du sechs Monate hier leben und sechs Monate in der Stadt. Wenn Du Deinen Standpunkt, Deine Sicht, Vorstellung und Haltung ein bisschen änderst, kannst Du hier und überall glücklich sein. Der Mensch leidet aufgrund seiner eigenen Vorstellungen und alter Denkgewohnheiten. Er gestattet sich nie, sich zu ändern. Das ist *Maya* [Täuschung]. Füge Dich ein und passe Dich an. Sei immer glücklich und heiter. Entwickle Dich schnell, werde ein dynamischer *Yogi* und bringe der ganzen Welt Licht und Wissen.

Wer einen Ashram gründen kann

Ein *Ashram* ist ein herrliches Zentrum zur Sicherung des Weltfriedens. Viele begeisterte Menschen gründen *Ashrams* mit einem schönen Briefpapier. Das reicht nicht! Es bringt keine guten Ergebnisse, wenn Anfänger neue *Ashrams* ins Leben rufen. Um einen *Ashram* erfolgreich zu leiten, braucht man besondere Fähigkeiten. Für Anfänger ist ein solcher Versuch ein Hindernis, für fortgeschrittene Schüler ein Rückfall. Vor vielen Jahren baten mich einige *Sannyasins* schriftlich um finanzielle Unterstützung und Rat, um die Aktivitäten ihres *Ashrams* zu verbessern. Meine Antwort an einen von ihnen ist nachstehend wiedergegeben. Sie erklärt eindeutig meine Haltung und Grundsätze:

Geliebter Swamiji, Deine Errungenschaften, Bestrebungen, Zwecke und Ziele sind in der Tat lobenswert. O Swamiji, strebe nicht nach Ansehen als *Guru* oder nach Bequemlichkeit und Berühmtheit, wenn Du einen *Ashram* oder eine religiöse Gemeinschaft gründest. Im Allgemeinen sind die Gründer von *Ashrams* anfangs bescheiden und leisten zahlreiche Dienste. Wenn sie aber irgendwann reich geworden und fest etabliert sind, beginnen sie das Gemeinwohl oder die eigene Entwicklung zu vernachlässigen. Sie werden überheblich und selbstherrlich. Deshalb hüte Dich vor Versuchungen und arbeite immer als demütiger *Sevaka* [Diener]. Gib auch nach der Selbstverwirklichung Deine tägliche *Sadhana* nicht auf.

Ich kenne keinen reichen Herrscher oder Großgrundbesitzer. Ich habe keine Schüler. Ein paar Anwärter, die echte spirituelle Anleitung wollen, betrachten mich als ihren Lehrer. Ich kümmere mich sorgsam um sie. Das ist alles. Ich kann Dich nicht mit Geld unterstützen. Ich diene der

Welt auf vielfältige Art und wirke durch alle *Ashrams*, *Mutts* [Klöster] und religiösen Einrichtungen.

Wenn Du selbstlosen Dienst für das Gemeinwohl leistest, wenn die Menschen den Geist der Entsagung in Dir spüren, werden sie Dir von sich aus gerne auf jede mögliche Art und Weise helfen. Bewege nicht Himmel und Erde um Geld. Versuche Dein Glück nicht bei Rennwetten. *Sadhus* [Mönche] sollten nicht an so etwas denken.

Heutzutage legen Aspiranten keinen Wert auf ihren spirituellen Fortschritt. Sie rasieren den Kopf kahl, färben ihre Kleider, bleiben eine Weile in Rishikesh und gelten dann als große *Yogis*. Sie fangen an, Geld zur Gründung von *Ashrams* zu sammeln, um ein angenehmes Leben zu führen.

Es gibt genug *Ashrams* und *Mutts* in Indien. Aufrichtige, selbstlose Arbeiter sind selten. Bevor man einen *Ashram* ins Leben ruft, muss man ein vorbildliches Leben geführt haben. Allein durch seine Gegenwart muss man allen Frieden, Kraft und Segen vermitteln. Nur dann kann man die Einrichtung erfolgreich führen.

Man darf die Ideale nicht vergessen

Vor der Gründung eines *Ashrams* sind die Wahlsprüche, Beweggründe und Ziele zweifellos erhaben und positiv. Sobald sich ein wenig Geld und Ruhm einstellen, sind diese Ideale vergessen. Der Geist selbstlosen Dienstes schwindet dahin. Die Ziele werden aufgegeben. Die Gründer wollen ein angenehmes Leben mit einigen auserwählten Schülern und Gefolgsleuten führen. Selbst angenommen, die Gründer wären in der Lage zu einem vorbildlichen Leben, so werden ihre Schüler das Werk später doch nicht mit demselben Geist fortsetzen können. Es wird eine Stätte von Zank und Streit oder ein geschäftliches Unternehmen. Der Leiter eines *Ashrams* und seine Mitbewohner sollten ein Leben in *Vairagya*, vollständigem Verzicht auf weltliche Wünsche, führen. Ein *Ashram*, der von solchen Menschen geführt wird, bildet einen Mittelpunkt und Kern dauerhaften Friedens, ewiger Wonne und Freude. Er zieht alle an. Millionen auf der ganzen Welt werden angeregt. Solche *Ashrams* braucht die Welt immer.

Jeder *Sannyasi*, jeder *Yoga*-Schüler hat den einen oder anderen Fehler. Nur ein voll entfalteter *Yogi* ist ganz frei von schlechten Eigenschaften und Fehlern. Alle befinden sich auf dem Weg der Entwicklung. Jeder kann sich manchmal oder sogar auch oft irren.

> Werde Duldsam. Siehe das Gute in allen. Einen leichten Bruch oder eine Reibung gibt es sicher gelegentlich zwischen Freunden und Mitarbeitern, manchmal auch zwischen *Sannyasins*. Man muss dem anderen verzeihen, sich wieder zusammenfinden und Vergangenes vergessen. Du musst die Neigung entwickeln, nur das Gute in anderen zu sehen und diese Aspekte im täglichen Umgang betonen. Niemand ist vollkommen schlecht. Denke daran! Du musst anpassungsfähig sein, wenn Du mit anderen verkehrst! Beherrsche Deine Regungen vollkommen! Nur dann werden sich mehr Leute glücklich fühlen, bei Dir zu leben und Deinem *Ashram* zu dienen. Möge die edle Mission, die Du ins Leben gerufen hast prachtvoll gedeihen. Ich helfe Dir jederzeit gern.

Kapitel 7

Der Weg der Entsagung

Die Herrlichkeit der Entsagung

In jeder Religion gibt es eine Schar von Einsiedlern, die ihr Leben in Abgeschiedenheit und Meditation verbringen: die *Bhikkus* im Buddhismus, islamische Sufi-*Fakire*, Priester und Geistliche im Christentum. Der Ruhm einer Religion ginge verloren ohne Mönche, die ein Leben des Verzichts und Dienstes für die Welt führen. Sie erhalten die Religionen der Welt. Sie bringen den Berufstätigen Trost, wenn sie in Schwierigkeiten und Bedrängnis sind. Sie sind Vorboten von Frieden und Weisheit. Sie heilen die Kranken, trösten die Verlassenen und bringen den Hoffnungslosen Hilfe, den Niedergeschlagenen Freude, den Schwachen Kraft, den Unwissenden Wissen. Ein echter *Sannyasin* (Entsagter) kann die Gedankenströme der Welt zum Besseren verändern.

Ein wahrer *Sannyasin* ist ein mächtiger Herrscher dieser Erde. *Sannyasins* haben in der Vergangenheit großartige Arbeit geleistet. In der Gegenwart wirken sie Wunder. Ein echter *Sannyasin* kann das Schicksal der ganzen Welt verändern. Ich freue mich sehr, wenn ich einen Aspiranten sehe oder von einem erfahre, der wahre Hingabe, Bestrebung und Neigung zur Entsagung besitzt und versucht, diesem Sumpf des *Samsara* (Kreislaufs von Geburt und Tod) zu entkommen. Durch Gebet und Gedankenströme stehe ich mit solchen Schülern in enger Verbindung und helfe ihnen viel. Es zieht sie alle zu mir hin. Sie wenden sich bald von weltlichen Angelegenheiten ab und setzen alle Hoffnung auf die Zukunft. Ich heiße sie mit Freuden willkommen, bilde sie vielfältig im *Yoga* aus und kümmere mich um sie, bis sie gefestigt sind.

Die Jugend ist die beste Zeit für Entsagung

Die Schriften erwähnen das Gelübde der *Sannyasa* (Entsagung) nach den Lebensphasen von *Brahmacharya* (sexuelle Enthaltsamkeit), *Grihastha* (Beruf und Familie) und *Vanaprastha* (Rentnertum). Das heißt, die Menschen wandten sich im Alter, am Rand des Todes, dem *Sannyasa* (weltlichen Verzicht) zu. Es ist gut, zur Zeit seines Todes einen gewissen Frieden erlangt zu haben. Dadurch kann die nächste Geburt eine gute werden. Aus Erfahrung weiß ich, dass Kontemplation, klare Sicht und außerordentliche Reinheit von Körper, Geist und Herz eine ungeheure Energie erfordern. Ich sehe daher die Jugend mit ihrem Überfluss an Energie und geistiger Reinheit als beste Vorbedingung für den Weg der Entsagung an. Ich hege große Bewunderung für die jungen *Brahmacharis* (enthaltsam Lebende), die keinerlei weltliche Fesseln und Verwicklungen haben. Sie lassen sich sehr gut formen.

Viveka (Unterscheidungskraft), *Vairagya* (Leidenschaftslosigkeit), *Shatsampad* (sechs edle Tugenden) und *Mumukshutwa* (Wunsch nach Befreiung) sind die in den Schriften genannten Grundvoraussetzungen für spirituelle Schüler. Es ist unmöglich, diese Eigenschaften alle zu besitzen, wenn man in einem weltlichen Umfeld mit schwerwiegender Verantwortung und Sorgen lebt. Sobald man eine Tugend entwickelt oder versucht, einen einzigen Fehler oder ein Übel des Geistes auszurotten, wird man in alles mögliche andere hineingezogen. Die Schwingungen in der physischen Welt sind dem spirituellen Fortschritt in den Anfangsphasen nicht förderlich. Man braucht seine ganze Energie nur dazu, Versuchungen zu widerstehen. Daher ziehe ich junge Leute vor. Die notwendige Befähigung kommt von selbst, wenn sie den Weg des *Yoga* in einem der Entwicklung förderlichen Umfeld beschreiten und in der Gesellschaft von an einem Ort weit weg von den Versuchungen und der Anziehung von Sinnesobjekten leben.

Keine strengen Bedingungen

Ich heiße von Herzen alle Menschen willkommen. Ältere können ein Bad im heiligen Ganges nehmen, beten und singen und die positiven Auswirkungen der „Gruppen-Meditation" und *Satsanga* (das Zusammensein mit Weisen) genießen. Junge Leute entwickeln sich schnell durch kraftvolle *Sadhana* (spirituelle Praxis) und bringen so der Welt Gutes. Wenn jemand auch nur andeutungsweise Abscheu gegenüber sinnlichen Vergnügen bei gleichzeitiger Neigung zum *Yoga* zeigt, weihe ich ihn sofort in das Gelübde der Entsagung (*Sannyasa*) ein, teile mit ihm, was ich habe und ermutige ihn stark. Viele sind sehr überrascht, dass ich sogar schriftliche Einweihungen erteile. Manche Schüler, die nicht in der Lage sind, in den Himalaya zu kommen, sind Entsagte geworden, indem sie das heilige Gewand und Anweisungen per Post erhalten haben. Ich kann ihre große Freude nicht ausdrücken. Sie haben wundervolle Fortschritte gemacht. Ich verfolge ihren Weg aufmerksam.

Alle freiwilligen Spenden, die ich von Anhängern für meinen persönlichen Gebrauch erhalte, werden für die Annehmlichkeiten der Schüler eingesetzt, für ihr Wohlergehen, ihren Frieden und zur Schaffung von Hunderten von Wegen, auf denen sie schnell vorwärtskommen und der Welt auf vielfältige Weise helfen können. Meine Arbeitsweise zur spirituellen Erhebung der Menschheit gestattet es sogar Verheirateten, den Weg des weltlichen Verzichts zu gehen und wie *Sannyasins* zu leben. Viele haben sich für das Gelübde der *Sannyasa* (Entsagung) entschieden, obwohl sie Familie und Kinder haben. Nach der Unterweisung hier kehren sie zurück, leben in der Nähe der Familie, sorgen in völliger Trennung für die Familie und sind mit ihrer *Sadhana* sehr erfolgreich.

Ich achte nur auf den Beweggrund und die innere Reinheit der Suchenden. Ich erlege ihnen nicht zu viele Vorschriften und Beschränkungen beim Essen und bei der Kleidung auf. Rein äußerliche Anpassung an Regeln ist nicht sonderlich wertvoll. Meine Schüler können überall leben, jede Kleidung tragen und doch wirkungsvoll meinen Anweisungen folgen. Sie alle geben der ganzen Welt ein Beispiel. Ruhm dem echten, vorbildlichen *Sannyasin*, der ein beispielhaftes Leben führt.

Die Welt braucht vorbildliche Entsagte, die dem Land und der Menschheit in göttlichem Bewusstsein dienen, wahres Wissen verbreiten und die Botschaft der Weisen und Heiligen in jedes Haus bringen. Mögen *Sannyasins*, die Speicher göttlichen Wissens, die Fackelträger der Wahrheit, die Leuchtfeuer der Welt, die Fundamente spiritueller Werke und die Hauptpfeiler des ewiggültigen *Dharmas* (rechtes Handeln) und der Religion, die Völker der Welt führen!

Geeignete Schüler

Obwohl ich bei der Kleidung und äußeren Form viel Freiheit gewähre, bin ich sehr streng in Bezug auf das Wesentliche. Die Schüler müssen die für den Stand der *Sannyasa* vorgeschriebenen Regeln einhalten. Nur dann können sie als vorbildliche *Sannyasins* glänzen. Bequeme Entsagung ist sehr gefährlich. Man sollte dem Geist gegenüber keine Nachsicht walten lassen. Moderne, unabhängige *Sannyasins* sind eine Gefahr für die Gesellschaft. Von weltlichen Menschen werden sie verflucht, respektlos und voll Verachtung behandelt. Sie sollten, auch wenn sie spirituell erhoben sind, nicht in Gesellschaft von Frauen oder Familienvätern leben und nicht ungezwungen mit anderen Menschen Kontakte pflegen. Brennende Leidenschaftslosigkeit mit einfachem Leben und erhabenem Denken muss immer ihr Ideal sein.

Ohne Zweifel ist Entsagung ein geistiger Prozess. Das heißt aber nicht, dass man alles tun und so leben kann, wie man will. Das führt zum Fall. Strebe nach Vollkommenheit, indem Du die überlieferten Vorschriften zur Beherrschung des Geistes und der Sinne befolgst. Zurückhaltung beim Essen und bei der Kleidung stellt sich von selbst ein, wenn man wirklich wunsch- und leidenschaftslos ist. Die Einhaltung äußerlicher Regeln hilft, auf dem Weg zu bleiben. *Maya* (Täuschung) wirkt verheerend. *Maya* verleitet. Nimm Dich in acht. Sei vorsichtig bei jedem Schritt und beobachte die *Vrittis* (Gedankenwellen) des Geistes.

Meine Schüler sollten keine Überlegenheitsgefühle haben. Sie sind keine trockenen Philosophen, die ihre ganze Zeit und Energie mit Predigen verbringen. Sie opfern sich auf und dienen der Welt mit ihrem stillen, tiefen *Sadhana*. Mitten in anstrengender Arbeit lernen sie, den Geist konzentriert zu halten. Sie sind im Gedanken verwurzelt: „Die Welt ist vergänglich, ein langer Traum (*Dirgha Swapna*) – die Wahrheit allein ist wirklich.“ Für meine Schüler gibt es keine Welt. Sie erkennen die Göttlichkeit hinter allen Namen und Formen.

Die innere Natur reinigen

Reinige deinen Geist. Entwickle sattwige (reine) Eigenschaften wie Würde, Mut, Großmut, Großzügigkeit, Liebe, Aufrichtigkeit, Wahrhaftigkeit. Rotte alle schlechten Eigenschaften wie Lust, Gier, Zorn, Habsucht, Abneigung (*Raga-dwesha*) und andere negative Charakterzüge aus, die deiner ethischen Vervollkommnung und Selbstverwirklichung im Weg stehen. Sittliche Vollkommenheit ist eine Voraussetzung für die Selbstverwirklichung. Noch so viel Praxis hat keinen Wert für den Aspiranten, wenn er diese Seite des *Sadhana* nicht beachtet. Liebe alle. Verneige Dich vor jedem. Werde bescheiden. Sprich liebevoll, freundlich, zärtlich. Gib Selbstsucht, Stolz, Eigenliebe, Heuchelei auf. Erneuere deine niedere Natur.

Finde durch Selbstprüfung heraus, ob Du wirklich Freiheit und Befreiung anstrebst, ob Du nur neugierig bist oder ob ein versteckter Wunsch nach Reichtum und Berühmtheit durch das Zurschaustellen spiritueller Kräfte dahintersteckt. Werde aufrichtig. Alle erforderlichen Befähigungen werden sich von selbst einstellen, wenn Du in Gesellschaft entwickelter Menschen bist und in einer Atmosphäre voll spiritueller Schwingungen lebst.

Haltung gegenüber Frauen

Meine stille Anbetung und Verehrung an alle Frauen als Erscheinungsformen der Göttlichen Mutter Shakti oder Kali. Sie bilden das Rückgrat der Gesellschaft und halten die Religion hoch. Sind sie inspiriert, so wird die ganze Welt inspiriert. Sie haben einen besonderen religiösen Instinkt. Göttliche Eigen-schaften sind ihnen von Natur aus angeboren. Früher führten auch Hindu-Frauen ein Leben in Ehelosigkeit, dienten den *Rishis* (Sehern, Weisen), meditierten über den *Atman* (das Selbst) und erlangten *Brahma Jnana* (Erkenntnis des Absoluten). Zu alten Zeiten gab es unter den Frauen viele *Siddhas* (Meister im Besitz übernatürlicher Kräfte), *Brahma Jnanis*, *Vairagis* (Leidenschaftslose), *Bhaktas* (Gläubige) und fortgeschrittene *Yoginis*. Durch ihre Reinheit und Vollkommenheit konnten sie Wunder vollbringen, wenn sie bei Gelegenheit ihre spirituelle Macht einsetzten. Es gibt Beispiele dafür, wie sie Tote zum Leben erweckt, den Sonnenaufgang am Morgen aufgehalten und die Elemente beherrscht haben. Auch heute noch findet man viele Frauen in Rishikesh, Haridwar, Brindavan, Benares und an anderen heiligen Stätten in Indien, die sich von der Welt zurückgezogen und dem Weg des *Yoga* verschrieben haben.

Ich lehne niemanden ab. Ich ehre eine Frau als mein eigenes Selbst. Ich betrachte Frauen als Mutter Durga oder Göttliche Mutter. Frauen sind eine dynamische Kraft auf Erden. Religion wird durch ihre Frömmigkeit aufrechterhalten. An die Adresse leidenschaftlicher Jugendlicher habe ich viel über die vergängliche Natur des fraulichen Körpers geschrieben; aber nur, um in ihnen starke *Vairagya* (Leidenschaftslosigkeit) zu wecken und ihnen zu helfen, ihre Sinne und ihren Geist zu beherrschen. Ebenso habe ich negative Schilderungen über Frauen gegeben, um Männer zu *Vairagya* zu bewegen. Ich habe große

Ehrfurcht für die Frauen. Ich diene ihnen. Ich habe an verschiedenen *Sankirtan* (Versammlungen wo *Mantras* gesungen werden) im Pandschab und in Uttar Pradesh *Kirtans* mit ihnen abgehalten. Viele Damen aus Delhi und anderen Orten kommen sogar für ein paar Ferientage extra in den *Ashram*, schließen sich dem täglichen gemeinsamen *Satsang* an und genießen den Frieden und die Wonne hier.

Sollten Frauen der Welt entsagen

Zweifellos ist es schwierig für junge Frauen, auf dem Weg der Entsagung vorwärtszukommen. Sie haben nicht dieselbe Vorrechte und Freiheiten wie Männer. Männer können in jeder Art leben, sich frei bewegen und überall schlafen. Sie können von Tür zu Tür um Almosen betteln und sich so durchbringen. Aber Frauen sind diesbezüglich im Nachteil. Es ist schade, dass es nicht viele vorbildliche Einrichtungen in Indien gibt, wo Frauen in Frieden leben, der Welt dienen und sich entfalten können. Solche Institutionen für spirituell veranlagte Frauen werden heutzutage dringend gebraucht. Diese wichtige Arbeit ist seit Generationen vernachlässigt worden.

Ich erhalte Briefe von ernsthaft interessierten, gebildeten Damen mit dem Wunsch, den Weg der Entsagung zu beschreiten. 1936 antwortete ich einer Anhängerin mit folgenden hilfreichen Vorschlägen:

> Ich kann Dir keinen *Ashram* empfehlen, wo Du friedlich leben und Dich entwickeln kannst. Du solltest versuchen, einen ausreichenden Geldbetrag von Deinen Eltern zu erhalten und ihn bei einer Bank anlegen. Mit den Zinsen kannst Du ein einfaches Leben führen. Das ist am besten. Schließe Dich auch dann einem *Ashram* mit fortgeschrittenen Seelen und *Mahatmas* an oder lebe bei älteren, spirituell gesinnten Damen.
>
> Widme Deine Zeit ganz dem Studium der „Upanishaden", der „Gita" und *Sadhana*. Lerne *Kirtan*- und *Bhajan*-Singen. Wenn Du auf dem spirituellen Pfad fortschreitest, kannst Du von Dorf zu Dorf ziehen, die Massen erheben und *Bhakti* [Hingabe] in ihnen erwecken. Wenn Du das tust, wird die Welt Dich verehren. Wenn das nicht möglich ist, versuche, eine monatliche Zuwendung von Deinem Bruder zu bekommen. Das macht Dich von ihm abhängig und Du wirst eine Geisteshaltung

entwickeln, in der Du Dich auf andere verlässt. Du bist jeden Monat auf sein Mitgefühl angewiesen. Das bietet Dir keine Sicherheit.

Wenn Du unbedingt den Weg der Entsagung einschlagen willst, aber keine Mittel für einen unabhängigen Lebensunterhalt hast, kannst Du ein paar Mädchen Privatunterricht erteilen. Ihre Eltern werden Dich als Gegenleistung dafür unterstützen. Ich meine nicht, dass Du Dich als Lehrerin oder Kindermädchen ausbilden lassen sollst. Das ist weltlich. Das kostet Dich Deine ganze Zeit und Du hast nicht genug Kraft und Energie für vertiefte, regelmäßige spirituelle Praktiken.

Die Versuchungen der Welt werden sich auf Dauer auf Dich auswirken. *Vairagya* [Leidenschaftslosigkeit] wird langsam schwinden. Luxus und Bequemlichkeit werden sich einschleichen. Du wirst das Ziel verfehlen. Wenn Du ein bequemes Leben führst und uneingeschränkt mit weltlichen Menschen zusammen bist, wirst Du nicht in der Lage sein, Deinen jetzigen Gemütszustand und Deine jetzige Hingabe aufrechtzuerhalten. Bleib fest. Ändere Deine Meinung nie. Vertraue vollkommen auf Gott.

Dienst an Frauen

Dienst an aufrichtigen Frauen liegt mir sehr am Herzen. Ich habe kein Geld. Ich habe kein Geschick, in der Öffentlichkeit, bei Machthabern, Großgrundbesitzern und Geschäftsleuten Geld aufzutreiben. Ich trete nicht an die Öffentlichkeit, um zugunsten des wohltätigen Dienstes Geld zu sammeln. Gelegentlich erhalte ich etwas Geld von Anhängern, diese freiwilligen Spenden verwende ich für die spirituelle Erhebung jener, die bei mir leben und die von verschiedenen Zentren aus in enger Verbindung mit mir stehen. Meine Bücher werden in vielen Teilen der Welt in großer Zahl verkauft, aber ich verdiene nichts daran. Ich verschenke meine Bücher verschwenderisch. Geschäft kenne ich nicht. Ich habe im Augenblick weder Mittel noch Möglichkeiten, eine Einrichtung speziell für Frauen zu gründen.

Manche Strenggläubige und *Sannyasins* behaupten, Frauen seien für den Weg der Entsagung nicht geeignet. Ich sehe das anders. Sie sind ebenso geeignet, den Weg des *Yoga* und des Verzichts zu gehen.

Mehrmals habe ich daran gedacht, mich mehr darauf zu konzentrieren, der Welt durch Gründung eines *Ashrams* nur für Frauen einen echten Dienst zu erweisen. Das wäre ein Segen für die Welt. Da es jedoch an geeigneter Unterstützung dafür fehlt, habe ich vielen gebildeten Damen gestattet, hier in diesem *Ashram* zu leben. Ich kümmere mich persönlich um ihre Bedürfnisse und unterweise sie in allen *Yoga*-Richtungen, *Bhajans* und *Kirtans*. Viele haben *Yoga*-Übungen erlernt und unermesslichen Nutzen daraus gezogen.

Unter ihnen sind auch viele aus dem Ausland. Ich weihe sie in das Gelübde der Entsagung ein. Nach ihrer Ausbildung im *Ashram* kehren sie in verschiedene Zentren zurück und führen ihre spirituellen Praktiken und ihren Dienst für die Welt fort. Die Zweigstellen der „Divine Life Society" haben überall auf der Welt Frauengruppen, wo sie einen weiten Spielraum nicht nur für ihre eigene Entwicklung, sondern auch für den Dienst an der Menschheit finden. Die Bewohnerinnen im *Ashram* verfügen über alle notwendigen Annehmlichkeiten und Einrichtungen, Freizügigkeit und Freiheit. Da es sonst keinen *Ashram* nur für Frauen gibt, ist diese Institution zu einem idealen Mittelpunkt für ihre spirituelle Entwicklung geworden. Möge es ihnen allen gut gehen und mögen sie Frieden, Göttliche Herrlichkeit und Glanz genießen.

An alle, die in Entsagung leben wollen

Viele ernsthaft nach Wahrheit Suchende aus aller Welt schreiben mir sehr oft mit dem Wunsch, den Weg der Entsagung (*Sannyasa*) einzuschlagen. Aus Erfahrung weiß ich, dass viele, die aus dem einen oder anderen Grund aus einer momentanen Emotion heraus auf ein weltliches Leben verzichten, es am Ende nicht schaffen, den Geist der Entsagung aufrechtzuerhalten; in der Folge kehren sie zu einem weltlichen Leben zurück oder werden zu einem Schandfleck für den Mönchsstand. Jenen, die echte Leidenschaftslosigkeit (*Vairagya*) und brennendes Verlangen besitzen, empfehle ich den sofortigen Verzicht auf alle weltlichen Unternehmungen. Anderen rate ich, zuerst Leidenschaftslosigkeit zu entwickeln und sich auf den Weg vorzubereiten:

> Weltliche Größe ist nichts. Sie ist ein Kinderspiel. Du musst eine Größe auf spirituellem Gebiet werden. Lebe weiterhin in der Welt, aber nicht mit weltlicher Gesinnung. Bloßes Schulwissen kann Dich nicht bedeutend machen. Bereite Dich gut für den Stand der *Sannyasa* [Entsagung]

vor, während Du noch im normalen Leben bleibst. Du besitzt *Vairagya* [Wunschlosigkeit], aber keine Erfahrung in dieser Hinsicht. Ich bin jederzeit bereit, Dich in den *Sannyasa*-Stand einzuweihen.

Angenommen, Du lebst als *Sannyasi* [Entsagter] bei mir, bist Du stark genug, Deiner Mutter, Frau, Schwester und Deinen Brüdern gegenüberzutreten, wenn sie mit gebrochenem Herzen bitterlich vor meiner Hütte weinen? Bedenke und entscheide das wohl. Befreie Dich zuerst von *Moha* (der Täuschung). Gehe ab und zu weg, halte Dich einen oder zwei Monate an einem abgelegenen Ort ohne Deine Familie auf und beobachte, ob Dein Geist oft zu Deiner Familie, Deinem Besitztum und Deinem Geburtsort abschweift. Prüfe Deine geistige Stärke.

Gefühl und Begeisterung allein werden Dir auf dem Weg der Entsagung nicht viel nützen. Er ist voller Schwierigkeiten. Aber er ist auch voller Freude und Wonne und eben für jemanden mit standhafter Entschlossenheit, Geduld und innerer Stärke. Das Leben eines *Sannyasi* ist die beste Art zu leben. Ein echter *Sannyasi* ist der wirkliche Herrscher der drei Welten. Schon ein Aspirant ist Machthaber der drei Welten. Habe Mut. Sei kühn. Erkenne, dass die Welt eine reine Einbildung ist. Mache Deine wahre *Satchidananda Swarupa* [Natur von Sein-Wissen und Glückseligkeit] geltend.

Setze Dich einen Augenblick allein in ein ruhiges Zimmer. Frage, denke nach, forsche nach. Erkenne die Herrlichkeit, im *Atman* [Selbst] zu leben. Prüfe Dich innerlich. Versuche, Deine Fehler und Schwächen auszumerzen. Das ist echte *Sadhana* [spirituelle Praxis].

Mache am Anfang intensives *Sadhana* und ein wenig Dienst an großen Meistern (*Mahatmas*), Kranken und Armen - so viel Du kannst. Denke nicht daran, *Yoga* zu unterrichten, an großen Versammlungen zu sprechen oder sie zu leiten. Verfalle nicht auf die Idee, eine Vortragsreise um die Welt machen oder ein Weltenlehrer werden zu wollen. Solche Vorstellungen führen zu einem Rückfall.

Mache intensive *Sadhana* in der Abgeschiedenheit und vertiefe Dich in das Studium der Schriften, solange Du jung bist. Vergiss Vergangenheit und Zukunft. Jesus lebte jahrelang zurückgezogen. Er kehrte für einen Zeitraum von [ungefähr] drei Jahren zurück, um die Welt mit seiner spirituellen Macht und Erleuchtung zu begeistern und aufzurütteln. Leere Geschoßhülsen in der Luft wirken nicht auf die Vögel. Die Worte eines Menschen ohne sittliche und spirituelle Entwicklung sind wie leere Geschosse. Sie haben keinerlei Einfluss auf weltliche Gemüter. Werde eine dynamische Persönlichkeit. Durch *Satsankalpa*, reine Gedankenkraft, kannst Du die stoffliche Welt verändern. Lass Dich nicht von Ansehen und Ruhm oder Annehmlichkeiten verführen. Führe ein hartes [selbstaufopferndes] Leben!

Dienst und Meditation verbinden

Allein im Wald oder in einer Höhle zu leben, ist schwierig. Als Neuling weiß man nicht, wie man seine Energie ordnen, den Tagesablauf anpassen und die Zeit nutzbringend einsetzen soll. Man weiß nicht, wie man Niedergeschlagenheit überwindet, wenn sie sich einstellt. Anfänger können nicht 24 Stunden lang nur meditieren. Sie müssen am Anfang arbeiten, um auch das Herz zu reinigen. Sie sollten Arbeit und Meditation verbinden. Ich habe in meinem ganzen Leben noch nie Leute getroffen, die ständig völlig in Meditation versunken gewesen und mit fliegenden Fahnen daraus hervorgegangen wären.

Was ich sagen will ist, dass es Anfängern in der Abgeschiedenheit nicht gut ergehen kann. Sie werden tamasig (träge) und verlieren ihre Begabungen und verborgenen Fähigkeiten nach einem langen Aufenthalt in Zurückgezogenheit.

Finanzielle Unabhängigkeit

Ich habe die Lebensgeschichten von *Sannyasins* genau studiert und bin zu dem Schluss gekommen, dass ein wenig Geld dem *Sadhaka* (Übenden) in seiner spirituellen Praxis und Entwicklung hilft. Finanzielle Unabhängigkeit bringt Frieden im Geist und Stärke während des *Sadhana*. Rückfälle erfolgen nur, wenn man versucht, den Betrag zu vermehren oder einen Überschuss anzuhäufen. Dennoch braucht man sich nicht um Geld zu sorgen, wenn man Ausdauer, Geduld, gute Gesundheit und eine ausgeprägte, dauerhafte *Vairagya* (Leidenschaftslosigkeit) besitzt und willens ist, selbstlosen Dienst an der Menschheit zu leisten. Man kann der Welt dann sofort, in diesem Augenblick, entsagen. Es ist nicht ratsam, sein kostbares Leben damit zu verbringen, mehr verdienen und sparen zu wollen. Für ernsthafte *Sadhakas* gibt es überall genug. Kehre dem weltlichen Leben schnell den Rücken. Entfliehe der Gesellschaft weltlich gesinnter Menschen. Halte Dich fern vom geschäftigen Treiben der Städte und der lärmenden Welt. Geh schnell an einsame Orte wie Rishikesh. Dort bist Du außer Gefahr.

Um gute Mönche kümmert man sich überall. Es sind nur die Bettler getarnt als *Mahatmas*, die für die Öffentlichkeit zur Plage werden. Es ist nicht einfach für die Allgemeinheit, auf den ersten Blick wahre *Mahatmas* von Bettlern zu unterscheiden. Aber an der Art ihres Redens und ihres Betragens kann man sie leicht erkennen. Heutzutage fehlt es den Berufsleuten an *Shraddha* (Glauben). Um Unterbrechungen in ihrer spirituellen Praxis zu vermeiden, fordere ich die Schüler auf, genug Geld für ihre persönlichen Bedürfnisse bei sich zu haben. Verlege Dich nicht aufs Betteln. Wenn möglich, sorge für die nötigsten Bedürfnisse oder schließe Dich einem *Ashram* oder einer religiösen Einrichtung an.

Die Bedeutung des Dienens

Als drastische Maßnahme, die fehlerhafte Natur und weltlichen *Samskaras* (Eindrücke im Unterbewusstsein) zu überwinden, fordere ich die Schüler auf, sich ein paar Monate oder Jahre in tatkräftigen Dienst zu stürzen. Das ermöglicht ihnen, die Vergangenheit vollständig zu vergessen und ihre ganze Energie und Zeit spirituellem Streben zu widmen. Sie vergessen ihren Körper und ihre Umwelt. Sie erziehen ihren Geist dazu, automatisch das eigentliche Wesen hinter allen Namen und Formen zu erblicken. Sie lernen, unter allen Lebensumständen, im Guten wie im Schlechten, ein ausgeglichenes Gemüt zu bewahren. Die Zeitdauer richtet sich nach dem Entwicklungsgrad der Schüler.

Bei meinem Ausbildungssystem sollten alle Schüler kochen, waschen, pflegen und *Sadhus*, *Mahatmas* und kranken in jeder möglichen Art dienen lernen. Sie müssen Stunden mit tiefem Studium, Meditation, *Japa* (*Mantra*-Wiederholung) und Gebeten verbringen. Auch bei der Arbeit sollten sie im Geist *Japa* praktizieren. Sie sollten lernen, sich an unterschiedliche Umstände und Menschen anzupassen. Sie müssen auch alle Schreibmaschineschreiben und Erste Hilfe lernen. Sie sollten *Mantras* singen können und gute Abhandlungen über *Yoga* und *Vedanta* verfassen. Ich gebe ihnen alle wichtigen spirituellen Übungen zur schnellen Entwicklung vor und stelle ihnen die notwendigen Einrichtungen und Möglichkeiten dazu zur Verfügung. Wenn ich Fortschritte feststelle, schicke ich sie an kühle Orte zu vertiefter Meditation.

Sannyasins und Politik

Bei der heutzutage herrschenden politischen Agitation bitten Politiker sogar *Sannyasins* (Entsagte) um deren Unterstützung. Das ist ein trauriger Fehler. Diese politischen Führer haben die Herrlichkeit und Bedeutung eines Lebens von reiner *Nivritti Marga (*den wahren Weg der Entsagung) nicht verstanden. Echte *Sannyasins* läutern die Welt durch ihre Gedankenschwingungen, auch wenn sie in den Höhlen des Himalaya bleiben. So helfen sie der Welt mehr. Mein Gebiet ist der spirituelle Weg. Lasst Politiker und Wissenschaftler auf ihren eigenen Gebieten arbeiten. Es mag sein, dass Politik nicht von Religion zu trennen ist. Aber verschiedene Menschen sollten auf verschiedenen Gebieten arbeiten, je nach ihren Fähigkeiten und ihrer Veranlagung. Alle sind in ihrem Bereich wichtig und hervorragend.

Ist der Guru unentbehrlich?

Nur ernsthaft suchende spirituelle Anwärter kennen mich. Aspiranten sich vor Fallgruben und Schlingen auf dem Weg nicht zu fürchten. Die ganze geistige Welt steht bereit, aufrichtigen Schülern den Rücken zu stärken, die versuchen, ihr Haupt aus dem Sumpf des *Samsara* (Kreislauf von Geburt und Tod) zu erheben. Anwärter sollten ihre guten *Samskaras* (Eindrücke im Unterbewusstsein) durch *Japa* (*Mantra*-Wiederholung) und regelmäßige Meditation verstärken.

Selbst in diesem materialistischen Zeitalter gibt es in Indien zahlreiche Menschen, die Gott und nur Gott allein suchen, die bereit sind, Wohlstand, Familie und Kinder rückhaltlos aufzugeben um der Gottesverwirklichung willen, die sie als Zweck und Ziel ihrer Existenz ansehen. Dies ist ein Land von Weisen und Heiligen. Weltweit stehen Tausende von Wahrheitssuchenden mit mir in enger Verbindung. Viele Ausländer kommen auf der Suche nach *Yogis* und *Mahatmas* nach Indien. Ruhm Indien und allen Verehrern!

Auf dem spirituellen Pfad gibt es viele Hindernisse. Der Guru (spirituelle Lehrer), der den Weg schon gegangen ist, führt die Anwärter sicher und räumt alle möglichen Hindernisse und Schwierigkeiten aus.

Man braucht daher einen persönlichen Lehrer.

Es gibt keinen machtvolleren Weg, die fehlerhafte Natur und *Samskaras* (alte Eindrücke im Geist) zu überwinden als die persönliche Verbindung mit dem *Guru* und der Dienst für ihn. Die Gnade des *Gurus* versetzt die Schüler auf geheimnisvolle Weise in die Lage, die innewohnende spirituelle Macht wahrzunehmen, obwohl er ihnen nicht konkret dieses oder jenes als Gott oder *Brahman* zeigen kann.

Die Einweihung verwandelt das Gemüt

Einweihung (*Diksha*) beschränkt sich nicht nur auf einen Wechsel äußerer Formen. Nach der Einweihung durch einen *Brahmavidya-Guru* (Lehrer der absoluten Wahrheit) erfährt der Aspirant eine echte Veränderung des Geistes, klare Einsicht und Verstehen. Viele Schüler wählen ihre eigene Methode spiritueller Praktiken nach ihrem Gutdünken, ohne sich über die Folgen im Klaren zu sein. Manche Aspiranten haben sich durch mangelhafte Ernährung, falsche spirituelle Praktiken aufgrund fehlender richtiger Führung oder durch harte, törichte Askese bei einem schwachen Körper völlig zugrundegerichtet. Daher braucht man einen persönlichen Lehrer, der einem auf die Jahreszeiten, Umstände und Fortschritte abgestimmte Anleitungen gibt.

Die Gnade eines *Gurus* ist notwendig. Das heißt nicht, dass der Schüler untätig herumsitzen sollte. Ein *Guru* kann Zweifel ausräumen, den spirituellen Weg aufzeigen, der sich für den Schüler am besten eignet und ihn inspirieren. Den Rest muss der Aspirant selbst tun.

Es ist töricht, anzunehmen, man könne alle *Siddhis* (übernatürlichen Kräfte) und *Mukti* (Befreiung) durch einen Tropfen Wasser von der *Kamandalu* (Bettelschale) eines *Mahatmas* oder *Yogis* bekommen. Es gibt keine Wunderdroge für *Samadhi* (überbewusster Zustand). Das zu erwarten ist reine Verblendung.

Erst verdienen, dann verlangen

Einen Lehrer zu finden, der sich aufrichtig um die Interessen seiner Schüler kümmert, ist ein schwieriges Unterfangen in dieser Welt. Das stimmt. Aber einen Schüler zu finden, der die Anweisungen seines Lehrers ernsthaft befolgt, ist ebenfalls eine sehr, sehr schwierige Aufgabe.

Da die Schüler heutzutage anmaßend, ungehorsam und eigenwillig sind, will niemand, der auf dem spirituellen Weg fortgeschritten ist, Schüler zur Unterweisung annehmen. Sie bringen dem Lehrer nur Unannehmlichkeiten. Sie wollen die Anweisungen nicht ausführen und werden innerhalb weniger Tage selbst zu „Gurus". Dieses Problem von *Guru* und Schüler ist wirklich unangenehm. Wenn du keinen erstklassigen Lehrer finden kannst, versuche wenigstens, einen zu finden, der den Weg selbst seit einigen Jahren beschreitet, mitfühlend, selbstlos und an deinem Wohlergehen und Fortschritt interessiert ist.

Verwirklichte Seelen sind nicht selten. Aber unwissende, weltlich ausgerichtete Menschen erkennen sie nicht ohne weiteres. Nur sattwige (reine, tugendhafte) Menschen können verwirklichte Seelen verstehen. Nur sie werden aus ihrer Gesellschaft Nutzen ziehen.

Es hat keinen Zweck, unentwegt nach selbstverwirklichten Meistern zu suchen. Selbst wenn Krishna (Gott) persönlich vor Dir stehen würde, könnte Er nichts für Dich tun, außer Du bist bereit für Ihn.

„Ihr könnet nicht Gott dienen und dem Mammon!" [Mt 6:24]

Du musst entweder das eine oder das andere opfern. Du kannst nicht gleichzeitig Licht und Dunkelheit haben. Wenn du spirituelle Wonne genießen willst, musst du auf sinnliche Vergnügen verzichten.

Selbst wenn nur einer meiner Schüler seinen Kopf aus dem Sumpf des Kreislaufs von Geburt und Tod erhebt, ist mein Leben gerechtfertigt. Aspiranten zu unterweisen und zu formen ist der größte Dienst, den ich der Menschheit erweisen kann. Jeder geläuterte und erhobene *Yoga*-Schüler wird zu einem Mittelpunkt der Spiritualität. Dank seiner magnetischen Ausstrahlung zieht er Tausende unreifer Seelen zur geistigen Verwandlung und Erneuerung an.

Schüler mit Verpflichtungen im weltlichen Leben brauchen nicht auf einen *Guru* zu warten. Sie sollten ihren eigenen *Ishta Devata* (persönlichen Gott) und ein *Mantra* entsprechend ihren Neigungen wählen sowie *Sadhana* und Gebete ausüben. Zur rechten Zeit wird ein *Guru* für sie in Erscheinung treten. Es ist grundsätzlich besser, das *Mantra* von einem *Guru* zu bekommen. Ein *Mantra*, das man von einem *Guru* bekommen hat, übt einen geheimnisvollen Einfluss aus.

Hatha-Yoga-Stunde mit Swami Sivananda. Ein Aspirant führt die vollendete Skorpion-Stellung (Vrishchikasana) vor.

Einige der engsten Schüler Gurudevs (von links nach rechts): Swami Sahajananda, Swami Pranavananda, Swami Satchidananda, Swami Chidananda, Swami Vishnu-devananda und Swami Venkatesananda.

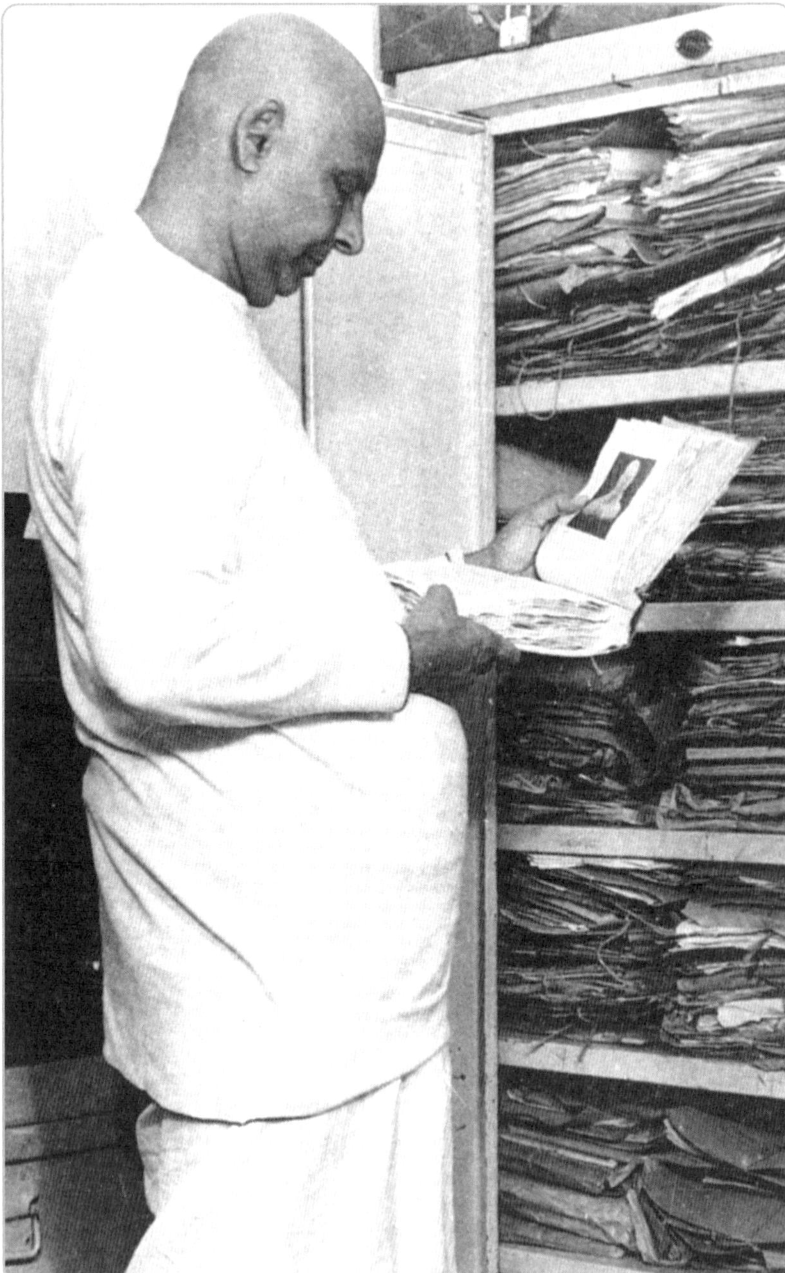

Kapitel 8

Jnana Yajna

(Verbreitung von Wissen)

Aus tiefen Erfahrungen entstehen zahlreiche Veröffentlichungen

Wenn ich die Schriften studiere, kennzeichne ich die wichtigen Stellen. Ich denke ständig darüber nach und überlege. Ich habe wirksame Mittel und Wege gefunden, über Schwierigkeiten und Hindernisse hinwegzukommen. Ich habe meine eigenen Erfahrungen aufgezeichnet. Tausende traten persönlich oder schriftlich an mich heran auf der Suche nach Abhilfe für ihre Probleme. Ich gab ihnen Ratschläge und geeignete Hilfen auf der Grundlage meiner eigenen Erfahrungen.

Ich lasse keinen einzigen Gedanken außer Acht, weil ich sie alle aufschreibe. Auch den Erfahrungen der Schüler messe ich großen Wert bei. Zum Nutzen anderer Schüler beobachte und notiere ich alles genau. Ich sorge dafür, dass alle Aspiranten auch an entfernten Orten durch meine Briefe, Abhandlungen und Botschaften in allen führenden Zeitungen und Zeitschriften in verschiedenen Sprachen sofort davon Kenntnis erhalten.

Zur Führung für so viele ringende Seelen habe ich meine Erfahrungen offengelegt, zum Beispiel in „Geheimnisse und Beherrschung des Geistes", „Spirituelle Lehren", „Regeln für die Praxis".

Ich ordne die einzelnen Themen und veröffentliche sie als Broschüren oder Bücher. So nehmen meine Veröffentlichungen einen nahezu unbegrenzten Umfang an. Als ich einmal eine Menge Stoff für einen zweiten Band von „Praxis des Yoga" weitergab, schlugen mir die Verleger vor, nur einen Band zu machen. 1933 schrieb ich ihnen:

> Warum halten Sie meine Arbeit auf? Lassen Sie die „Praxis des Yoga" in mehreren Bänden erscheinen, Band 3, 4, 5 usw. sobald ich neue Ideen und Lektionen zu vermitteln habe. Lassen Sie mich arbeiten, solange meine Augen sehen, solange ich neue Botschaften und Lehren für Wahrheitssuchende habe. Meine Liebe zum Dienst an der Menschheit ist so groß, dass ich mit Hilfe von fähigen Stenografen und Sekretären weitermachen werde, selbst wenn ich mein Augenlicht verliere.

Lassen Sie das Göttliche Werk wachsen und der Welt Frieden und Seligkeit bringen.

Warum es in meinen Büchern Wiederholungen gibt

Ich glaube an eine einheitliche Entwicklung von Herz, Verstand, Geist und Körper. Eine einseitige Entwicklung ist nicht vorteilhaft. Ich berücksichtige alle Lehren der Weisen und Heiligen verschiedener Religionen und Glaubensrichtungen. Im Sinne eines schnellen spirituellen Fortschritts von Schülern mit unterschiedlichen Neigungen und Veranlagungen gebe ich das Wesentliche aus allen Quellen wieder. Ich nenne das „Yoga der Synthese" oder „Integralen Yoga" („Ganzheitlichen Yoga"). Meine Lehren sind das Ergebnis meiner eigenen Untersuchungen sowie der Erfahrungen Tausender von Anhängern.

In allen meinen Büchern betone ich die wichtigen praktischen Punkte für eine allseitige Entwicklung. Manche empfinden das als „Wiederholung". Für ernsthafte Schüler ist es aber sehr hilfreich. Sie sind in der Lage, den Wert und die Bedeutung solcher nützlicher Wiederholungen zu begreifen. Diese zielen darauf ab, tiefe, unauslöschliche Eindrücke im Geist der Aspiranten zu schaffen. Wenn ich über ein besonderes Thema schreibe, wiederhole ich zum Nutzen aller Leser gleichzeitig die wichtigsten Punkte, die man im täglichen Leben beachten muss. Diese Wiederholungen erweisen sich als sehr hilfreich. Sie bearbeiten den von materialistischen Eindrücken überschwemmten Geist und helfen, Willenskraft zu entwickeln. Jeder findet darin eine Botschaft zum Trost, für Frieden, Freiheit und Vollkommenheit.

Manche Anhänger haben eine große Bibliothek mit allen meinen Büchern und bitten mich trotzdem oft um neu gedruckte Bücher.

Sie schreiben mir zum Beispiel:

„Besonders schön an Ihren Büchern ist, dass sie Lust auf geistigen Fortschritt wecken und dazu verlocken, ihre Lehren auszuprobieren, obwohl ich eigentlich keine natürliche Neigung für den spirituellen Weg habe. Die Lektionen sind wie für mich bestimmt und ich finde sie auch für mein materielles Wohlergehen höchst nützlich. Nach der Lektüre von ein paar Seiten Ihres Buches 'Geheimnisse und Beherrschung des Geistes' fühle ich neue Kraft und Hoffnung in mir."

1935 sandten mir die Herausgeber den Brief eines Lesers, der sich beklagte, meine Bücher enthielten eine Menge Wiederholungen. Ich antwortete ihnen:

> Jede Wiederholung sollte sorgfältig vermieden werden. Sie werden sich drei, vier Nächte lang mit vollen Teekannen hinsetzen und alle Wiederholungen streichen müssen. Lassen Sie aber aus Furcht vor Wiederholungen nicht die wichtigen Teile weg. Wiederholungen sind dann nötig, wenn der Text darauf abzielt, den weltlich ausgerichteten Geist zu bearbeiten. Die ganze Welt ist voller Wiederholungen. Man kann es nicht jedem rechtmachen. Die „Bhagavad Gita", die „Upanishaden" und andere Schriften sind voller Wiederholungen. Das lässt sich nicht vermeiden. Ohne ständiges Einhämmern verweigert sich die Natur jeglicher Veränderung. Wenn wir in ein paar Jahren neue Auflagen herausbringen, können wir jedes Buch, jeden Abschnitt, jeden Satz gründlich überarbeiten und verbessern. Drucken Sie alles. Lassen Sie nicht ein einziges Komma oder Wort weg!

Der Briefeschreiber sagt, meine Bücher seien voller Wiederholungen; trotzdem wünscht er eine vollständige Liste meiner neuesten Veröffentlichungen! Am Schluss fügt er hinzu: „Sie sind meine Nahrung und mein Leben."

Es mag die Welt überraschen, dass ich beliebig vielen Verlegern gestatte, neue Auflagen meiner Bücher herauszubringen. Ein- und dasselbe Buch kommt in verschiedenen Verlagen in Indien, Deutschland, der Schweiz, Indonesien und Amerika heraus. Ich möchte so viel wie möglich in kurzer Zeit erreichen.

Die folgenden Briefe aus den Jahren zwischen 1934 und1936 zeigen, wie ich in diesem Bereich die Arbeit vorangetrieben habe:

> Am liebsten sind mir Produktionen innerhalb von 20 oder 10 Tagen. Können Sie gleichzeitig drei oder vier Bücher herausgeben? So arbeiten wir hier mit einer kleinen Druckerei in Rishikesh. Setzen Sie verschiedene Druckereien ein. Machen Sie sich keine Sorgen über die Bezahlung. Früher oder später werden die Rechnungen irgendwie bezahlt werden.

> Setzen Sie mehrere Druckereien ein, um bald fertigzuwerden. Verlassen Sie sich nicht nur auf eine Druckerei. Drucker, Gold-schmiede und

> Schneider gehören zur selben Art Leute. Sie machen alles sehr langsam und gemächlich und halten sich nicht an ihre Zusagen.

Mein Ziel ist schnelle Arbeit und rasche Verbreitung spirituellen Wissens. Darauf weist mein nächster Brief hin.

Schnelle Arbeit ist mein Ideal

Ich schränke meine Publikationen nicht ein. Die Leser sollen sofort an allem teilhaben, zu ihrem umgehenden spirituellen Nutzen. Ich möchte nicht, daß meine Leser warten müssen, bis eine neue Veröffentlichung fertig ist. Wenn daher neue Ideen auftauchen, füge ich sie sofort dem letzten, in Druck befindlichen Werk hinzu, auch wenn sie in keinem direkten Zusammenhang mit dem Hauptthema des Buches stehen. Ich möchte auch nicht, daß wertvolle Zeit verlorengeht, indem jedes Wort sorgfältig abgewogen wird.

> Machen Sie sich keine Sorgen über Druckfehler. Sie brauchen keine Angst vor Fehlern zu haben. Wenn Sie mir einen Probeabzug schicken, korrigiere ich ihn. Beschränken Sie das Buch nicht auf 125 Seiten. Wenn Sie guten Stoff haben, nehmen Sie ihn auf und verkaufen Sie es etwas teurer. Was schadet es, wenn ein Buch 200 oder 300 Seiten umfasst? Sie können der Welt helfen, indem Sie bedeutende Werke herausbringen.

Bei Verdiensten zögere ich nicht, meiner Anerkennung Ausdruck zu verleihen:

> Das Buch „Yoga Asanas“ ist wunderschön. Es hat seinen eigenen Reiz, obwohl es schon viele Bücher auf diesem Gebiet gibt.

Auf Einzelheiten achten

Ich bin auch sehr darauf bedacht, genaue Anweisungen zu Einzelheiten zu geben:

Du kannst Meditation über das Zeichen „Om" einführen. Das kann eine Meditation in Form von *Saguna* [mit Eigenschaften] oder *Nirguna* [ohne Eigenschaften] sein. Drucke schöne Blätter mit dem *Om*-Zeichen und schreibe als Fußnote ein paar Anleitungen für Konzentration und Meditation darauf. Füge an den Seiten auch die „Vier Mahavakyas" [die vier bedeutenden vedischen Lehrsätze, in denen verkündet wird, dass *Brahman* und *Atman* identisch sind] ein. Ich möchte auch ein *Japa*-Flugblatt: Drucke 108 Mal „Om" auf eine Seite. Wer keine *Japa Mala* [Gebetskette] benutzen möchte, kann diese Seite durchgehen.

Anbei ein ausführlicher Artikel über *Brahmarandhra* [Fontanelle an der Schädeldecke]. Das reicht. Eine eingehende Schilderung über *Perikarp, Nibodhaka-Feuer, Nirwana Shakti* und so weiter hilft dem Schüler nicht viel. Das ist alles unverständlich und geheimnisvoll. Nimm keinen Stoff aus anderen Büchern dazu. Was ich geschrieben habe, genügt völlig. Kopiere nicht Stoff aus anderen Büchern und verdirb die Schönheit damit.

Ich achte sorgfältig darauf, wie meine Bücher herausgebracht werden. Manchmal wollten die Verleger die Teile weglassen, die sie als nicht angemessen oder als ungeeignet ansahen. Aber ich möchte nicht, dass dabei irgendetwas Wertvolles verlorengeht. Im folgenden Brief verwies ich daher auf deren Bedeutung und bat, sorgfältig darauf zu achten, die Kraft des Geschriebenen zu bewahren, die beim Wechsel der Sprache verlorengehen könnte.

Sie können einige Teile weglassen. Aber bedenken Sie, dass nicht die Sprache oder der Stil die Menschen beeinflussen, sondern die Macht hinter dem Gedanken. Beim Versuch, die Sprache und so weiter zu verbessern, muss die ursprüngliche Kraft bewahrt werden. Immer wenn Sie etwas ändern, müssen Sie sich die Absicht des Verfassers überlegen. Rein metaphysische oder blumige Ausschmückungen machen noch keine Verbesserung aus. Die Kraft des Autors darf nicht verlorengehen. Behalten Sie das im Auge, wenn Sie irgendwelche Verbesserungen vornehmen wollen.

Die folgenden Bemerkungen zeigen, wie ich eine gute Produktion schätze und Streichungen ablehne:

Das Buch ist mit der Einleitung sehr schön. Sie erwarten vielleicht, von den Medien „Kritik“ zu bekommen. Das ist nur eine falsche Vorstellung. Manche Zeitungen werden den Band loben. Wenn Sie eine ansprechende Anzeige aufgeben, werden die Bücher weggehen wie warme Semmeln. Zusammen mit der „Praxis des Vedanta“ gibt das eine gute Kombination für das Studium des *Vedanta*.

Zwischen der ersten und zweiten Ausgabe von „Yoga Asanas“ besteht ein großer Unterschied. Sie haben alle Sanskrit-Ausdrücke wie „Parichchinna Ananda“, „Bimba Ananda“ usw., weggelassen. Allerdings haben Sanskrit-Worte eine ganz besondere Macht und Bedeutung. Unter dem Einfluss einer humoristischen Wochenzeitschrift haben Sie sie gestrichen. Bitte lassen Sie in Zukunft nicht eine einzige Silbe weg! Im Sanskrit liegt Kraft, Schönheit und Eleganz. Es beeinträchtigt den Gedankenfluss beim Lesen nicht im geringsten.“

Kein Urheberrecht

Ich erwarte von den Verlagen keine Ertragsbeteiligung. Um die Arbeit tatkräftig voranzubringen, bitte ich alle Verlage, mehrere Ausgaben meiner Bücher in verschiedenen Sprachen herauszugeben. Ich verlange kein Honorar. Ich gestatte allen Verlagen, meine Bücher zur weiten Verbreitung auf der ganzen Welt zu drucken, ob sie mir nun Prozente weitergeben oder nicht. Üblicherweise erhalte ich pro 1000 gedruckte Exemplare 100 Stück. Diese verkaufe ich nicht und verdiene nichts daran, sondern verteile sie an alle bedeutenden Büchereien, Bildungs- und religiösen Einrichtungen und an Zeitungen zur Rezension. Das erweist sich als wirksamer Werbekanal. Die Auflagen sind schnell vergriffen und die Verlage verdienen dabei. Ich möchte, dass alle Erfolg haben.

Mein Anliegen ist die Verbreitung von Wissen. Von meiner kleinen Behausung zu Füßen des Himalaya am Ufer des Ganges aus habe ich Hunderte sehr nützlicher Bücher in allen Sprachen zur Auflage auf der ganzen Welt herausgebracht. Das war möglich, weil ich keinerlei gewinnsüchtige Motive damit verband. Meine großzügige Einstellung motivierte viele Verlage in Ländern wie Deutschland, der Schweiz, Amerika und Indonesien. Manche Herausgeber möchten nichts mit wertvollen Büchern über hohes *Vedanta* zu tun haben. Sie möchten lieber mit dem schnellen Verkauf von Büchern über Magie, Wunder und *Yoga* Gewinne erzielen. Bedeutende Werke über *Vedanta* und Gesundheit verkaufen sich nur allmählich, daher sind die Verlage nicht so sehr daran interessiert. Daher dachte ich über eigene Veröffentlichungsmöglichkeiten nach. Um wertvolle Bücher im Interesse zukünftiger Generationen zu erhalten, habe ich jetzt das Urheberrecht für alle meine Werke der „Divine Life Society" oder der „Yoga Vedanta Forest University" übertragen. Trotzdem dürfen auch andere meine Bücher veröffentlichen.

Wenn ich auch keine Exemplare als Gewinnbeteiligung fordere, so bitte ich die Herausgeber doch höflich, mir einige Ausgaben zur kostenlosen Verteilung zur Verfügung zu stellen. In der Regel geben sie mir großzügig 100 oder 150 Exemplare pro 1000 Stück Auflage. Ich nenne diese 'Beteiligungsexemplare' „Ganesha Puja" (Verehrungsritual für Ganesha), eine Opfergabe an Gott.

1936 schrieb ich die folgenden Zeilen an einen indischen Verleger:

> Bitte denken Sie an die „Ganesha Puja"-Exemplare. Das liegt in Ihrem eigenen Interesse. Die ersten Früchte, die ein Baum trägt, sollten Gott oder *Sannyasins* dargebracht werden. Das bringt Wohlergehen und Erfolg. Dasselbe gilt für die „Ganesha Puja"-Ausgaben. Der Verleger sichert sich damit Wohlstand hier und im künftigen Leben. Ich setze sie auch wunderbar werbewirksam für den Verkauf der Bücher ein.

Es freut mich sehr, wenn alle Bücher im Universitätsverlag gedruckt werden, da ich dann volle Freiheit habe. Die druckfrischen Ausgaben verteile ich sofort kostenlos an *Ashram*-Bewohner, Besucher, Pilger und per Post an alle Anhänger, Zweigstellen der „Divine Life Society", religiöse und schulische Einrichtungen. Jeden Tag mache ich das Büro leer und finde doch immer wieder neue Vorräte aus der Druckerei. Jetzt gibt es in ganz Indien und Hongkong zahlreiche Anhänger, die meine Bücher in großen Auflagen drucken und mir zur Verfügung stellen. Ich freue mich sehr, wenn Anhänger Beiträge für diese Veröffentlichungen, den Unterhalt der Schüler im *Ashram* oder die Patienten im Krankenhaus spenden.

Einstellung zum Gewinn

Als es einmal buchhalterische Unstimmigkeiten mit einem Verleger gab, bat ich einen meiner Schüler, sich richtig zu benehmen und einen kühlen Kopf zu bewahren. Nachstehend wiedergegebene Briefe an ihn machen meine Haltung gegenüber Geschäftsleuten deutlich:

> Sei ruhig und gelassen. Ärgere Dich nie. Sei großzügig und würdevoll. Die ganze Welt ist Dein, ist Dein Körper, Deine Heimat. Benimm Dich wie ein *Sakshi* [unbeteiligter Zeuge]. Sei auf der Hut.
>
> ...
>
> Streite nicht. Sei unter allen Umständen höflich, zivilisiert und anständig. Geld ist nichts. Sei immer freundlich zu den Verlegern. Werde furchtlos. Streite nicht bezüglich der Rechnungen. Sei edel. Sei vernünftig. Wenn sie unrecht haben, zeige ihnen den Fehler auf. Wenn sie darauf beharren und an ihren Fehlern festhalten, schweige. Übergehe die ganze Angelegenheit, auch wenn wir einen schweren Verlust erleiden. Gebrauche keine schroffen Worte in Deinem Brief. Jede Zeile muss Höflichkeit und Gefälligkeit ausstrahlen. Regle die Angelegenheit ohne vor Gericht zu gehen. Konsultiere einen Anwalt. Verliere nicht Deinen Gleichmut. Handle wie ein *Sannyasi*!

Kapitel 9

Das Ideal des Lebens

Die Lebensphilosophie

Das Ziel von Philosophie ist richtiges Leben. Was richtiges Leben bedeutet, ist eine Frage der Definition. Es ist ein Leben in Weisheit, frei von der Unvollkommenheit, die ein nichtphilosophisches Leben kennzeichnet. Philosophie ist weder ein intellektueller Zeitvertreib noch elitäre Pedanterie, die die erfahrbaren Tatsachen der Welt übersieht. Philosophie ist kein reines Kunstwerk der Gelehrsamkeit oder das Steckenpferd eines unausgelasteten Geistes, sondern die verstandesmäßige Analyse der Folgerungen aus der Erfahrung und eine aus solch weisen Überlegungen entwickelte Theorie, um die für die verschiedenen Erfahrungen in der Welt verantwortlichen Kräfte zu ordnen. Philosophie ist daher die große Kunst vollkommenen Lebens, einer Art von Leben, die über die gewöhnliche Vorstellung hinausgeht, wo das Höchste Leben, das mit dem Sein selbst identisch ist, verwirklicht wird.

Die von mir gelehrte Philosophie ist weder eine verträumte, subjektive, weltverneinende illusionistische Lehre noch eine grobe weltbejahende humanistische Theorie. Sie ist die Lehre von der Göttlichkeit des Weltalls, der Unsterblichkeit der menschlichen Seele, die eins ist mit dem Absoluten Selbst des Universums, da es eine grundlegende Einheit von allem im Universum mit dem höchsten *Brahman* (Absoluten) gibt, das die einzige Wirklichkeit ist. Der *Vedanta* (Lehre vom Absoluten) verschließt seine Augen nicht vor der herzzerreißenden, erbärmlichen Lage der Welt, noch übersieht er den Körper und den Geist mit ihrem Abwärtstrend in Richtung auf ein den weltlichen Erfahrungen entsprechendes Leben, obwohl das eigentliche Anliegen des *Vedanta* über das Weltliche hinausgeht.

Ganzheitliche Entwicklung

Das eine *Brahman* oder das Höchste Selbst manifestiert sich als mannigfaltiges Universum auf allen Erscheinungsebenen und -stufen; daher muss der Aspirant den niederen Manifestationen zuerst huldigen, bevor er sich den höheren zuwendet. Gute Gesundheit, klares Verständnis, tiefes Wissen, machtvoller Wille und sittliche Redlichkeit sind Teile des Wegs zur Verwirklichung des vedantischen Ideals. Ich lege großes Gewicht auf eine allseitige Beherrschung des niederen Selbst. Die Lehren des *Vedanta* stehen nicht im Gegensatz zu *Yoga*, *Bhakti* (Hingabe) oder *Karma* (Handlung). Sie gehen alle ineinander über als Einzelteile eines Ganzen auf verschiedenen Erfahrungsebenen.

Zu den Hauptpfeilern meiner Lebensphilosophie gehören:

sich einfügen, anpassen, Gutes in allem sehen und alle natürlichen Anlagen bei der Entwicklung zur Selbstverwirklichung hin durch eine ganzheitliche Entfaltung aller menschlichen Kräfte und Fähigkeiten möglichst wirksam nutzen.

Hauptrichtschnur ist:

alle zu lieben und Gott in allen zu sehen, allen zu dienen, weil Gott alles ist, Gott als Einheit aller in der Vielfalt und Vollkommenheit zu erkennen.

In allen meinen Schriften habe ich Methoden beschrieben, wie man die körperlichen, energetischen, geistigen und verstandesmäßigen Ebenen des Bewusstseins überwinden und beherrschen kann, um den Anwärter in die Lage zu versetzen, ungehindert mit seinen geistigen Übungen in Richtung auf dieses große Ziel, die Verwirklichung des Absoluten, voranzuschreiten.

Der *Vedanta* ist eine Philosophie und ein Lebensweg, der spirituelle Verwirklichung lehrt, die direkte Erfahrung des Unsterblichen, die allgegenwärtige Natur des Selbst, wo das Universum als eins mit dem Selbst erfahren wird, wo es nichts Zweites neben dem Selbst gibt; als Ergebnis dieser erhabenen Erkenntnis wird der verwirklichte Weise zum Retter des Universums, *Sarva-bhuta-hite Ratah*.

Mein Glaubensbekenntnis

Es ist mein Glaubensbekenntnis, den *Atman*, das Selbst, in jedem Wesen und in jeder Form zu erblicken, „bramanisches" (göttliches/absolutes) Bewusstsein überall, immer und in allen Situationen des Lebens zu spüren, alles als den *Atman* (das Selbst) zu sehen, zu hören, zu schmecken, zu riechen und zu fühlen.

Es ist mein Glaubensbekenntnis, in *Brahman* zu leben, mit *Brahman* zu verschmelzen, in *Brahman* aufzugehen und mich in ihm aufzulösen.

In Einheit mit *Brahman* ruhend, ist es mein Glaubensbekenntnis, Hände, Geist, Sinne und Körper in den Dienst an der Menschheit zu stellen, den Namen Gottes zu singen, um *Bhaktas* (Gläubige, Verehrer) zu erheben, aufrichtigen Aspiranten Unterweisung zu geben und Wissen durch Bücher, Broschüren, Merkblätter, Zeitschriften und Vorträge weit und breit zu streuen.

Es ist mein Glaubensbekenntnis, ein kosmischer Freund und Wohltäter zu sein, ein Freund der Armen, Verlorenen, Hilflosen und Gefallenen.

Es ist mein heiliges Glaubensbekenntnis, kranken Menschen zu dienen, sie sorgfältig, mit Zuneigung und Liebe zu pflegen, die Niedergeschlagenen aufzuheitern, allen Kraft und Freude einzuflößen, mich eins mit jedem Geschöpf zu fühlen und alle aus gleicher Sicht zu behandeln.

In meinem Glaubensbekenntnis gibt es weder Heilige noch Sünder, weder Bauern noch Könige, weder Bettler noch Kaiser, weder Freunde noch Feinde, weder Männer noch Frauen, weder *Gurus* noch *Chelas*. Alles ist *Brahman*. Alles ist *Satchidananda* (Sein, Wissen und Glückseligkeit).

Das Geheimnis von Energie und kraftvoller Arbeit

Jetzt, 1958, bin ich 72 Jahre alt. Ich bin dauernd beschäftigt. Ich bin immer voll Freude und Glück. Ich kann noch mehr arbeiten. Ich kümmere mich persönlich um Hunderte von Schülern im *Ashram* und führe die Geschäfte der „Divine Life Society", der „Forest University" und des Krankenhauses und leite Tausende von entfernt wohnenden Studenten schriftlich an.

Ich widme dem Druck und Versand nützlicher Bücher an Schüler, Bibliotheken und religiöse Einrichtungen große Aufmerksamkeit. Ich kann noch mehr tun. Das Geheimnis meiner Energie ist, ständig göttliches Bewusstsein aufrechtzuerhalten.

Ändere den Blickwinkel und sei immer glücklich und fröhlich. Sieh überall nur Gutes. Tanze vor Freude. Sättige den Geist mit göttlichen Gedanken. Du wirst sofort eine gewaltige innere Kraft und geistige Macht in Dir spüren. Den Frieden, den Du dann genießt, kann man mit Worten nicht beschreiben. Übernimm jedes Verfahren, das deinen Geist nach innen richten, ihn einpünktig und unerschütterlich machen kann. Beherrsche die Sinne. Bewahre einen wachen, achtsamen und starken Glauben. Entwickle Willenskraft. Sonst werden *Vikshepa* (Ablenkung, Zerstreutheit) und *Alasya* (Unruhe, Schwanken und Trägheit) Dich überwältigen.

Heilen durch Gebete

Auf der ganzen Welt stellen Ärzte an armen Patienten Versuche mit vielen Medikamenten an. Wie kann man eine dauerhafte, anhaltende Besserung erwarten, wenn die Ärzte aus dem selbstsüchtigen Grund, mehr und mehr Geld zu verdienen, handeln? In der ayurvedischen Heilkunde bereiten Fachleute echte Arzneien aus Pflanzen, Samen und Wurzeln aus dem Himalaya zu. Sie untersuchen den Puls der Patienten, stellen eine zutreffende Diagnose und verschreiben wirksame Mittel zur dauerhaften Heilung. Auch die Patienten sollten sich weitgehend an natürliche Methoden halten, geeignete Nahrungsmittel wählen und die Anordnungen fachkundiger Ärzte befolgen.

Im „Sivananda-Krankenhaus“ verbinde ich alle Methoden miteinander. Es gibt Fachärzte aller medizinischen Richtungen. Darüber hinaus setze ich großes Vertrauen in die Macht von *Mantras* und die Gnade Gottes. Aufgrund besonderer Gebete im „Vishwanath Mandir“ (Shiva-Tempel) habe ich Wunderheilungen auch weit entfernter hoffnungsloser Fälle erlebt. Ich habe ungeheures Vertrauen in die Heilung durch Gebete und *Mantra* singen. Die Ergebnisse sind wunderbar.

Gottes Name ist so wirkungsvoll. Ich nenne das „Namapathie“, Heilung durch den Namen Gottes.

Kapitel 10

Mein Vorgehen für den Entwicklungsprozess

Verhaftungslos und doch achtsam

In meinem *Kutir* stehen große Truhen mit Hunderten wertvoller Bücher, Sachen und Kleider. Ich weiß nicht genau, was sie alles enthalten. Ich schließe sie nicht ab. Ich halte nichts „geheim". Ich esse nichts heimlich. Ich gebe nicht vor, ein *Vairagi* (Entsagter) mit leeren Händen zu sein und erwarte nicht von anderen, für meinen persönlichen Unterhalt zu sorgen. Wenn ich auf Vortragsreisen unterwegs war, steckte ich immer genügend Geld in zwei, drei Kleidertaschen. Meinen Begleitern gab ich Geldbörsen mit reichlich Geld.

Sachen wie Füllfederhalter, Brillen, Lehrbücher und Geschenke großer Persönlichkeiten und Anhänger bewahre ich sorgfältig auf. Früher, wenn ich mein *Kutir* während eines kurzen, raschen Spaziergangs verschloss, befestigte ich den Schlüssel achtsam an meinem Gewand. Ich selbst mag vielleicht einen zerrissenen Mantel mit Flicken tragen, aber den anderen muss ich das Beste zur Verfügung stellen. Ich mache mir keine Sorgen wegen der Schulden. Die notwendige Unterstützung kommt unmittelbar aus Göttlicher Quelle. Ich spüre die Gnade Gottes bei jedem Schritt und fühle Seine Gegenwart hinter allen Namen und Gestalten.

Sadhana bis zum Lebensende

Sadhus (Heilige, Weise, Wandermönche) und *Yogis* praktizieren eine Weile lang *Sadhana* und Studium der Schriften. Sobald sie ein bisschen berühmt geworden sind, hören sie wieder damit auf. Das ist sehr schade. Das ist der Grund für ihren Fall. Weise und vollkommene Meister sollten mit ihrer spirituellen Praxis bis zum letzten Augenblick ihres Lebens fortfahren. Nur dann ist es möglich, Göttliches Bewusstsein aufrechtzuerhalten. Man gibt damit auch anderen ein gutes Beispiel und ist eine Quelle der Inspiration für sie. Ein Heiliger muss nicht reden und predigen. Sein Leben als solches ist eine Heilige Schrift, die die Welt erleuchtet. Selbst heute noch schreibe ich „Om Om Om“ und „Hari Om Tat Sat“ auf alle meine Briefe. Eine halbe Seite enthält entweder *Mantras* oder philosophische Gedanken. Noch bevor ich anfange, irgendetwas in Notizbücher oder Briefe an Schüler zu formulieren, schreibe ich das *Mantra* nieder.

Im Lauf von 24 Stunden übe ich fünf bis sechs Arten *Sadhana*: *Japa* (*Mantra*-Wiederholung), Meditation, Übungen einschließlich *Asanas* und *Pranayama*, Verehrung, Studium, schriftliche Arbeiten und Dienst für die Welt, Hilfe für *Mahatmas*, Kranke und Arme.

So lade ich meinen Geist stets mit göttlichem Bewusstsein auf. Ruhe und Entspannung verbinde ich bestens mit tiefen Atemübungen. So habe ich die 35 Jahre meines Lebens in Rishikesh verbracht und wunderbare frische spirituelle Energie und Kraft im Überfluss gewonnen. Ich halte einen guten Gesundheitszustand aufrecht und genieße immer Frieden und Wonne.

Morgens verlasse ich mein *Kutir* für eine Stunde, regle alle Geschäfte des *Ashrams*, delegiere Arbeit an die *Ashram*-Bewohner und kümmere mich um andere, die weit entfernt leben. Und doch habe ich das Gefühl, ich könnte jeden Tag noch zehn Stunden arbeiten. Das Geheimnis ist mein regelmäßiges *Sadhana* und die Gnade Gottes.

Warum so viele Fotos

In vielen Tempeln ist es nicht gestattet, Bilder von den Götteridolen zu machen. In Badri und Kedar darf man keine Fotoapparate mit in die Tempel nehmen. Es ist sonderbar. Manche Heilige und große Persönlichkeiten Indiens haben ernsthaft etwas dagegen einzuwenden, dass man sie fotografiert. Sie glauben, ihre spirituelle Macht nehme dadurch ab. Ich glaube das überhaupt nicht. Ich lasse jeden so viel Bilder machen, wie er (der Fotograf) will, wenn ich sitze, laufe, gehe, spreche, esse, spiele, im Ganges schwimme, meditiere, studiere oder im Tempel bete. Wenn Anhänger ein Bild anschauen, werden sie inspiriert. Bücher und Zeitschriften gewinnen durch nette und lehrreiche Bilder einen besonderen Reiz. Ich mache keinerlei Vorbehalte. Ich entdecke in allem nur Gutes.

Bedeutende Persönlichkeiten aus allen Ländern kommen in den *Ashram*. Aufrichtige Anhänger aus aller Welt kommen und bleiben ein paar Monate oder Jahre bei mir. Sie möchten alle ein Bild von mir. Warum sollte ich mich unnötig weigern und sie verletzen? Studentengruppen, die in den Ferien nach Rishikesh kommen, möchten ein Gruppenbild mit mir in der Mitte haben. Ich bin mit großen Persönlichkeiten der Welt, mit *Maharadshahs*, Weisen und Heiligen, Anhängern, *Ashram*-Mitarbeitern, den Patienten im Krankenhaus und mit Schulkindern fotografiert worden. Ich bin mit Hut und Anzug, Lendenschurz und Mantel, mit einem Turban wie ein Lehrer, im Auto, im Flugzeug und auf einem Ochsenkarren in Rameshwaram während meiner Indienreisen 1950 und 1953 in Rurki in einer Fahrrad-*Rikscha* aufgenommen worden. Ich mache keinen Unterschied zwischen Aufnahmen mit Herrschern, Anhängern oder Lastenträgern auf dem Bahnsteig, mit großen Meistern des Himalaya oder den Straßenkehrern des *Ashrams*. Auch die lebhaften Affen, Katzen und Hunde des *Ashrams*, Fische, Kühe, Elefanten und Jagdleoparden waren schon dabei.

Ich glaube nicht, dass meine spirituellen Kräfte durch den bösen Blick verlorengehen oder beeinflusst werden. Ich denke an den wunderbaren Nutzen, den die Welt daraus zieht. Ich freue mich, wenn sich die Menschen um mich herum glücklich und fröhlich fühlen.

Selbstständigkeit

Aufgaben wie das Zimmer putzen, Trinkwasser vom Ganges holen, Kleider und Geschirr waschen, meine Almosen in der Küche holen, erledigte ich selbst. Ich pflegte meine Abhandlungen und Briefe an Anwärter selbst zu tippen. Ich packte sorgfältig die Pakete und brachte sie zur Post. Ich hing nie von meinen Schülern ab. Ich wollte nicht, dass sie dauernd in mein *Kutir* kamen und meinen Tagesablauf störten. Wenn ich reise, trage ich mein Gepäck selbst. Wenn Gepäckträger manche der schweren Gepäckstücke mit den zur kostenlosen Verteilung bestimmten Flugblättern und Büchern trugen, bezahlte ich sie freigebig. Mir tun die reichen Leute leid, die sich mit den Gepäckträgern und *Kulis* auf dem Bahnsteig um die Entlohnung streiten.

Als die Arbeit im *Ashram* zunahm, fand ich nicht mehr die Zeit, mich um diese Art Arbeit zu kümmern. Ernsthafte Schüler boten an, sie zu übernehmen. Da selbstloser Dienst Reinigung des Herzens mit sich bringt, gestattete ich ihnen, diese Tätigkeiten auszuführen und anderen Meistern und Kranken zu dienen. Ich kümmerte mich sorgfältig um die Bedürfnisse der Besucher und der *Ashram*-Bewohner. Ich sorgte persönlich dafür, dass sie ihre Sturmlaternen (damals gab es keinen elektrischen Strom), Liegen, Betten und Bücher zum Studium in ihren Räumen hatten und rechtzeitig Tee, Milch und Essen bekamen. Jetzt kommen Hunderte von Schülern in den *Ashram*.

Alles läuft in geregelten Bahnen. Ich sitze still da, schaue zu und erfreue mich der Gnade Gottes. Ich überwache jeden Tätigkeitsbereich, gebe allen Mitgliedern Anweisungen und übertrage fähigen Mitarbeitern die Verantwortung für die einzelnen Bereiche. Selbst Menschen ohne besondere Fähigkeit oder Qualifikation eignen sich ihre Arbeit in Kürze an, wenn ich ihnen volle Freiheit und Verantwortung gebe und ihnen Vertrauen entgegenbringe.

Eine Absicht hinter allem

Ich bin von Natur aus ernsthaft. Selbst heute nehme ich meine spirituelle Praxis (*Sadhana*), Studium und selbstlosen Dienst sehr ernst. Nichts kann mich in meiner Konzentration und meinem Frieden stören.

Ich kann (dennoch) unter allen Umständen Freude bewahren und meine Arbeit zuverlässig erledigen. Manchmal gebe ich mich humorvoll, um die Betrübten aufzumuntern und die Teilnahmslosen aufzuheitern. Ich scherze und spiele mit meinen Schülern und Besuchern und bringe sie zum Lachen wie Kinder.

Aber hinter jedem Scherz und Spaß steht eine Absicht. Jede Handlung und jedes Wort dienen einem bestimmten Zweck in der Entwicklung der Menschen in meiner Umgebung.

Durch Spaß und gute Laune, Anbieten von Keksen, Obst und Kleidern finde ich die Vorlieben, Veranlagungen und Schwächen der Schüler heraus und lehre sie einen Weg, ihre Schwierigkeiten und Fehler zu überwinden.

Ich bin ganz und gar gegen Geschwätz, Gekicher und schallendes Gelächter. Ich fordere meine Schüler auf, müßiges Gerede zu vermeiden und allein, nach innen gekehrt oder in Arbeit versunken zu leben. Wenn sie zum Baden an den Ganges gehen, ihre Mahlzeiten holen oder abends einen Spaziergang machen, sollen sie alleine gehen und dabei *Mantras* wiederholen.

Einfaches Leben und Großzügigkeit

Ich bin sparsam. Ich verbrauche nicht viel für meine persönlichen Bedürfnisse. Ich führte jahrelang ein hartes Leben, als ich vom Essen aus der Armenküche abhing. Ich fühle mich bei einem rauhen, harten Leben sehr wohl. Einfaches Leben hilft, erhaben zu denken und Herrschaft über Geist und Körper zu erlangen. Auch heute noch liebe ich die Almosen, die ich aus der Küche bekomme und trage zerrissene Kleider.

Ich hämmere dem Geist ständig ein: *Kaupinavantah khalu bhagyavantah* – „Gesegnet sind die Leidenschaftslosen". Ich lebe in einem gemieteten Gebäude am Ufer des heiligen Ganges, obwohl es im *Ashram* viele palastartige Gebäude mit allen Annehmlichkeiten und Einrichtungen gibt. Im einfachen Leben liegt eine besondere Freude. Aber ich leide nicht im Namen von *Tapas* (Askese). Wenn bestimmte Dinge zur Verbesserung des *Ashrams* oder für die persönliche Entwicklung von jemand gebraucht werden, bestehe ich darauf, dass das Nötige sofort in die Wege geleitet wird.

Bei jedem Schritt denke ich an das Wohlergehen der Welt und die Entwicklung der Aspiranten. Wenn Anhänger mir voller Hingabe wertvolle Sachen und Süßigkeiten schenken, nehme ich sie mit großer Liebe und Zuneigung an. Ich benutze sie, um die Spender zu erfreuen oder gebe sie sofort an verdiente Leute weiter. Wenn ich anderen diene und helfe, möchte ich für sie von allem das Beste. Wenn ich einen hochwertigen Füller, Mantel, Schal oder Sessel bekomme, habe ich sofort den Wunsch, allen Mitarbeitern und wichtigen Leuten im *Ashram* etwas Ähnliches zu geben. Ich warte dann auf eine günstige Gelegenheit, denn in einer wachsenden Institution, in der tatkräftige Arbeit auf der Basis von freiwilligen Spenden geleistet wird, ist es schwierig, sofort die nötigen Mittel zu finden.

Ich warte auf Gelegenheiten. Ich kümmere mich um die Bedürfnisse aller *Ashram*-Bewohner, eines nach dem anderen. Wenn ich Süßwaren oder Früchte bekomme, esse ich nichts davon heimlich in meinem *Kutir*. Ich nehme das Paket mit zur Meditationshalle, verteile es und nehme am Schluss ein bisschen davon als *Prasad* (Opfergabe). Trotz meines Diabetes esse ich manchmal von den Süßigkeiten, die mir von Verehrern mit so viel Hingabe, Liebe und Zuneigung gebracht werden. Sie schaden mir überhaupt nicht.

Kein Sklave von Mode und Stil

Ich kenne weder Mode noch Stil. Sie sind ein Fluch, ein Produkt von *Maya*, Täuschung, die Art von Egoisten und Unwissenden. Ich lebe nicht für sinnliche Vergnügen. Ich trage immer meinen *Dhoti* (traditionelles Gewand von Männern) über den Knien. Aus der Art ihrer Kleidung, Bewegung, Sprache und ihres Benehmens kann ich leicht auf das Ego von Menschen schließen und Methoden zu seiner Vernichtung empfehlen. Manchmal trage ich einen Turban und einen langen Spazierstock.

Im „Swarg Ashram" nahm ich meinen langen Spazierstock auf meine Abendspaziergänge mit. Ich benutze ihn als *Yoga Danda* (Stock), um mit dem Atem von einem Nasenloch zum anderen zu wechseln und hielt so meine spirituelle Praxis aufrecht. Früher trug ich nie Schuhe oder einen Schirm. Schuhe, Spazierstock und Schirm verändern die Lebensart vollkommen.

Entwicklung für alle

Sadhana ist (bei jedem Menschen) – je nach Entwicklungsstand, Stärke des Ego, Schwächen und Natur des niederen Selbst – unterschiedlich. Eine starke, kräftige körperliche Verfassung und gute Gesundheit sind schon an sich gute Voraussetzungen für den Schüler. Alle anderen Fähigkeiten entwickeln sich in einem günstigen Umfeld. Jeder kann auf dem spirituellen Pfad Fortschritte machen und sich entwickeln, wenn er *Shraddha* (Glauben), Aufrichtigkeit und Vertrauen besitzt. Besondere Begabungen oder Befähigungen sind nicht erforderlich. Man braucht auch nicht jahrelang die Schriften zu studieren oder jahrzehntelang auf einem Bein stehend *Mantras* zu wiederholen. Was man braucht, ist ein williges, liebevolles Herz. Kehren, Schreibmaschine tippen, schreiben, Wasser tragen, Kranke pflegen, Armen helfen – alle Arten von Dienst können mit der richtigen Geisteshaltung in *Yoga* umgewandelt werden. Der Schüler muss eine neue Sichtweise entwickeln und versuchen, das Ego bei jedem Schritt durch Disziplin, Urteilskraft und Gelassenheit zu vernichten. Lade den Geist durch ständiges *Japa* (*Mantra*-Wiederholung), Gebete und regelmäßige Meditation mit Göttlichem Bewusstsein auf.

Persönliche Aufmerksamkeit und liberale Ordnung

Die Küche ist die „Kampfstätte" in einem *Ashram*. Alle Arten Probleme, Missverständnisse, Hass und Eifersucht unter den Mitarbeitern gehen von der Küche aus. Aus den Geschichten, die ich aus der Küche erfahre, kann ich leicht auf die Neigungen, den Charakter, spirituellen Fortschritt und den Grad der Sinnesbeherrschung der Schüler schließen. Das ist die hauptsächliche Störquelle in einem *Ashram*. Aber sie ist auch das beste Gebiet für eine schnelle spirituelle Entwicklung der Mitarbeiter und die Ausbildung allumfassender Liebe, Zuneigung, Barmherzigkeit, Geduld und Großmut. Die Menschen lernen hier sehr gut, sich anzupassen.

Wegen der großen Zahl von Bewohnern und Besuchern gibt es jetzt im *Ashram* drei bis vier gängige Gerichte, um dem Geschmack der Leute aus verschiedenen Gegenden Indiens und aus anderen Ländern Rechnung zu tragen. In humorvoller Art sage ich den Leuten:

„Wenn ihr kein *Ghee* (gereinigte und geschmolzene Butter) bekommt, nehmt Milch. Wenn keine Milch da ist, bittet um Buttermilch. Wenn es auch das nicht gibt, nehmt Gangeswasser."

Sie sollten nicht murren. Man muss sich sehr behutsam an unterschiedliche Umstände anpassen, wenn man Frieden genießen will. Ich fordere sie auf, sich nicht viel Gedanken über ihren Körper, ihr Brot oder ihren Bart zu machen. Sie sollten ständig an das alldurchdringende *Brahman* (Göttliche, Absolute) denken.

Ich achte besonders darauf, die Mitarbeiter des *Ashrams*, die verantwortungsvolle Arbeit leisten oder intensive spirituelle Praktiken üben und alle, die mehr Nahrung brauchen, mit energiespendendem Essen zu versorgen. Ich schicke ihnen besondere Früchte, Kekse und Butter zu ihren Hütten. Ich diene ihnen ungebeten. Ihre Gesundheit darf nicht im Namen von Askese (*Tapasya*) leiden. Auf die gleiche Weise kümmere ich mich um Besucher. Sie können ihre Gewohnheiten nicht an einem Tag im *Ashram* ändern. Das könnte ihre Gesundheit beeinträchtigen und sie können keine spirituellen Praktiken ausüben, wenn sie ihre Ernährung, Kleidung und Freizeit plötzlich grundlegend umstellen. Ich bestehe daher nicht auf strengen Ernährungsvorschriften und -einschränkungen für alle.

Ich lasse es sogar zu, schlechte Gewohnheiten wie Tee- und Kaffeetrinken oder Rauchen eine Weile lang beizubehalten. Mit zunehmender geistiger Reinheit und Willenskraft hören alle schlechten Angewohnheiten von selbst auf. Der geheimnisvolle Einfluss der *Ashram*-Atmosphäre übt ebenfalls seine Wirkung aus. Diese Art Freiheit macht es auch einem trägen Aspiranten möglich, sich im *Ashram* heimisch zu fühlen, sich in die Arbeit zu stürzen und seine verborgenen Fähigkeiten zu entwickeln. Besonders bei kranken Menschen bin ich sehr großzügig. Wenn es auf dem hiesigen Markt bestimmte Früchte nicht gibt, schicke ich jemanden sogar bis nach Delhi – was mit großen Ausgaben verbunden ist –, um zum Beispiel für die Patienten im Krankenhaus Orangen zu besorgen.

Kein Zwang, sondern volle Freiheit

Ich lasse den Leuten ihren eigenen Willen, lasse sie eine Weile dort mitarbeiten, wo es ihnen am besten gefällt und wecke in ihnen eine natürliche Neigung zur richtigen Arbeitseinstellung und spirituellen Praxis. Ich zwinge niemanden. Einige meiner Briefe von 1938 an einen Schüler zeigen meine Vorgehensweise und wie ich das Wohlergehen und die anlagebedingten Vorlieben meiner Schüler in Betracht ziehe:

> Du brauchst viel Ruhe. Du wirst sie haben, sobald die jetzige Arbeit abgeschlossen ist. Du brauchst nicht hart zu arbeiten. Es eilt nicht. Lass Dir Zeit. Mach Dir über nichts unnötig Sorgen. Ich nehme alle Verantwortung und Fehler auf mich. Du brauchst Dich in keinster Weise um die Tätigkeiten der „Divine Life Society“ sorgen. Du kannst in Zukunft jede noch so geringe Hilfe leisten, wenn Du magst. Du hast jetzt genug getan. Sei fröhlich und glücklich. Soll ich Dir noch etwas Geld für Deine Ausgaben schicken?
>
> Nach ein oder zwei Büchern kannst Du nach Rishikesh zurückkehren. Aber ein Vorschlag: Ruhe Dich zwei Wochen lang in einem Dorf aus. Höre ganz mit dem Drucken auf. Dann wende Dich der Arbeit im *Ashram* zu. Wenn Du einen oder zwei Monate bleibst, kannst Du gute Arbeit leisten. Du kannst zwei Jahre lang ununterbrochen in Rishikesh bleiben. Wenn es Deine Gesundheit erlaubt, überlege es Dir oder komme sofort nach Rishikesh. Ich überlasse Dir die Entscheidung, ganz nach Deinem Belieben.

Ich werde Deinen Namen nicht mit der „Divine Life Society" verbinden. Wenn Du willst, kannst Du mir ohne jegliche Verpflichtung helfen, wann immer Du Zeit findest und Lust hast. Du bist stets frei.

Ich stelle fest, Du versklavst mich durch Deine echte Zuneigung. Entwickle keine *Moha* [Bindung] zu diesem meinem Körper. Werde unabhängig. Ich habe Dich frei gemacht. Ich kann Dir mehr helfen, wenn Du weg bist. Ich möchte nicht, dass jemand über längere Zeit bei mir arbeitet.

Hab keine Angst vor Arbeit. Du kannst nächstes Jahr nach Uttarakashi gehen. Du brauchst gar nichts zu arbeiten. Aber bereite fähige Leute vor und bilde sie aus, Deine Arbeit fortzusetzen. Es gibt genug Leute hier, die ganz vom Schreibmaschineschreiben in Anspruch genommen sind. Bitte höre nicht mit der Arbeit an meinen Büchern auf. Lass eine Reihe von Büchern endlos erscheinen. Ich bin sicher, die Leute werden sich wegen der darin enthaltenen praktischen Lehren und Führung darum reißen.

Die Art, Dinge zu erledigen

In der Vergangenheit führte ich ein Notizbuch, in das ich die Arbeiten eintrug, mit denen ich verschiedene Mitarbeiter betraut hatte. Ich nannte es „Whip" (Peitsche). Auch wenn die Schüler diese Arbeiten aufgrund des großen sonstigen Arbeitsanfalls vergaßen, ließ ich nicht locker, bis sie sie erledigt hatten. Ich pflegte sie oft höflich daran zu erinnern; aber auf eine launige, liebevolle Art und niemand nahm es mir übel, wenn ich dieselbe Arbeit mehrmals anmahnte. An die *Tamasigen (Trägen)* schrieb ich auch förmliche Briefe, aber am Schluss fügte ich ein paar Ratschläge hinzu, um sie fröhlich und glücklich zu stimmen. Ein paar dieser Briefe sind nachstehend wiedergegeben. Zuerst erkundige ich mich nach ihrer Gesundheit und ihrem spirituellen Fortschritt, dann frage ich nach der ihnen anvertrauten Arbeit:

Wie geht es Dir? Hältst Du die Göttliche Flamme am Brennen, auch inmitten verschiedenster Tätigkeiten, indem Du Dich Seines Namens erinnerst, Seine Gegenwart überall fühlst und Ihn in allen Gesichtern siehst? Arbeite hart. Meditiere. Übe *Swadhyaya* [Selbststudium]. Spreche nicht zu viel. Suche nicht die Gesellschaft anderer. Sei nicht neugierig. Mache abends allein einen Spaziergang. Vernachlässige Dein spirituelles Tagebuch nicht. Es ist Dein *Guru*. Schreibe das „Hari Om" *Mantra* zehnmal oben auf deine Briefe. Während intensiver Tätigkeit an Gott zu denken ist eine leichte Übung zur Selbstverwirklichung. Bitte achte gut auf Deine Gesundheit. Sei regelmäßig in *Japa*, Meditation und Studium. Ändere Deine Natur und Gewohnheiten allmählich.

Ich hoffe, Du hältst eine gute Gesundheit aufrecht mit *Brahma Chintana* [Kontemplation über die Wirklichkeit des Absoluten] und *Karma Yoga* [selbstloser Dienst]. Wie steht es mit dem Buch „Wissenschaft des Pranayama"? Ist es fertig? Warum höre ich diesbezüglich nichts von Dir? Bitte schicke mir den endgültigen Probeabzug.

Ich hoffe, Dir geht es gut. Praktiziere *Smaran* [sich erinneren] während der Arbeit, indem Du an Rama, Krishna oder Shiva denkst. Du wirst ein *Yogi* und *Jnani* [Weiser] werden. Das ist inmitten verschiedener Tätigkeiten eine leichte *Yoga*-Praxis. Gewinne innere Kraft und Frieden aus stiller Meditation mindestens einige Minuten lang am frühen Morgen. Ich muss immer wieder wiederholen: „Die Welt ist ein Traum, *Jalam*, ein Taschenspielertrick des Geistes, *Bhrama* [nur äußerer Schein]". Du bist *Atman* [das Selbst], *Satchidananda* [Sein-Wissen-Glückseligkeit]. Mache das geltend. Verleugne den Körper. Unternimm größte Anstrengungen, Dich in *Bhav* [dieser Stimmung] fest zu verankern. Spüre: „Ich bin Eins" - *Ekam*, *Chidakasha* [Bewusstheit des endlosen Raums], *Akhanda Brahman* [ununterbrochenes Absolutes], das Selbst aller Wesen, ich bin *Sakshi* [unbeteiligter Beobachter], ich bin *Akarta* [nicht handelnd]. Zertritt die zischenden *Indriyas* [Sinnes- und Handlungsorgane] und *Vasanas* [Wünsche]. Das ist der Kern der „Upanishaden" – genug, um Unwissenheit zu zerstören. Bitte schicke mir einen Bericht, wie Du die 24 Stunden des Tages verbringst.

Ich vergesse die spirituellen Interessen meiner Schüler nie und erinnere sie ständig an den Zweck des Lebens und die Bedeutung von *Sadhana*, auch wenn sie sehr viel Arbeit für die göttliche Mission haben. Ein weiterer Brief:

Diese Welt ist *Dirgha Swapna* [ein langer Traumzustand]. Du bist *Vyapaka Atma* [das allesdurchdringende Selbst]. Sei fest begründet in dieser Vorstellung. Ich muss diesen Punkt sehr oft einhämmern. Bitte bestätige, ob Du den Artikel: „Sat Guru Mani Mala“ erhalten hast. Wenn nicht, werde ich Dir eine Mahnung nach der anderen schicken, bis ich eine Antwort erhalte. Um diesen Stumpfsinn zu vermeiden, teile mir mit: „Ja! 'Sat Guru Mani Mala' erhalten“. Das erspart uns eine Menge Zeit und Energie.

Ich habe Dir mehrmals geschrieben. Du sollst alle meine Briefe an Dich in Buchform zusammenstellen. Du brauchst nur ein paar sich wiederholende Abschnitte ein bisschen zurechtzustutzen und die für Aspiranten nützlichen Teile auszusuchen. Ich habe keine Antwort von Dir erhalten. Wenn Du diese Arbeit nicht jetzt machen willst, warte ich. Es wird Dich nicht stark in Anspruch nehmen. Du kannst es geruhsam machen.

Botschaft der Fröhlichkeit

Ich schenke Klatsch keinen Glauben. Vergib auch dem übelsten Sünder. Es gibt Hoffnung für jeden, sich zu bessern und auf dem spirituellen Weg voranzuschreiten. Meine Schüler sollen stark, kühn und fröhlich sein. Ich möchte, dass sie die Mission Gottes tatkräftig fortsetzen. Meine Briefe zeugen von dieser Einstellung:

Verschwende Deine Energie nicht mit unnötigen Sorgen. Unsere Arbeit wächst sprunghaft. Sollen wir uns um Klatsch und Kritiken kümmern oder mit unseren *Yoga*-Aktivitäten weitermachen? Vergiss! Vergib! Vergib!

Selbst wenn man Dich mit einer Frau an Deiner Seite in der Zeitung abbildet, würde ich es nicht glauben. Es ist Unfug von Klatschbasen. Sogar wenn ich Dich auf frischer Tat mit einer Frau ertappen würde, würde ich Dich entschuldigen. Das sind alles nur Fehler auf dem Weg, keine Verbrechen. Ich würde Dir sagen: „Mache das in Zukunft nicht mehr. Schreite auf dem Weg des Lichts“. Du machst Dir unnötig Sorgen. Ich wollte Dir ein Telegramm schicken, um Dich aufzumuntern. Du musst viele edle Werke vollbringen. Ich bereite den Boden vor, bahne den Weg für Deine zukünftigen spirituellen Tätigkeiten.

Ich wünschte, es gäbe viele Schüler wie Dich in Indien, um der Welt zu helfen. Sei kühn! Sei immer heiter! Verkünde überall die Wahrheit. Erhebe Dich. Mache Dich reisefertig und predige *Vedanta*, *Yoga* und

Bhakti überall. Sorge Dich nicht im Geringsten. Niemand auf der Welt kann Dich verletzen. Du bist unbesiegbar. Brülle wie ein Löwe auf jedem Podium, gestützt auf die Wahrheit. Deine geringfügigen Fehler werden bald verschwinden. Sorge Dich nicht. Im *Atman* [Selbst] ist Reinheit. Du bist *Niranjan* [makellos]. Du bist *Niranjan*. Halte an diesem Gedanken fest. Die Unreinheiten werden vergehen. Das ist eine positive Art und Weise, Fehler auszumerzen und auszurotten. Stärke, Freude, Frieden, Wonne, Unsterblichkeit sind Deine wahre Natur. Setze das durch und verwirkliche es.

Haltung bei Verunglimpfungen

Hier ein Brief, den ich 1937 an einen meiner Schüler geschrieben habe, der ein Pamphlet veröffentlicht hatte, in dem er den Gründer eines berühmten *Ashrams* im Pandschab angegriffen hatte:

> Ich habe erfahren, dass Du ein kleines Pamphlet veröffentlicht hast, in dem Du indirekt einen *Ashram* im Pandschab angegriffen hast. Das hättest Du nicht tun sollen. Es ist eine Verunglimpfung. Vergiss die Vergangenheit! Das ist keine edle Handlung für einen *Sannyasi* [Entsagten]. Nur kleinliche Leute im Privat- und Berufsleben benehmen sich so. Der Stand der Entsagung [*Sannyasa*] bedeutet Großmut. Mach so etwas in Zukunft nicht mehr. Es trifft mich indirekt. Wie geht es Dir gesundheitlich?

Ich möchte, dass meine Schüler sich um ihre eigenen Geschäfte kümmern und ihre Energie und Zeit nicht damit verschwenden, an anderen herumzukritisieren. Ich möchte, dass sie eine umfassende Sicht haben, ein ausgeglichenes Gemüt entwickeln und den Geist der Toleranz und Vergebung pflegen. Der Brief fährt fort:

> Deine Arbeit wird darunter leiden, wenn auch nur ein wenig Agitation dabei ist. Schweige und arbeite mit ungeteilter Aufmerksamkeit. Verbinde Dich mit niemandem. Bring alles friedlich zu Ende. Vergiss alles! Du bist immer noch sehr schwach. Du lässt Dich von 'Worten', die doch nur Trugbilder sind, beeinflussen oder erschüttern. Werde steinhart. Die Einstellung – „wie Du mir so ich Dir“ – entspricht der Natur von Privat- und Berufsleuten, nicht von *Sannyasins*. Beleidigungen und

Unrecht zu ertragen, ist die Einstellung (*Swabhava*) von *Sannyasins*. Das ist geistige Kraft und Ausgeglichenheit. Es ist nicht weise, sich von Kleinigkeiten berühren zu lassen, sich monatelang Gedanken zu machen und sinnlos Energie zu verschwenden.

Bleib ruhig. Denke nie an alte Angelegenheiten. Du verschwendest Deine Energie, indem Du Deine Gedanken in die falsche Richtung lenkst. Das beeinträchtigt den glatten Arbeitsfluss. Stelle den Verkauf der verbliebenen Exemplare ein und vernichte sie. Der Gründer des *Ashrams* ist mein teurer Freund und Bruder. Du darfst nichts tun, was ihn auch nur indirekt im Entferntesten treffen könnte. Du bist Dir gewisser nachteiliger Aussagen in der Schrift bewusst. Vergiss alles. Ruhe in innerem Frieden. Bringe keine solchen Bücher heraus. Schreibe sachlich über Philosophie, *Yoga*, *Bhakti* und *Vedanta*. Bringe keine Abhandlungen dieser Art heraus. Auch wenn Du im Recht bist, musst Du Wohlwollen zeigen, wenn die andere Seite sonst gekränkt würde. Bringe solche Schriften selbst dann nicht heraus, wenn Du guten Stoff dafür hast. Sei vorsichtig. Wenn die andere Seite stark betroffen ist, wie kannst Du dann das Feuer ständig schüren und die Angelegenheit immer wieder aufrühren! Das entspricht nicht dem *Dharma* (rechtes Handeln) eines *Sannyasins*. Wie lange willst Du damit weitermachen? Bewahre einen kühlen Kopf und richte Deine Aufmerksamkeit auf unsere Veröffentlichungen, die Meditation und andere nutzbringende Arbeit.

Sich über Kritik erheben

Ich bin nicht an nutzlosen Erörterungen interessiert, sondern an schnellen Taten und Gehorsam. Ich möchte nicht, dass meine Schüler sich durch Kritik aus der Fassung bringen lassen. Daher meine energische Ermahnung:

„Diese Angelegenheit ist ernst. Ich möchte, dass Du in Zukunft vollkommenes Schweigen bewahrst. Du musst sofort handeln. Ich möchte keine Argumente oder Rechtfertigungen hören. Die Sache muss vollständig aufhören. Kann sein, dass ich voreingenommen und ungerecht bin. Du brauchst mir keine Antwort zu schicken. Aber bitte sorge dafür, dass Du meinem Ersuchen unverzüglich und unweigerlich nachkommst. *Sannyasa* bedeutet friedliche und konstruktive Arbeit. Was soll ich Dir noch mehr schreiben? Bist Du der *Atman* oder bist Du der

Verstand und der Körper? Selbst wenn Du alle meine Schriften zum tausendsten Mal liest, identifizierst Du Dich immer noch mit dem Verstand und dem Körper. Die Menschen können Deinen Körper und Verstand kritisieren. Du selbst magst Deinen Körper und Verstand nicht. Wer Deinen Körper kritisiert, ist Dein wahrer Freund. Weshalb, also regst Du Dich darüber auf? Du bist schwach! Ignoriere Kritik. Warum brütest Du über der Vergangenheit? Das ist eine schlechte Angewohnheit. So kannst Du keinen Frieden im Geist finden. Erhebe Dich über Kritik und Bemerkungen. Tue dem Menschen Gutes, der Dich vergiften und töten will. Setze das in die Tat um.

Du hast viel aus diesem unglücklichen, unerfreulichen Vorfall gelernt, der Dich belastet hat. Er war vom Schicksal geplant, damit Du bestimmte Erfahrungen machen konntest. Aus Schlechtem entsteht Gutes. Er hat Dir Stärke und Weisheit vermittelt. Nun sei friedlich und arbeite wie ein Löwe. Freude, Wonne, Macht, Stärke, Glanz und Herrlichkeit sind Dein Göttliches Erbe. Denke, dass Du der Herrscher der Welt bist. Stelle Dich Schwierigkeiten mutig. Ziehe innere Stärke daraus. Gott hat Dir eine besondere Gunst erwiesen. Er hat Dich zum *Brahmachari* [enthaltsam Lebenden] gemacht, alle Bindungen durchtrennt und Dich vollkommen frei gemacht. Wo also ist Platz für Wehklagen, Verzweiflung, Kummer, Sorgen oder Niedergeschlagenheit? Lächle. Fröhlichkeit, Frieden, göttlicher Dienst, yogische Tätigkeiten und Verbreitung von Wissen sind jetzt ein untrennbarer Bestandteil deiner selbst. Ich stehe Dir immer zur Verfügung, Dir zu dienen. Sei gewiss! Sei gewiss! Sei gewiss! Mache Freudensprünge. Tanze vor Verzückung. Schreite wie ein Löwe. Strahle Freude, Frieden und Stärke an alle um Dich herum aus.

Beständigkeit und Dankbarkeit

Nie vergesse ich die Dienste, die meine Schüler der göttlichen Mission erwiesen haben. Selbst wenn sie mich aus dem einen oder anderen Grund verlassen, vergesse ich ihre Arbeit nicht. Sie leben in meinem Herzen weiter. Der Brief geht weiter:

Ändere Deine Meinung niemals. Ich bin Dein Diener, Gönner, Freund und Bruder. Selbst wenn Du mich verlässt, kann ich Dich nicht verlassen. Ich werde Dich nicht verlassen. Du wohnst für immer in meinem Herzen. Du bist mir immer teuer. Ich kann gegen niemanden harte

Worte gebrauchen. Wenn jemand ein hartes Wort sagt, habe ich Mitleid mit ihm. Ich habe den Wunsch, ihn zu bessern. Du wirst das vielleicht erleben. Du hast es vielleicht erlebt. Ich danke dem Herrn, der mich mit mindestens einem Schimmer dieser Tugend ausgestattet hat. Ich strebe nicht nach höheren Fertigkeiten. Der Herr hat mir diese Eigenschaft verliehen. Es ist Seine Gnade.

Jetzt ist die ganze Sache klar. Fühle Seine Gnade und Gunst. Ich gehe selbst zur Post und gebe diesen Brief auf. Es ist sehr schwer, einen Menschen zu verstehen, selbst wenn man jahrelang eng zusammengelebt hat; ja, es ist sogar sehr schwierig, sich selbst zu verstehen. Gott allein kennt den wahren Schuldigen. Du kennst mich durch engen Umgang gut. Es wäre nett gewesen, den Schriftverkehr über den gefälschten Brief ganz zu unterlassen; Du hättest mit mir persönlich darüber reden sollen, wenn Du hierherkommst, auch wenn Du wegen der Unterschrift und des Briefumschlages zu Recht argwöhnisch warst. Das alles ist nur eine unnötige Qual für Dich, für mich und für alle. Weder Du noch ich haben Zeit, die Angelegenheit weiter zu untersuchen und unsere Zeit und Energie so nutzlos zu verschwenden. Wir sollten jede Sekunde unseres Lebens in Seinem Dienst und zur Meditation nutzen.

Du hättest festes Vertrauen haben sollen, dass ich niemals einen solchen Brief an Dich schreiben würde. Hierin hast Du versagt. Es macht nichts. Der Mensch lernt und wächst durch Fehler. Selbst wenn tausend Leute meine Ohren und meinen Geist vergiften, indem sie schlecht von Dir sprechen, würde ich es nicht hören. Du bist in meinen Augen ein Ruhm für Indien und die Welt.

Man kann dem Bösen nicht entgehen

Diese Welt ist sonderbar. Wir müssen viele Lektionen lernen. Einer der Jünger Jesu verriet ihn. Dem sich entwickelnden Aspiranten stellen sich bei jedem Schritt viele Hindernisse in den Weg. Wir müssen unsere Stärke unter Beweis stellen. Lass Dich nicht von Nichtigkeiten aufregen. Sei fröhlich. Lächle. Schreite kühn voran. Denke und fühle, als habe sich nichts ereignet. Ärgere Dich nicht über Kleinigkeiten. Du musst noch viele große Taten vollbringen. *Prakriti* [die Natur, Schöpfung] bereitet Dich auf vielfältige Art und Weise vor. Spüre das. Sei Gott dankbar.

Diese Dinge sind geschehen und doch kann ich Dich, Shri (B), Shri (A) oder Shri (Y) nicht verlassen. Alle wachsen durch Fehler und Schnitzer.

> Du musst die Vergangenheit völlig vergessen. Wie erwähnt, werde ich dafür sorgen, dass Du im „Brahmananda Ashram“ leben kannst und Dir Dein Essen extra zukommen lassen. Du brauchst nicht mit anderen zusammen zu sein. Du kannst etwas Arbeit für den Göttlichen Plan leisten. Es gibt überall auf der Welt schlechte Menschen. Wo Du auch hingehst, Du musst mitten unter ihnen leben. Aber spüre Dein Selbst, *Atma Bhav*. Das wird die Lage ändern.
>
> Du solltest versuchen, alle zu lieben, auch den schlechtesten Menschen, der Dich vernichten will. Das ist *Sannyasa* [Entsagung]. Ein *Sannyasin* ist einer, der spürt, dass er keinen Körper hat. Man sollte mitten unter Menschen leben, die einen zerstören wollen, in einer ungünstigen Umgebung arbeiten und meditieren. Nur dann kann man wachsen. Nur dann kann man das unerschütterliche Gemüt eines Weisen entwickeln. Dazu braucht man ungeheure innere spirituelle Kraft und Vertrauen durch *Sadhana*.

Meine Haltung bei Uneinigkeit unter den Schülern

Einer meiner Schüler schrieb einen Brief mit meiner gefälschten Unterschrift an einen anderen wichtigen Mitarbeiter in Madras. Das verwirrte diesen und brachte ihn außer Fassung. Der folgende Brief zeigt meine Haltung und Vorgehensweise, um Frieden und rechtes Verständnis wiederherzustellen. Er stammt vom 8. September 1937. Selbst wenn der ganze *Ashram* in Mitleidenschaft gezogen wird, beharre ich auf diesem meinem Grundsatz:

> Ich kann niemandes Gefühle verletzen, nicht einmal im Traum. Ich liebe alle, selbst den schlechtesten Menschen, der es auf mein Leben abgesehen hat. Selbst wenn Schüler mich verlassen, kann ich sie nicht verlassen. Ich halte die Mitarbeiter mit meinem spirituellen Leim – dem „Om Namo Narayana“-*Mantra* und Gebeten – zusammen.

Der vollständige Text meines oben erwähnten Briefes lautet:

> Geliebter Shri Swamiji ... *Pranam* [sei gegrüßt]. Ich habe keinen solchen Brief an Dich geschrieben. Es ist ein gefälschter Brief. Bitte vergleiche die Unterschrift sorgfältig mit anderen, dann wirst Du den Betrug erkennen. Bitte schicke mir den Brief per Einschreiben zur Prüfung.

Ich nehme an, es handelt sich um einen getippten Brief. Kannst Du feststellen, ob er auf unserer Schreibmaschine oder irgendwo anders in unserer Gruppe geschrieben wurde?

Vor einigen Tagen hatten wir Probleme hier. Swami (B) stiftete Unfrieden. Ich bat ihn daher, den *Ashram* zu verlassen. Seine Freunde Shri Swami (A) und (R) sind dann ebenfalls weggegangen. Sie leben jetzt in Rishikesh. Sie haben diesen Betrug geplant, um Zwietracht zwischen Dir und mir zu säen und Shri Swami (Y), ihren Feind, zu vertreiben. Das ist, wie ich jetzt annehme, ihr Plan. Shri (B) steht diesem *Ashram* zutiefst feindlich gegenüber und jemand hat auch das Bett von Swami (N) angezündet.

Du hättest sofort erkennen müssen, dass Swamiji solch einen förmlichen Brief nie schreiben würde. Es ist offensichtlich ein Betrug von anderen. Mache Dir keine Sorgen! Alles ist in Ordnung! Wenn Du hierher kommst, kannst Du auch im „Brahmananda Ashram" leben. Du brauchst keine Mahlzeiten in unserer Küche zu holen. Ich werde besondere Anordnungen für Dein Essen treffen. Sobald Deine Arbeit beendet ist, komme gleich hierher. Du brauchst keinen Augenblick zu zögern. Mache Dir keine Gedanken wegen des gefälschten Briefes. Es ist nur Unfug von Klatschbasen. Wer falsch handelt, wird die Früchte ernten. Das Gesetz des *Karma* ist unerbittlich. Ich wollte Dir [zuerst] ein Telegramm schicken: „Mache Dir keine Sorgen! Es ist eine Fälschung. Es ist ein Betrug von irgendjemand. Brief folgt". Doch dann dachte ich, dass ein ausführlicher Brief die Dinge besser erklären würde.

Es löst keine Probleme, eine Angelegenheit aufzubauschen

Ich gehe in der Regel nicht auf Beschwerden ein. Die Einwände verschiedener Seiten nehmen kein Ende. Ich weiß wohl, dass eine Untersuchung die Sache verschlimmert. Nur um den von der „Verschwörung" Betroffenen Genugtuung zu verschaffen, stellte ich einige Nachforschungen über die Angelegenheit an und gab meine Schlussfolgerungen im nachstehenden Brief weiter. Ich gestattete es der „Zeit", die Lage zu verbessern. Der Brief geht weiter:

Heute Morgen habe ich alle *Ashram*-Bewohner zusammengerufen und die Sache untersucht. Wir sind zu keinem Ergebnis gekommen. Nur

Gott kennt die Wahrheit. Ich kann nicht Hellsehen und den Schuldigen so herausfinden. Du kannst selbst urteilen, wer es sein mag. Kannst Du ihn durch seinen Briefstil identifizieren? Selbst wenn Du es beweiskräftig feststellst, wird er es nicht zugeben. Empfinde nichts mehr dabei. Sei fröhlich. Alles ist falsch; aus Eifersucht wurde Unheil gestiftet.

Es ist schwierig, die Urheber ausfindig zu machen. Wenn Du viel zu tun hast, brauchst Du wegen dieser Angelegenheit nicht extra herzukommen. Bleibe gelassen. Arbeite genügend. Konzentriere alle Strahlen des Geistes und sei ruhig. Vergiss die Vergangenheit. Arbeite so viel wie möglich. Stürze Dich in die Arbeit. Lasse Dich nicht aufregen. Diese geringfügigen Schwierigkeiten und Störungen treten auf, um Dich und mich zu stärken. Wir sollten uns nicht verwirren lassen. All das geschieht nur, um uns stark zu machen. Es dient einzig unserem Wachstum und unserer Verbesserung.

Etwas habe ich herausgefunden: Du lässt Dich schnell reizen. Als ich Deinen Brief las, war ich äußerst überrascht. Ich begriff nicht, an wen Du geschrieben hattest, denn ich hatte Dir nie etwas Derartiges mitgeteilt. Selbst wenn es meine Unterschrift gewesen wäre und der Umschlag meine Handschrift getragen hätte, so hättest Du doch denken sollen, dass jemand einen Betrug begangen hat. Und selbst angenommen, ich hätte einen solchen Brief geschrieben, dann hätte ich es zu Deinem Besten oder zum Besten von jemand anderem getan. Du bist hoffnungslos gescheitert. Ich kann niemandes Gefühle verletzen, nicht einmal im Traum, nicht einmal, wenn jemand mich bis zum äußersten beleidigt. Ich pflege diese eine Tugend. Sei Dir dessen immer bewusst, auch wenn in Zukunft solche Sachen passieren.

Der Weg zum Erfolg

Wenn ich eine Arbeit übernehme,
beende ich sie um jeden Preis.
Wenn ich anfange, ein Buch zu schreiben,
bringe ich es auf die eine oder andere Art zu Ende.
Wenn ich mir ein Buch zum Studium vornehme,
schließe ich es ab, bevor ich ein anderes anfange.
Ich lasse nichts halb erledigt.
Ich konzentriere mich auf eine Sache

und denke intensiv daran, ohne Ablenkung.
Ich bin standhaft, unerschütterlich und beständig.
Ich arbeite mit großem Fleiß.
Ich halte zäh und eindringlich am Ziel fest.

Die Natur eines Menschen umformen

Erweise den schlechten Charakteren Ehre. Diene dem Schurken zuerst. Behandle ihn als einen zukünftigen Heiligen, als einen Heiligen, wie einen Heiligen selbst. Das ist eine Art und Weise, dein Herz zu reinigen und ihn ebenfalls zu erheben. Mir macht es große Freude, solchen Leuten aufmerksam zu dienen. Ich habe immer ein paar Leute um mich, die mich missbrauchen, verunglimpfen, beleidigen oder sogar versuchen, mich zu verletzen. Ich möchte ihnen dienen, sie erziehen, erheben und verwandeln. Ich spreche sie äußerst ehrerbietig an.

Nenne den Verbrecher oder Dieb einen Heiligen und ehre ihn öffentlich, so wird er sich schämen, weiterhin schlecht zu handeln. Erzähle einem schlecht gelaunten Menschen stets: „Du bist ein *Santa Murti*, ein Mensch des Friedens" und er wird sich schämen, wütend zu werden. Sage einem Faulen: „Du bist ein tatkräftiger Arbeiter" und er wird seine Faulheit ablegen und sich an die Arbeit machen. Das ist meine Vorgehensweise. Das Lob sollte aus deinem tiefsten Herzen kommen. Du musst deine Seele in jedes Wort legen. Du musst aufrichtig fühlen, dass hinter der sichtbaren negativen Eigenschaft eine strahlende positive Tugend schlummert. Dann werdet ihr beide Erfolg haben.

Meine Ansicht über Verbrecher

Gute Menschen sind schon tugendhaft.
Ich muss nur Verbrecher bessern und formen.
Das ist meine besondere Aufgabe.
Ein Verbrecher ist ein negativ tugendhafter Mensch.
Er lebt, um die Tugendhaften zu verherrlichen.
Er ist auch Krishna.
Lord Krishna sagt in der „Gita": *Dyutam chhalayatamasmi* –
„Ich bin das Spiel der Betrüger".
Rudri sagt: *Taskaranam pataye namah* –
„Verehrung dem Gott der Diebe".
Ich habe im *Ashram* alle Arten Schüler.

Die Welt nennt mich einen *Guru* für Diebe und Spitzbuben.
Ruhm der „Divine"-Mission!
Die spirituellen Schwingungen dieses Heiligen Zentrums
verwandeln sie in Göttliche Wesen, *Yogis* und Heilige!

Abhimana (Selbstsucht) zerstören

Man muss stets daran denken, dass *Sattwa* (Reinheit), *Rajas* (Unruhe) und *Tamas* (Trägheit) ihre jeweiligen „Haken" haben den *Sadhaka* (spirituell Praktiziernder) festzuhalten. Sie hindern ihn, sich in das Reich des Überbewussten aufzuschwingen. Der sattwige Haken ist der feinste von allen und daher besonders schwer zu erkennen und zu entlarven. Im Zustand der Entsagung überwiegt die typische *Sannyasa-Abhimana.* Sie mag dem Schüler etwas größere Freiheit gewähren, sich höher aufzuschwingen als andere, dennoch bleibt auch er weiterhin gebunden. Bei *Tyaga* (selbstlosem Handeln) schleicht sich *Tyaga-Abhimana* ein; sie ist sehr subtil und gefährlich und fast unmöglich zu überwinden. Ähnlich ist es mit *Seva-Abhimana.* – Selbstsucht hat viele Formen! *Sannyasa* (Entsagung), *Tyaga* (Handeln ohne Verhaftung) und selbst *Seva* (Dienen) werden zu ihrem Deckmantel. Jemand, der nach Selbstverwirklichung strebt, sollte sich sehr in acht nehmen und diesen feineren Formen von Selbstsucht keinen Raum bieten.

Der ideale Lehrer

Ich bin ein ewig dürstender Schüler.
Ich bin kein Lehrer.
Aber Gott hat mich zum Lehrer gemacht.
Die Schüler haben mich zum Lehrer gemacht.
Ich mache aus meinen Schülern bald Lehrer.
Ich bin ein solcher Lehrer.

Ich gehe höflich mit ihnen um.
Ich rede sie als „Maharaj", „Swamiji",
„Bhagawan" und „Narayan" an.
Ich behandle sie als ebenbürtig.
Ich weise ihnen gleiche Plätze zu.
Ich bin ein solcher Lehrer.

Ich erlaube ihnen, aus meinem eigenen Leben zu lernen.
Ich mache sie zu *Mahants* und Dienern der Menschheit,
zu Vorsitzenden, Referenten, Schriftstellern, Swamis und *Yogis*,
zu spirituellen Gründern, Dichtern, Journalisten, Werbeleuten und göttlichen Straßenkehrern,
zu Pflegern von Gesundheit und *Yoga*,
zu Schreibmaschinenschreibern, *Yoga*-Königen, *Atma-Samrats*,
*Karma-Yoga-Viras**, *Bhakti-Bushans***und *Sadhana-Ratnas****.
Ich bin für alle Wahrheitssuchenden ein solcher Lehrer.

Kommt, kommt, Freunde

Mein Ruf ist unwiderstehlich.
Er hat zahllose Leben verwandelt.
Vergeudet dieses kostbare Leben nicht
mit Kartenspielen und müßigem Geschwätz.

Gebt hitzige Erörterungen und Streitgespräche auf.
Zerstört alle äußeren Quellen des Vergnügens.
Gebt den Wunsch nach Bequemlichkeit auf.
Steckt den Kraftstoff der Begierde in Brand.
Zerstört die Festung der Selbstsucht.

Schnell, schnell, Freunde!
Singt den Namen Gottes Tag und Nacht.
Nehmt jetzt ein Bad im Meer der Wonne.
Und tretet ein in den inneren grenzenlosen Bereich des *Atman*.

Kommt, kommt, Freunde!
Macht den entscheidenden Schritt, seid schnell.
Zögert nicht, säumt nicht – genießt die Wonne der Weisheit.

* Helden des *Yoga* des selbstlosen Handelns. ** Zierden des *Yoga* der Hingabe. *** Juwelen der spirituellen Praxis.

Kapitel 11

Praktische Ratschläge für den spirituellen Weg

Unterweisung von Schülern per Post

Ich habe keine vorgefertigten gedruckten *Yoga*-Lektionen für das schriftliche Training meiner Schüler. Üblicherweise schicke ich ein paar Bücher, die zur Veranlagung des Schülers passen. Die Lektionen gebe ich gut abgestuft in Briefform. Sie berichten mir über ihren Tagesablauf, ihr Wohlergehen und ihren Fortschritt, führen ein spirituelles Tagebuch und befolgen meine „20 wichtigen spirituellen Anweisungen". Ich helfe ihnen mit Ratschlägen und räume Zweifel und Hindernisse aus. Ich schicke ihnen Gedanken des Friedens. Durch diese persönliche Betreuung haben Tausende von Schülern aus allen Ländern wunderbare Fortschritte gemacht. Zu fortgeschrittenen Lehrgängen kommen sie in den *Ashram*, bleiben ein paar Wochen oder Monate und erhalten die Einweihung.

Alle schätzen diese Art persönlicher Aufmerksamkeit. Ich erhebe von niemandem Gebühren für die *Yoga*-Ausbildung und verlange kein Geld für den Unterhalt im *Ashram*. Unweigerlich bezahlen mich die Schüler freigebig oder tragen freudig freiwillig zum Fortschritt der Einrichtung und zur Verbreitung von Wissen bei. Dadurch erlangen sie *Chitta-Shuddhi* (Reinheit des Geistes) und spirituellen Fortschritt.

Auf den folgenden Seiten gebe ich ein paar typische Briefe an Anwärter wieder, um meine Ausbildungsmethode aufzuzeigen. Bei allen hebe ich nachdrücklich die moralischen und ethischen Ideale hervor. Andere ermahne ich, sich anzustrengen – kurz, ich zeige den Weg, ein göttliches Leben zu führen.

Der Weg zum Frieden

Swarg Ashram, 16. August 1930

Verehrter Bruder ...,

vielen Dank für Deine freundlichen Zeilen. Stehe um 4 Uhr morgens auf. Sorge für einen abgeschlossenen Meditationsraum. Lass ihn niemanden betreten. Bewahre dort ein *Gayatri*-Bild, die „Bhagavad Gita" usw. auf. Meditiere über das *Gayatri**.

Wiederhole das „Gayatri-Mantra" im Bewusstsein seiner Bedeutung. Konzentriere Dich bei geschlossenen Augen auf *Trikuti* [Drittes Auge], den Punkt zwischen den Augenbrauen. Setz Dich in *Padmasana* [Lotossitz]. Versuche, zwei Stunden lang sitzenzubleiben.

Studiere die „Bhagavad Gita" regelmäßig. Sage um jeden Preis die Wahrheit. Beherrsche Ärger. Diene Armen, Kranken und Heiligen. Gib etwas Geld für wohltätige Zwecke. Das wird Dein Herz reinigen. Schließe Dich nicht an weltliche Menschen an. Diene, liebe, achte jeden. Gib *Ninda* [Kritisieren], Verleumdung, Nörgelei und Klatsch auf. Sei bescheiden. Sei gehorsam. Rede freundlich. Du wirst Frieden finden. Beachte täglich eine Stunde und an Feiertagen drei Stunden *Mauna* [Schweigen].

Mit brüderlichen Grüßen

Swami Sivananda

Nach Wissen streben

Ich rate von Emotionalität und Ungestüm bei der Entscheidung für den Weg der Entsagung ab; stattdessen empfehle ich, noch im weltlichen Leben das Streben nach geistigen Werten zu kultivieren.

* Heiligster Vers der „Veden"; Name der Göttin, die über das *Mantra* regiert.

Swarg Ashram, Kutir 22
29. August 1930

Om Sat-Chit-Ananda …,

Du bist der *Atman*. Du bist unsterblich. Fürchte Dich nicht. Realisiere die Würde Deines Selbst. Befreie Dich von den Trugbildern des Geistes und weltlicher Gegenstände. Mein lieber *Yogi*, möge Gott Dich segnen. Mit unendlicher Freude habe ich Dein Schreiben vom 21. dieses Monats gelesen. Du bist ein Mann mit spirituellen *Samskaras* [Eindrücke im Unterbewusstsein]. Hege und pflege sie. Verstärke sie.

Komm [jedoch] nicht zu mir!

Wenn Du es fertigbringst und sicher bist, dass Du keine Gefahr für die Gesellschaft darstellst und Deine Triebe zügeln kannst, werde ein *Naishthika Brahmachari* [ein sexuell Enthaltsamer] bis zum Ende Deines Lebens. Du bist nicht reich. Wie könntest Du mit einer Familie und Kindern zurechtkommen? Das würde Deinen geistigen Fortschritt verhindern.

Jugendliche Begeisterung allein reicht nicht. Gefühle allein genügen nicht auf dem spirituellen Weg. Er ist nicht rosig. Er ist voll Dornen, Skorpionen und Schlangen. Der Weg ist uneben, steil und ausgesprochen schwer, aber leicht für einen Menschen mit der festen Entschlossenheit: „Ich muss verwirklichen, sogar um den Preis meines Lebens." So stark muss der Wunsch nach Wissen sein.

Entwickle schrittweise sattwige Eigenschaften – Geduld, um Ärger entgegenzutreten; Zufriedenheit, um Gier zu zügeln; *Seva Bhava* [Dienst], um Stolz und Überheblichkeit zu zerstören. Entwickle Demut, Wahrheitsliebe und *Titiksha* [Duldungskraft, Hitze, Kälte, Schmerz ertragen]. Liebe alle. Sei nett zu allen. Lass Dich nicht reizen und rege Dich niemals auf. Führe ein Tagebuch über Deinen spirituellen Fortschritt. Halte alles fest. Lebe unter [spirituell] entwickelten Menschen. Besuche die Ramakrishna-Mission und diene den *Mahatmas*. Diene Älteren mit Begeisterung, Liebe und tiefer Zuneigung. Kläre Deine Zweifel.

Ich wünsche Dir Frieden und Glückseligkeit!

Dein Sivananda
Hari Om Tat Sat
Om Shanti

[PS:] Besorge Dir ein Exemplar meines „Yoga- und Vedanta-Sadhana". In Zukunft schicke mir eine Rückantwortkarte oder einen Rückumschlag für meine Antwort.

Verlasse die Welt nicht voreilig

c/o Vizianagaram House
Camp/Calcutta
12. Dezember 1930

Om Sat-Chit-Ananda ...,

komme eine Weile lang nach Rishikesh. Zweifellos wirst Du die Einsamkeit und die spirituellen Schwingungen genießen. Berufe Dich auf mich. Man wird Dich unterbringen und Dir helfen. Habe *Darshan* [hier: das Sehen eines erleuchteten Yogis oder Heiligen und gleichzeitig von ihm gesehen zu werden] mit Shri Swami Advaitanandaji, Shri Swami Tapovanji Maharaj, Shri Swami Purushottamanandaji. Sie sind fortgeschrittene Seelen und stehen in enger Verbindung mit mir.

Zieh Dich nicht voreilig aus der Welt zurück. Die Welt ist eine Bühne zur Entwicklung verschiedener sattwiger Eigenschaften. Sie ist der beste Lehrer für den, der Nutzen aus ihr ziehen will. Warte noch eine Weile. Verdiene und genieße. *Vairagya* [Leidenschaftslosigkeit] entsteht aus *Bhoga* [Genuss]. Dann wird sie stark, beständig und tief. Heirate nicht. Das ist etwas anderes. Die Welt ist keine Hölle. Sie ist reines *Ananda* [Wonne], wenn das Ego und *Raga-Dvesha* [Zuneigung und Abneigung gegenüber Objekten] vergehen. Ändere Deine innere Einstellung. Komm und schaue Dir alle diese Orte und *Mahatmas* an. Das wird Dich inspirieren.

Führe ein göttliches Leben, während Du dort bist. Der spirituelle Weg ist überhaupt nicht rosig. Er ist voller Dornen. Bereite Dich erst darauf vor. Gewinne Reinheit und innere Kraft durch *Japa* [*Mantra*-Wiederholung] und Meditation. Baue Dich auf.

Ich wünsche Dir *Kaivalya Moksha* [Befreiung]!

Swami Sivananda
Hari Om Tat Sat
Tat Twam Asi

Schau hin, bevor du springst

Die vorstehenden beiden Briefe an einen meiner Schüler zeigen, wie ich Aspiranten vor übereilten Entschlüssen warne. Aber wenn ich merke, dass jemand in *Vairagya* (Leidenschaftslosigkeit) gefestigt ist und unerschütterliche Entschlossenheit besitzt, erfüllt mich das mit unmittelbarer Freude und Entzücken. Damals, als ich allein lebte und keinen eigenen *Ashram* hatte, sträubte ich mich sehr dagegen, Schüler bei mir aufzunehmen. Ich wollte nicht, dass jemand kam und bei mir blieb.

Als jener Anwärter daher ein wirklich starkes Bestreben und einen unerschütterlichen Willen an den Tag legte, hielt ich es für besser für ihn, in einem aktiven *Ashram* zu leben, um schnellere Fortschritte zu machen. Statt mich selbst der Dienste von Aspiranten zu bedienen, stellte ich meine eigenen Interessen hintan, zu ihrem Wohlergehen und zum Nutzen anderer religiöser Einrichtungen.

[ohne Datum]

Geliebtes Selbst ...,

Deine Hingabe an Gott und die Religion wird Dich zweifellos von *Samsara* [Kreislauf von Geburt und Tod] erlösen. Möge Gott Dir geistige Stärke und Kraft verleihen, das Ziel des Lebens – Gottesverwirklichung – zu erreichen.

Bitte schließe Dich dem „Shri Aurobindo Ashram" oder der „Ramakrishna-Mission" an. Dort wirst Du Dich stark verbessern. Ich verspreche es Dir. Ich versichere es Dir. Bleibe ein paar Jahre im *Ashram*. Du kannst zu Besuch hierher kommen, aber nicht auf Dauer. Schau hin, bevor Du springst. Denke nach. Überlege gut.

Die Welt ist der beste Lehrer. Du musst viel lernen. Sei nicht voreilig! Laufe nicht weg in die Höhlen des Himalaya! Jugendlicher Elan und Begeisterung werden Dir nicht viel helfen. Es ist eine anstrengende, gewagte Sache. Du wüsstest nicht, wie Du hier Deine Zeit sinnvoll verbringen solltest.

Ich bin nur ein gewöhnlicher *Sadhu* [Mönch]. Ich könnte Dir nicht viel helfen. Außerdem nehme ich keine Schüler an. Ich kann bis zu meinem Lebensende Dein aufrichtiger Freund sein. Ich möchte niemanden längere Zeit bei mir haben. Ich gebe ein paar Monate lang Unterweisung und bitte die Menschen dann, an einsamen Orten in Kashmir oder Uttarakashi zu meditieren.

Ich wiederhole: Schließe Dich einem guten *Ashram* an, wo Du spirituell wachsen kannst. Bleib dort. Ertrage Schwierigkeiten.

Am Ende stehen Unsterblichkeit und *Ananda* [unendliche Wonne].

Dein Eigenes Selbst
Swami Sivananda

[PS:] Ermuntere Dich. Sei frei, mutig und furchtlos. Du bist ein Kind des himmlischen Nektars.

Entwickle Geduld. Sprich die Wahrheit. Beherrsche den Zorn. Entwickle *Titiksha* [Duldungskraft]. Diene. Liebe. Gib. Verzeih anderen. Sprich wenig. Sprich sanft.

Hari Om Tat Sat

Tipps für die Entwicklung

Hier ein paar wertvolle Hinweise in komprimierter Form – kurz und bündig, zur sofortigen Umsetzung:

Swarg Ashram, 3. Oktober 1930

[...],

fürchte Dich nicht. Mache Dir keine Sorgen. Du bist *Sat-Chit-Ananda Rupa* [Deine Natur ist Sein-Wissen-Glückseligkeit], *Amrita Atma*, das unsterbliche Selbst. Du bist nicht dieser *Jada*-Körper [unbeseelte Körper]. Möge Gott Dich segnen.

Bitte arbeite mein Buch, „Geheimnisse und Beherrschung des Geistes“ durch. Das bringt Dir praktischen Nutzen für den Fortschritt in der Meditation. Spare so viel Geld wie möglich. Heutzutage brauchen selbst *Sannyasins* Geld, da es an Unterstützung durch Menschen, die im Berufs- und Familienleben stehen, mangelt.

Mache Studium und Meditation zur Quelle Deines Vergnügens.

Löse Dich von allen äußeren Zerstreuungen.

Prüfe! Verstehe! Verwirkliche!

Erkenne und Analysiere [die wahre Natur von Gegenständen] und gib [sie] auf!

Erkenne Dich selbst und werde frei. Bleibe immer in Deiner Mitte. Bete und sei tugendhaft.

Strebe und dränge vorwärts. Verneine den Körper und bleibe fest in *Brahman*.

Tat Twam Asi [„Das bist Du“] – vergiß das nie.

Sivananda

Das verborgene Göttliche entfalten

Meinem Rat folgend schloss sich der Aspirant der „Ramakrishna-Mission" an und blieb trotzdem weiter mit mir in Verbindung. Ich verweigerte ihm meine Obhut und Unterweisung zu seiner Entwicklung nicht, da ich alle *Ashrams* als meine eigenen ansehe und keine alleinige Verfügungsgewalt über einen Aspiranten anerkenne, der sich mir mit der Bitte um Führung nähert.

Swarg Ashram, Rishikesh, [ohne Datum]

Om Namo Narayanaya
Möge Gott Dich segnen!

Verehrter Bruder ...,

ich bin gerade von einer langen Reise zum Kailash zurückgekehrt. Ich freue mich zu hören, dass Du Dich der „Ramakrishna-Mission" angeschlossen hast. Ich gratuliere Dir herzlich dazu.

Bleibe hartnäckig wie ein Blutegel im *Ashram*. Es ist Dein *Ashram*. Fühle das. Du wirst ganz sicher Fortschritte machen. Du bist die Sonne der Sonnen. Du bist die Hoffnung der Welt. Du hast ein verantwortungsvolles Gewand angezogen. Entfalte das Göttliche. Mögen Heiligkeit, Glanz und Herrlichkeit Dich begleiten.

Du musst alle irdischen Bindungen durchtrennen. Jetzt kannst Du ungehindert auf Deinem Weg voranschreiten. Bleibe bei der Mission und diene allen Älteren ehrerbietig, aufrichtig und erwartungslos. Sprich um jeden Preis die Wahrheit. Wer aufrichtig ist kann niemand Leid zufügen. Das gibt Dir innere Kraft. Wahrhaftigkeit kann man nur erreichen, indem man die Wahrheit sagt. Beherrsche Ärger, indem Du Geduld, *Kshama* [Gleichmut], kosmische Liebe, *Daya* [Dienen und Geben], *Audarya* [Großzügigkeit], Demut und Courage entwickelst.

Du solltest sechs Stunden lang ununterbrochen studieren und sechs Stunden lang meditieren. Das ist meine Methode. Vergiss die Vergangenheit. Lebe in der Gegenwart. Gib jegliche fantastische Erwartung auf. Bleibe ruhig, selbst wenn man Dich verfolgt, hasst oder verspottet. Räche Dich nicht. Lies jeden Tag die „Bergpredigt" [Mt 5-7, 29], bevor Du zur Arbeit gehst. Wenn Du ihn dir jeden Tag in Erinnerung rufst und danach handelst, wirst Du Weisheit erlangen.

Ich zitiere [sinngemäß] einen [kleinen] Abschnitt [daraus]:

Liebe deine Feinde. Segne jene, die dich verfluchen. Tu Gutes denen, die dich hassen und bete für jene, die dich verachten und verfolgen.

Es ist schwer, das in die Tat umzusetzen, aber man kann und muss es. Mahatma Gandhi handelt danach. Das ist das Geheimnis seines Erfolgs.

Mit Grüßen und *Prem* [Liebe]
Dein demütiger Bruder

Swami Sivananda

Erneuerung der niederen Natur

Als der Aspirant später zu mir kam und mich von seiner Entschlossenheit zur Entsagung und seiner eisernen Willenskraft überzeugte, weihte ich ihn trotz meines anfänglichen Widerstrebens bereitwillig in das Gelübde der Entsagung (*Sannyasa*) ein. Er stürzte sich in die Arbeit – im Dienst Gottes –, die damals gerade in ihrem Anfangsstadium war. Sie sollte bald riesige Ausmaße annehmen und die Welt mit einem gewaltigen Sturm geistiger Erneuerung und göttlicher Inspiration bei Millionen von Menschen verblüffen. Dennoch vergesse ich nie das Ziel des Lebens, den Grund, weshalb man sich von der Welt zurückzieht und ermahnte ihn wiederholt, auf *Sadhana* (spirituelle Praktiken) und Selbstdisziplin zu achten:

Shivoham Shivah Kevaloham
Möge Gott Dich segnen ...,

Ich setze große Hoffnungen in Dich. Du bist ein Ruhm für Indien und die ganze Welt. Mögen das Göttliche Licht, Göttlicher Glanz und Ruhm auf immer in Dir leuchten. Lebe in Wahrheit. Fühle Wahrheit. Verwirkliche Wahrheit. Verbreite Wahrheit. Reguliere Deine Energie. Bewahre sie. Nutze sie, wenn Du sie brauchst. Meditiere. Lebe in einem geschlossenen Raum. Sei nicht viel mit anderen zusammen. Habe nicht viele Freunde. Ein wahrer, aufrichtiger Freund ist genug.

Bettle nicht in einer bettelnden Geisteshaltung. Befiehl und Du wirst alles bekommen, was Du brauchst. Die ganze Welt ist Dein Zuhause. *Prakriti* [die Schöpfung] und neun *Riddhis* stehen Dir zu Diensten. Beherrsche die *Indriyas* [Sinnesorgane]. Meide Frauen! Werde nicht nachlässig. Bringe Feuer in jede Zelle, in jedes Wort. Ich weiß, Du wirst in kurzer Zeit Wunder vollbringen. Lies die „Upanishaden" und die „Bhagavad Gita", damit Du sie besser kennst. In dieser Hinsicht bist Du noch unwissend.

Du solltest regelmäßige systematische Studien, Meditation und *Japa* betreiben. Denke nicht: „Ich werde in Uttarakashi studieren, wenn ich allein bin und nicht arbeiten muss." Das ist falsch. Das ist Torheit. Es muss eine tägliche Gewohnheit sein. Jenes „Morgen" wird nie kommen. Trockne das Gras, wenn die Sonne scheint. Ernte das Getreide, wenn der Wind bläst. Konzentriere Dich. Meditiere. Bleibe ein paar Stunden für Dich allein. Sei höflich und niemals überheblich. Sei duldsam und geduldig. Lass diese Tugenden sich beim Sprechen auswirken. Achte auf jeden Gedanken. Das ist kein Spiel. Du hast ein verantwortungsvolles Gewand angezogen. Fühlst Du das? Meide Frauen, scherze und lache nicht mit ihnen. Das sind alles Erscheinungsformen von Lust.

Bettle nicht. Bitte nicht mit einer bettelnden Geisteshaltung. [Stattdessen] Führe. Alles wird kommen. Die ganze Welt ist dein Zuhause. Spüre das. Fühle es. Zeige mir einen Bericht über Deine regelmäßigen geistigen Übungen [*Sadhana*]. Dein Tagesablauf muss methodisch und diszipliniert sein. Prüfe Deine Beweggründe genau. Zerstöre selbstsüchtige Motive. Vernichte alle Arten von Niedrigkeit. Werde edel bis in jede Einzelheit Deines Handelns. Kämpfe nicht um geringfügige Kleinigkeiten. Gib Verleumdung und Zuträgerei auf. Die niedere Natur muss unbedingt erneuert werden.

Der Fluch eines rein sinnesorientierten Lebens

Ich betone nochmals die Wichtigkeit von *Sadhana* (spirituellen Praktiken) und die Notwendigkeit, sich vor den negativen Auswirkungen eines rein sinnesorientierten Lebens zu schützen:

Schaue den Schmutz nicht wieder an. Richte Dich nicht selbst zugrunde. Du kennst die Freude und Wonne des geistigen Weges zur Genüge. Wozu nach weiteren Herrlichkeiten trachten, wenn Du Dich durch *Yoga* voll entwickelst. Nimm Dich in acht. Hüte Dich. Werde nicht zum Sklaven Deiner Sinne. Verlass Dein Zimmer nicht. Höre mit allen Tätigkeiten auf. Verbirg Dich in einem Zimmer oder komm sofort zum Ananda Kutir zurück. Geh in Dich und meditiere.

Wenn Du *Moha* (Täuschung) nicht widerstehen kannst, verlasse die Stadt lieber sofort. Die Probeabzüge werden von selbst fertig. Ich mache mir nicht das Geringste daraus. Wenn Du stark genug bist, kannst Du noch eine Weile dortbleiben und die Arbeit zu Ende führen. Triff aber auf jeden Fall Vorkehrungen, bald nach Rishikesh zu kommen.

Ein Leben der Sinne wird zur Last ohne gleichzeitiges ideales Leben in der inneren, alldurchdringenden Gegenwart. Es ist gleichbedeutend mit primitivem Leben. Die Welt ist ein Traum. Der innere Kern ist die dauerhafte Wirklichkeit. Vergiss das nie. Du bist *Atma* [das Selbst], *Akarta* [der nicht Handelnde], *Sakshi* [der unbeteiligte].

Sadhana – eine tägliche Gewohnheit

Die folgenden wichtigen Hinweise für den Weg des *Yoga* stammen aus verschiedenen meiner Briefe an Aspiranten. Sie sind sehr nützlich zum richtigen Verständnis einiger praktischer Seiten des spirituellen Weges. Du musst regelmäßig und systematisch meditieren, *Japa* (*Mantra*-Wiederholen), Schriften studieren und dienen.

Denke nicht: „Ich werde studieren und meditieren, wenn ich alles erledigt habe, wenn ich allein in den Höhlen des Himalaya bin".

Bleibe ein paar Stunden allein und prüfe den Geist. Bereite dich jetzt langsam für das Leben in Abgeschiedenheit vor.

Nishkama Seva – selbstloser Dienst

Dazu braucht man keine großen Geldmittel. Wenn man bereit ist, der Menschheit zu dienen, wird Gott alles einrichten. Besorge dir nützliche Medikamente und verteile sie an Kranke oder pflege sie gut. Erwarte von niemand irgendetwas für deine Dienste. Unterrichte arme Kinder in deinem Dorf. für deinen Lebensunterhalt durch Almosen aus vier oder fünf Häusern. Lebe zurückgezogen. Praktiziere *Sadhana*. Höre auf, Luftschlösser bauen. Das ist ein Feind des inneren Friedens. Mache so viel du kannst, entsprechend deinem Können, deiner Leistungskraft und deinen Mitteln, mit der richtigen inneren Einstellung und Haltung.

Probleme durch Pranayama

Von vielen Schülern, die versuchen, die Kraft der *Kundalini* (schöpferische Kraft im Menschen) durch gewaltsame *Pranayama*- und *Kriya-Yoga*-Praktiken (Atem- und Reinigungsübungen) zu erwecken, habe ich ähnliche Berichte über Probleme erhalten. Sie tun mir leid wegen ihres Übereifers und ihres unvollständigen Wissens. Weniger oder gar nichts mehr zu essen nützt überhaupt nichts. Das Feld muss durch regelmäßige tägliche Praxis gut vorbereitet werden.

In den fortgeschrittenen Phasen braucht man die persönliche Führung und Überwachung durch Ältere, die Meisterschaft und Vollkommenheit auf dem Weg des *Yoga* erreicht haben. Reinheit des Herzens, gleichgesinnte Gesellschaft, richtiges Verständnis der Schriften, eine förderliche Atmosphäre und Umgebung voll spiritueller Schwingungen spielen eine wichtige Rolle für einen schnellen Erfolg. Übereile nichts und sei nicht ungeduldig. Einseitige Entwicklung ist nicht hilfreich. Verdirb deine Gesundheit nicht durch zu viel Fasten. Das schwächt dich. Iss viel energiereiche, leicht verdauliche, nahrhafte Lebensmittel sowie Früchte und Milch. Atme ein paar Monate lang sehr langsam ein und aus. Halte den Atem nicht an (*Kumbhaka*). Wenn du etwas fortgeschritten bist, ziehe dich im Sommer an einen kühlen Ort zurück und mache drei *Pranayama*-Sitzungen. Halte das Verhältnis von 1:4:2 ein beim Einatmen, Anhalten und Ausatmen. Der Nutzen ist unermesslich. Für fortgeschrittene Schüler ist diese Übung harmlos.

Niedergeschlagenheit und Schwermut überwinden

Gehe ins Freie. Übe sanftes *Pranayama*. Singe „Om". Singe mit Hingabe. Tanze in Verzückung. Jede Niedergeschlagenheit wird schnell schwinden. Du bist *Ananda Swarupa (*deine eigene Natur ist Wonne) – wo wäre da Platz für Schwermut und Niedergeschlagenheit? Das sind nur Vorstellungen des Geistes. Schweige. Du gewinnst mehr durch Stille. Weiche über Nacht ein paar Mandeln ein und iss sie am Morgen mit Kandiszucker. Das ist ein sehr wirksames Stärkungsmittel für das Gehirn. Reibe den Kopf mit *Amalaka*-Öl ein. Nimm auch *Huxley*-Sirup.

Wenn man aufgeregt ist

Lasse *Japa* (*Mantra*-Wiederholung) und *Sadhana* (spirituelle Praxis) nicht einmal für einen Tag aus. Passe dich an und füge dich ein. Ertrage Beleidigungen und Unrecht. Lerne, Kleinigkeiten zu vergessen. Gehe feinfühlig mit Menschen um. Bringe allen *Bhajans* (Lobgesänge) und *Kirtan* (*Mantra*-Singen) bei. Schaffe spirituelle Schwingungen, wo immer du hingehst. Dann wirst du Frieden finden, Freude, Glück und Wohlergehen. Freude wird auf allen Gesichtern sein. Das ist der Weg zu Harmonie. Wenn du aufgeregt und verwirrt bist, halte dich an *Japa* oder verlasse den Ort für eine Weile. Liebe alle und diene allen.

Keine Übertreibungen im Yoga

Mache so viele *Yoga*-Übungen wie angenehm. Vermeide die Extreme. Stelle keine zu hohen Ansprüche an dich selbst. Für Menschen im Ausland sind *Padmasana* (Lotossitz) und *Shirshasana* (Kopfstand) oft schwierig. Zum Beten und Meditieren kannst du irgendeine bequeme Stellung einnehmen. Du musst eine Haltung wählen, in der du lange Zeit bequem sitzen kannst. Die einzige Bedingung ist, dass Nacken und Wirbelsäule aufgerichtet sein sollten. Schließe die Augen, atme sehr langsam ein und aus, wiederhole geistig das *Mantra* „Om" und denke an die göttlichen Eigenschaften des Herrn. Dann wirst du in stille Meditation hineinkommen. Du wirst großen Frieden genießen und innere Kraft erwerben.

Was ist echter Yoga

Yoga besteht nicht darin, sechs Stunden lang mit gekreuzten Beinen dazusitzen, den Herzschlag anzuhalten oder sich eine Woche oder einen Monat lebendig begraben zu lassen. Das sind alles nur körperliche Kunststücke.

Yoga ist eine wissenschaftliche Methode, um den persönlichen mit dem kosmischen Willen in Einklang zu bringen. *Yoga* verwandelt die niedere Natur, erhöht Energie und Lebenskraft und verleiht ein langes Leben und gute Gesundheit. Versuche, deine Konzentrationskraft zu erhöhen. *Japa* verhilft dir zu einem einpünktigen Geist.

Kapitel 12

Spirituelle Erfahrungen

Anbruch eines neuen Lebens

Ich war dieses trügerischen Lebens sinnlicher Vergnügen müde.
Dieses Gefängnis meines Körpers widerte mich an.
Ich suchte die Gesellschaft großer Meister
Und saugte ihre nektargleichen Unterweisungen in mich auf.
Ich durchstreifte den grauenvollen Wald von Liebe und Hass.
Ich wanderte weit jenseits der Welt von Gut und Böse.
Ich kam zum Grenzland erstaunlicher Stille
Und erhaschte den Glanz der Seele in mir.
All mein Leid ist jetzt vorbei
Mein Herz fließt über vor Freude
Frieden ist in meine Seele eingezogen.
Ich wurde plötzlich herausgehoben
Ein neues Leben brach an.
Ich erfuhr die innere Welt der Wirklichkeit
Das Unsichtbare erfüllte meine Seele und mein Herz.
Ich badete in einer Flut unaussprechlichen Glanzes
Und sah Gott hinter allen Namen und Gestalten
Und erkannte, dass ich das Licht bin.

Spirituelle Anfangserfahrungen I.

Mehr und mehr Leidenschaftslosigkeit und Unterscheidungskraft,
Mehr und mehr Sehnsucht nach Befreiung,
Frieden, Heiterkeit, Zufriedenheit,
Furchtlosigkeit, unerschütterliches Gemüt,
Glänzende Augen, angenehmer Körpergeruch,
Schöner Teint, liebliche, kräftige Stimme,
Wunderbare Gesundheit, Schwung, Lebenskraft und Vitalität,
Freiheit von Krankheit, Trägheit und Niedergeschlagenheit,
Leichtigkeit des Körpers, Wachheit des Geistes,
Kraftvoller *Jatharagni* (starkes Verdauungsfeuer),
Eifer, lange sitzend zu meditieren,

Abneigung gegen weltliche Gespräche und
die Gesellschaft weltlich gesinnter Menschen,
Fühlen der Gegenwart Gottes überall,
Liebe zu allen Geschöpfen,
Gefühl, dass alle Gestalten Erscheinungsformen Gottes sind,
Daß die Welt Gott Selbst ist.
Fehlen jeglicher *Ghrina* (Abneigung) gegenüber irgendeinem Wesen,
Selbst solchen gegenüber, die schmähen und verletzen,
Kraft des Gemüts, Beleidigungen und Kränkungen zu ertragen,
Gefahren und Unglück zu begegnen
Sind einige spirituelle Anfangserfahrungen.
Sie zeigen an, dass man auf dem spirituellen Weg voranschreitet.

Spirituelle Anfangserfahrungen II.

Weiße Lichtkugeln, bunte Lichter,
Sonne, Sterne während der Meditation,
Diva Gandhi (Göttlicher Geruch), Göttlicher Geschmack,
Vision Gottes im Traum,
Außergewöhnliche, übermenschliche Erfahrungen,
Sicht Gottes in menschlicher Gestalt,
Manchmal in Gestalt eines Brahmanen,
Alten Mannes, Aussätzigen oder zerlumpten Kastenlosen,
Mit Gott reden
Sind spirituelle Anfangserfahrungen.
Dann folgt kosmisches Bewusstsein oder *Sarvikalpa Samadhi*,
Das Arjuna erfahren hat.
Schließlich tritt der Aspirant in *Nirvikalpa Samadhi*,
Den höchsten überbewussten Zustand ohne Dualität ein,
Wo es weder Sehenden noch Gesehenes gibt,
Wo man nichts sieht und nichts hört.
Man wird eins mit dem Ewigen.

Ich habe das Spiel des Lebens gewonnen

Durch die Gnade Gottes und des *Sat-Guru*
Bin ich ungebunden und frei.
Alle Zweifel und Täuschungen sind geschwunden.

Ich bin frei und glückselig für immer,
Ich bin frei von Furcht,
Da ich in diesem nicht-dualen Zustand ruhe.
Furcht entsteht aus Dualität.
Ich bin berauscht von *Brahman*.
Ich habe Vollkommenheit und Freiheit erlangt.
Ich lebe im reinen Bewusstsein.
Ich habe das Spiel des Lebens gewonnen.
Ich habe gewonnen!
Ich habe gewonnen!!
Ich habe gewonnen!!!

In Ihm finde ich mein Alles

Endlich ist Seine Gnade auf mich herabgekommen.
Ich schaute und schaute Ihn an.
Ich verlor mich in diesem wundervollen Anblick Gottes.
Seine Gnade füllte den Becher meines Herzens.
Ekstatische Schauer überwältigten mich.
In Seinem Willen liegt mein Frieden.
Sein Name ist ein Himmel der Ruhe.
In Ihm finde ich mein Alles.
Alles Wissen ruht in Seinem Schoß.
Die ganze Schöpfung entsteht und vergeht in Ihm.
Er ist die Höchste Quelle aller Erscheinungen.
Er ist die Hauptstütze aller Welten.
Er ist der Eine Heilige, vollkommen in Weisheit.
Die Ursache dieser Welt, der Retter!

Im Meer der Glückseligkeit

O Mahadeva, O Keshava,
Mit dem Schwert Deiner Gnade
Habe ich alle meine Fesseln durchtrennt.
Ich bin frei, ich bin glückselig,
Alle Wünsche sind vergangen,
Nun strebe ich nach nichts
Als nach Deinen gesegneten Füßen.

Ich habe alle meine Gedanken verloren
In Dir, o Narayana.
Ich hatte Deine wunderbare Vision.
Ich ging auf in Verzückung.
Ich wurde sofort verwandelt.
Ich ertrank im Göttlichen Bewusstsein,
Im Meer der Glückseligkeit,
Sei gegrüßt! Sei gegrüßt! O Vishnu, mein Gott.

Ich bin das Unsterbliche Selbst

Nur ein ewiges, unendliches Wesen allein existiert.
Jiva (die individuelle Seele) ist eins mit diesem Wesen.
Leid ist unwirklich; es kann nicht bestehen.
Glückseligkeit ist wirklich; sie kann nicht vergehen.
Der Geist ist unwirklich; er kann nicht leben,
Die Seele ist wirklich; sie kann nicht sterben.
Freiheit kommt mit der Kenntnis des Selbst.
Freiheit ist Vollkommenheit, Unsterblichkeit und Glückseligkeit.
Freiheit ist die unmittelbare Verwirklichung des Selbst.
Freiheit ist Erlösung von Geburt und Tod.
Ich bin weder Geist noch Körper.
Die ganze Welt ist mein Körper.
Die ganze Welt ist mein Zuhause.
Nichts ist, nichts gehört mir.
Das Unsterbliche Selbst bin ich.

Jenseits der Sprache

In der vollkommen namenlosen, gestaltlosen Leere,
In der grenzenlosen Weite von Wonne,
In der Region gegenstandsloser Freude ohne Gedanken,
Im Reich des zeitlosen, formlosen, gedankenlosen Raums,
In der transzendentalen Wohnstatt süßer Harmonie
Wurde ich eins mit dem Höchsten Glanz.
Der Gedanke, wir seien ein oder zwei verschwand,
Ich überquerte den Ozean der Wiedergeburten für immer.
Das alles dank der Gnade Gottes,
Der in Brindavan unter rhythmischen Klängen tanzte,
Der den „Govardhan-Berg“ zum Schutz der Kuhhirten anhob.

Ich bin Das geworden

Die von *Maya* hervorgerufene Welt ist jetzt geschwunden.
Der Geist ist völlig zugrundegegangen.
Das Ego ist zu Staub geworden.
Die uneinnehmbaren Festungen sind niedergerissen worden.
Namen und Formen sind verschwunden.
Alle Unterscheidungen und Verschiedenheiten sind vergangen.
Die alte individuelle Seele ist ganz dahin geschmolzen.
Der Strom von Wahrheit, Weisheit und Wonne hat alles erobert.
Brahman allein strahlt überall.
Der eine gleiche Geist der Freude durchdringt alles.
Ich bin Das geworden. Ich bin Das geworden.
Shivoham, Shivoham, Shivoham.

Die große Bhuma-Erfahrung des Unveränderlichen

Ich ging auf in großer, nicht endender Freude.
Ich schwamm im Ozean unsterblicher Wonne.
Ich trieb im Meer unendlichen Friedens.
Das Ich schmolz, die Gedanken ergaben sich.
Der Verstand stand still.
Die Sinne waren zurückgezogen.
Ich war mir der Welt nicht mehr bewusst.
Ich sah mich selbst überall.
Es war eine einheitliche Erfahrung.
Es gab weder innen noch außen.
Es gab weder „dies“ noch „das“.
Es gab weder „er", „du“ noch „ich“ oder „sie“.
Es gab weder Zeit noch Raum.
Es gab weder Subjekt noch Objekt.
Es gab weder den Wissenden noch das zu Wissende noch Wissen.
Wie kann man diese transzendentale Erfahrung beschreiben?
Die Sprache ist begrenzt, Worte sind unzureichend.
Verwirkliche es selbst und sei frei.

Mystische Erfahrung

Brahman oder das Ewige ist weit süßer als Honig,
Marmelade, Kandiszucker, Rasagulla oder Laddu.

Ich meditierte über *Brahman*, das Unveränderliche.
Ich erreichte den Zustand jenseits des Endlichen.
Wahres Licht leuchtete in mir.
Avidya (Unwissenheit) schwand dahin.
Die Türen waren ganz verschlossen.
Die Sinne zurückgezogen.
Atem und Geist vereinigten sich mit ihrem Ursprung.
Ich wurde eins mit dem Höchsten Licht.
Wahrlich eine mystische Erfahrung jenseits der Sprache.
Shivoham, Shivoham, Shivoham, Soham
Sat-chit-ananda Swarupoham.

Shivoham – Shivoham – Shivoham

Ich habe die Einheit von individueller Seele und Höchster Seele verwirklicht.
Sat-chit-ananda ist meine wahre Natur.
Mein Geist ist von allen äußeren Objekten zurückgezogen.
Ich bin tief von Gott durchdrungen.

Alle Sorgen, Leid und Furcht sind geschwunden.
Ich bin friedvoll und heiter für immer.
Ich bin Wahrheit, Reines Bewusstsein und Glückseligkeit.
Ich erstrahle als Göttliche Flamme.

In allen Lebewesen
Spüre ich die Seligkeit des Ewigen.
Ich habe das Ziel des Lebens erreicht.
In diesem *Brahman* bin ich!

Jenes *Satchidananda-Brahman*,
das im Innern wohnt, der Innere Führer,
Der Schoß der „Veden",
Der Schöpfer dieses Weltalls,
Die Substanz für alles,
Das den Verstand erleuchtet,
In allen Formen verborgen ist,
Von den *Rishis* angebetet wird,
Das die „Veden" verkünden,
Das die *Yogis* herbeisehnen,
um *Samadhi* zu erlangen,
Der Schrecken Indras und Agnis,

Das sanft ist zum disziplinierten *Yogi*,
Wahrlich, dieses *Brahman* bin ich.
Shivoham Shivoham Shivoham!

Samadhi, der überbewusste Zustand

O welche Freude! Welche Seligkeit!
Alle Wünsche sind jetzt erfüllt
Alles ist erreicht.
Ich bin unsterblich, ohne Tod.
Ich bin Ewiges Bewusstsein.
Ich bin das Große und Hohe.
Alles ist *Moksha* (reine Befreiung).
Überall ist nur *Moksha* allein.
Jeder muss dies kennenlernen
Und erfahren.
Das Ego ist jetzt geschmolzen.
Die *Vasanas* (Wünsche) sind verbrannt
Im Feuer der Weisheit.
Es gibt *Manonasha* (Überwindung des Geistes).
Alle Unterschiede sind aufgelöst.
Alle Verschiedenheiten sind verschwunden.
Es gibt weder „ich" noch „du"
Alles ist wirklich *Brahman*.
Das ist eine allumfassende Seligkeit.
Diese ganzheitliche Erfahrung ist unaussprechlich.
Es gibt keine Worte, diesen Zustand zu beschreiben.
Fühle ihn selbst in *Samadhi*.

Durch die Gnade des Gurus

Ich kenne meine wahre Natur.
Ich habe den Gipfel der Vollkommenheit erreicht.
Ich bin der reine unsterbliche *Atman*.
Alle meine Wünsche sind erfüllt.
Ich bin *Apta Kama* (vollkommene Wunscherfüllung).
Ich habe alles erreicht.
Ich habe alles erledigt.
Ich habe nichts mehr zu lernen.

Die „Veden“ haben mich nichts zu lehren.
Die *Smritis* haben mir nichts mehr beizubringen.
Die Welt hat nichts, was mich anziehen könnte.
Maya versteckt sich bescheiden.
Jetzt da ich alle ihre Listen und Wege kenne,
schämt sie sich, vor mir zu erscheinen.
Das alles dank der Gnade Gottes,
Und dank der Gnade des *Gurus*,
Er machte mich wie Sich selbst.
Verehrung dem *Guru*,
Huldigung dem *Guru*.

Ich bin, der ich bin

Zeitlos und raumlos ist dieses Ziel.
Frei von Leid und Sorge ist dieser Wohnsitz.
Selig und friedlich ist diese Heimstatt.
Unveränderlich und grenzenlos ist dies *Dhama* (Wunscherfüllung).
Ich weiß, „Ich bin Er“.
Ich habe weder Körper, Geist noch Sinne.
Ich unterliege weder Veränderung noch Wachstum noch Tod.
Ich bin das Unsterbliche, Allesdurchdringende Brahman.
Weder Tugend noch Sünde können mich berühren.
Weder Freude noch Leid mich beeinflussen.
Weder Vorlieben noch Abneigungen können mir etwas anhaben.
Ich bin Absolutes Sein, Absolutes Wissen und Absolute Wonne.
Ich habe weder Freunde noch Feinde.
Ich habe weder Eltern noch Verwandte.
Ich habe weder Heimat noch Heimatland.
Ich bin der ich bin. Ich bin der ich bin.
Ich wurde nie geboren, ich sterbe nie.
Ich existiere immer, ich bin überall.
Ich kenne weder Furcht vor dem Tod noch vor öffentlicher Kritik.
Ich bin Shiva, voller Seligkeit und Wissen.
Chidananda-rupah Shivoham, Shivoham.

Kapitel 13

Humorvolle Weisheit

Die folgenden Auszüge meiner Briefe an einen Aspiranten geben einen guten Eindruck meines Wesens: humorvoll mit philosophischen Geistesblitzen, tolerant gegenüber den Fehlern und Schwächen anderer Menschen, liberal und verständnisvoll gegenüber menschlichen Gewohnheiten und dem Wesen der Dinge.

Schüler für Vorträge trainieren

> Du musst mindestens einen fünfminütigen Vortrag auf Englisch und Hindi halten sowie *Kitran*-Singen und *Nritya* praktizieren [d. h. die dafür passende Körperhaltung einnehmen], egal ob Dein Körper dazu bereit ist oder sich weigert, sich zu bewegen. Wenn Du Probleme beim Vortragen hast, lerne ein paar Zeilen aus meinen Büchern auswendig. Wenn auch das nicht geht, lies vom Blatt ab. Wenn Du Deinen törichten Eigensinn wie ein Kind zur Schau stellst, gibt es für mich keinen anderen Weg, als Dich auf das Podium zu tragen. Lass es in dieser kalten Jahreszeit nicht soweit kommen!

Viele Schüler entwickelten sich nach einem solchen anfänglichen Zwang zu wunderbaren Rednern und *Kirtan*-Sängern. Ich möchte, dass alle feurige Redner werden. Die Menschen sollten lernen, ihre Gedanken auszudrücken.

Die Art von Geschäftsleuten

> Um *Samaradhana*, ein ausgeglichenes Gemüt zu üben, legt man bei einem „brahmanischen" Essen die Gedecke morgens um zehn auf, das Essen wird aber erst um vier Uhr nachmittags serviert. Dasselbe trifft auf die „Praxis des Yoga" zu. Seit fünf Wochen laufen jetzt die Verkaufsinserate und ich habe noch nicht einmal einen Zipfel davon gesehen! Die erste Frucht eines Baumes wird immer Gott geopfert. Die erste gedruckte Ausgabe sollte mir per Einschreiben zugehen! Aber wenn wichtige Aufträge ausgeführt werden müssen, erhalte ich bestenfalls ein übriggebliebenes Exemplar! So läuft das bei Geschäftsleuten!

Eine stabile Verpackung mit starken Nägeln

Dein Paket ist gut angekommen. Es war eine *Brahma Nishta* [Zustand des Absoluten], dank einer „bramanischen" [absoluten] Verpackung mit „bramanischen" Nägeln. Auch durch Hämmern ließ sich der Deckel nicht lösen. Schließlich brach es ganz auseinander. – Danke an den „brahmanischen" Packer. Die Bücher sind in gutem Zustand.

Wenn Herausgeber wichtige Punkte weglassen

Ich habe Dir volle Erlaubnis und Handlungsvollmacht gegeben, alles, was Du für richtig hältst, mit Deinem neuen langen Rasiermesser abzutrennen, um das Buch großartig und aufregend zu machen. Aber bitte, lasse noch ein Büschel übrig – wie in der „Narada Pariurajaka Upanishad". Lass nicht ein einziges wichtiges Wort meiner Schriften weg, auch wenn Du es für eine Wiederholung hältst.

Sich um Manuskripte kümmern

Ich nehme an, Du wirst Dich verabschieden, sobald das Buch „Raja Yoga" fertig ist. [Das Buch] „Bhakti Yoga" wirst Du wohl kaum angehen. So wie *Sankirtan* [gemeinsames *Mantra*-Singen] Dir nicht in die Ohren geht, zieht Dich auch dieses „Bhakti Yoga"[-Buch] nicht besonders an. Ich weiß, Du wirst diese Arbeit nicht übernehmen. Bitte bringe die Manuskripte mit, ich werde sie einer Druckerei in Nordindien geben.

Über ansprechende Werbung

Die Werbung auf der letzten Seite im zweiten Band von „Praxis des Yoga" ist nicht gerade aufregend, sondern eher gewöhnlich. Sie gibt keinen umfassenden, gezielten Einblick. Bei „Yoga Asana", „Kundalini Yoga" und in anderen Büchern war sie gut. Warum dieses Mal nicht? Vielleicht war die Thermoskanne leer ...?

Philosophie über die Verlockung von Kaffee

Der Winter in Rishikesh schickt Dir eine Einladung. Du spürst die kalte Brise vielleicht auch? Der Ofen, der bisher geschlafen hat, wendet sich jetzt dem Bahnhof zu, um Dich voll Freude zu begrüßen. Er, der den Winter erhellt, ist das aus sich selbst leuchtende *Para Brahman* [das Höchste, Absolute], die langjährige Stütze der Jahreszeiten und aller Namen und Gestalten. Er trinkt und spricht nie. Er ist *Asanga* [ohne Verhaftung]. Er ist immer *Sakshi* [unbeteiligter Beobachter]. Fühle Seine Gegenwart.

Mahnungen

Bitte teile mir kurz mit: „Ja, ich habe die Bücher für die Bibliotheken verschickt" oder schreibe ein Codewort darauf. Das spart viel Zeit und Energie. Es wird Dein tiefes *Mauna* [Schweigen] nicht beeinträchtigen. Es ist kein *Kashtha Mauna* [Schweigen ohne Gesten und Mimik] oder *Maha Mauna* [großes Schweigen], sondern eine Form von „Hu-Hu" – *Mauna*.

Die Art von Schülern korrigieren

Achte besonders auf Poorna. Meine Empfehlung an ihn. Er ist einfach, ruhig und vornehm. Er soll sein saures „Rizinusöl-Gesicht" ablegen.

Rein formelle Einladung

Bitte komme erst hierher, wenn Du dort alles erledigt hast. Die Einladung zum Geburtstag ist nur zur Information gedacht, nicht „zum Kommen".

Ein beschädigtes Paket mit Cashew-Nüssen

Die *Kajus* [Cashew-Nüsse] sind in einem stark ramponierten Zustand angekommen, aufgrund der Beimischung von Kandiszucker im Hochsommer. Der Zucker ist geschmolzen und hat die Nüsse durchtränkt, zur Freude von Veteran Swami Jnanananda. Meine Zähne sind noch ganz gesund und stark. Schicke bitte in Zukunft keinen Kandiszucker mehr zusammen mit Cashew-Nüssen.

Reich trotz Schulden

Jeden Tag kommen neue spirituelle Anwärter in den *Ashram*. Hunderte von Schülern aus allen Ländern bitten mich schriftlich um spirituelle Führung und ich gebe eine Menge aus, um alle Briefe umgehend zu beantworten. Einige Häuser befinden sich im Bau. Das Werk schreitet in allen Richtungen voran. Eine Kuh kommt in den *Ashram*. Sie gibt gute Milch. Wir werden heutzutage reich trotz Schulden.

Das ideale Stärkungsmittel für Kopfarbeiter

Ein Angriff auf die Gewohnheit des Kaffeetrinkens:

Nimm Mandeln und *Huxley*-Sirup. Reibe den Kopf mit Mandel- oder *Amalaka*-Öl ein. Das ist sehr gut für Kopfarbeiter. Man braucht sich dabei nicht einzuschränken, sondern kann ebenso viel nehmen wie Kaffee oder sogar noch mehr.

Ehrbare Gäste

Ich habe alle Briefe und Kaffeepakete erhalten. Die ersten Gäste zu einer „Kanne" Kaffee waren Shri Swami Omkar, der das Paket von der Bahnstation hergetragen hat und Shri Swami Poorna, der den Kaffee zubereitet hat. Wahrscheinlich wird der Barbier Balla mein nächster Gast sein.

Ein Angriff auf „Gehschwäche"

Die „Divine Life Society" wird Dich vielleicht als Leiter einer Gruppe von *Sannyasins* und *Brahmacharis* auf eine Werbe-, *Kirtan*- und Vortragstour schicken, wenn alles gut geht. Aber dann wirst Du auch jeden Tag zwölf Meilen gehen müssen.

Die Art von Virakta Mahatmas

Dein Freund, dieser *Mauni* [jemand, der das Schweigegelübde hält] und *Virakta* [jemand, der frei ist von Wünschen], der immer nur ein Tuch trug, hat mich gebeten, Dich zu fragen, ob Du ihm ein Pfund Schnupftabak schickst. Das ist auch eine Art von *Vairagya* [Leidenschaftslosigkeit]. Dank des wiederholten Gebrauchs von Schnupftabak funktioniert seine Nase wie ein Maschinengewehr. Er bringt erfinderische Argumente für seinen Gebrauch von Schnupftabak vor. Du kannst ihm eine kleine Büchse schicken – als Deine wohltätige Geste einem *Virakta Mahatma* gegenüber.

Philosophie über Schnupftabak

Schnupftabak-Paket erhalten und verteilt an:

Shri V, den *Mukhya*- [„Vorrangig-"] Schnupfer
Shri N, den *Adi*- [„Beginn-"] Schnupfer
Shri G, den *Sanatan*- [„Uralt-"] Schnupfer
Shri [?] den *Mauni*- und *Tyagi*- [„Schweiger-" u. „Entsagten-"] Schnupfer
[Shri ?] den *Maha*- [„groß-"] Schnupfer

Du erwirbst Dir damit *Punya* [Verdienst durch gute Handlung] und gleichzeitig *Papa* [Sünde; schlechtes *Karma* durch eine unethische Handlung]. Ich ebenfalls; und ein klein bisschen *Punya*, weil ich ihre Leiden etwas erleichtert habe und *Papa*, weil ich sie in ihrer Gewohnheit unterstütze. Hätten wir den Schnupftabak nicht besorgt, wäre ihr Laster ausgerottet worden. Aber *Aham Brahma Asmi* – Menschen stehen über *Papa* und *Punya*. Daher bist Du jetzt befreit, da Du *Swarupa* [die eigene Natur] kennst.

Swamiji als Krishna verkleidet

Glossar

abhimana [abhimāna] *m* Selbssucht; Stolz; Überheblichkeit; Merkmal des Ego, das sich identifiziert.
acharya [ācārya] *m* Meister.
agni/Agni [agni] *m* Feuer; Feuergott.
akarta [akartṛ] *m* nicht handelnd.
akasha [ākāśa] *m/n* Äther, Raum.
akhanda kirtan – ununterbrochenes *mantra* singen.
akhanda [akhaṇḍa] – ununterbrochen.
alasya [ālasya] *n* Unruhe, Schwanken
amrita [amṛta] *n* Nektar.
anahata [anāhata] *n* innere Klänge, die in tiefer Meditation oder vollkommener Stille gehört werden können.
ananda [ānanda] *m* Wonne, Freude.
Appaya Dikshitar [appaya dīkṣitar] *m* südind. Gelehrter und Heiliger der *advaita*-Schule (1608-1680).
apta vakhya [āptavākya] *n* Wahrheit.
arhat, **arhata** [ārhata] *m* Meister.
asana [āsana] *n* wörtl. „Stellung"; Sitzhaltung für die Meditation; Körperstellung im *haṭhayoga*.
asanga [asaṅga] *m* ohne Verhaftung.
ashram [āśrama] *m* ein Ort, an dem *yoga* gelebt und gelehrt wird.
atma bodha [ātmabodha] *m* „Das Erwachen zum Selbst", Titel eines Werkes von Ādi Śaṃkarācārya.
atman [ātman] *m* das Selbst.
avatar [avatāra] *m* Inkarnation bzw. Herabkunft Gottes.
avidya [avidyā] *f* Unwissenheit.
Bhagavad Gita [bhagavadgītā] *f* wichtigste ind. heilige Schrift.
bhagavad [bhagavat] *adj* göttlich.
bhagavan [bhagavān] *m* Göttlicher; Gott.
Bhagavatam [bhāgavata] *n* wichtigste ind. heilige Schrift zur Verehrung von Viṣṇu bzw. Kṛṣṇa.
bhajan [bhajana] *n* Lied, Gesang; Lobgesang Gottes.
bhakti [bhakti] *f* Hingabe.
bhastrika [bhastrikā] *f* stark energetisierende Atemübung.
bhav, **bhava** [bhāva] *m* Gefühl, Einstellung.
bhiksha [bhikṣā] *f* Bettelgabe.
bhoga [bhoga] *m* Genuss.
bhrama [bhrama] *m* äußerer Schein.
bhuma [bhūman] *m* das Unendliche; das Unveränderliche; das, was von Zeit und Raum unabhängig ist.
brahma [brahmā] *m* Schöpfergott; einer der Hauptgötter aus der hind. Götter-Trinität (Brahmā, Viṣṇu, Śiva).
brahma jnana [brahmajñāna] *n* Erkenntnis des Absoluten.
brahma nishta [brahmaniṣṭha] – Verwirklichung des Absoluten.
brahmachari [brahmacārī] *m* jemand, der *brahmacarya* beachtet, das Keuschheitsgelübde abgelegt hat; Schüler.
brahmacharya [brahmacarya] *n* wörtl. „Verhalten, das zu *brahman* führt"; sexuelle Enthaltsamkeit; Selbstbeherrschung.
brahmamuhurta [brāhmamuhūrta] *m/n* „Stunde *brahmans*"; die Zeit zwischen 3.30 und 5.30 Uhr, die besonders für die Meditation geeignet ist.
brahman [brahman] *n* das Absolute.
brahmana [brāhmaṇa] *m/n* 'Brahmane', Priester; Angehöriger der obersten Kaste.
Brahmasutras [brahmasūtra] *n* Name einer Sammlung von Aphorismen der *vedanta*-Philosophie.
brahmavidya [brahmavidyā] *f* Kenner *brahmans*; jemand, der das Wissen um das Absolute erfahren hat.
buddha [buddha] *m* Erleuchteter.
bushan – Juwel.

chakra [cakra] *n* Energiezentrum des Körpers.
chela [cela] *m/n* Schüler.
chintana [cintana] *n* Bewusstsein
chit [cit] *f* absolutes, reines Bewusstsein
chitta [citta] *n* Unterbewusstsein; Geist, Psyche.
dama [dama] *m* Wunscherfüllung.
danda [daṇḍa] *m* Stock.
darshan, **darshana** [darśana] *n* wörtl. „Sicht"; Philosophiesystem; Vision Gottes; Anblick einer Statue im Tempel oder eines Selbstverwirklichten Meisters.
daya [dayā] *f* Mitleid, Güte (mit langem zweitem „a"); Geschenk, Gabe (mit langem erstem „a").
devas [deva] *m* Gott, Gottheit; Engelswesen.
dharma [dharma] *m* rechtes Handeln; Pflicht; Gesetz; Religion; eine der vier Hauptbestrebungen des Menschen.
dharmashala [dharmashālā] *f* wörtl. „Halle"; „Gerichtshof"; Pilgerhaus, Wohltätigkeitseinrichtung.
dhoti [dhoṭī] *f* traditionelles ind. Untergewand von Männern.
diksha [dīkṣā] *f* Einweihung (in ein *mantra*, in den Mönchsstand).
dirgha [dīrgha] *m* lange.
divya [divya] *m/n* göttlich.
Durga [durgā] *f* Göttin, welche Mütterlichkeit repräsentiert; kosmische Energie; Gemahlin Śivas; weibl. Aspekt des Absoluten.
dwesha [dveṣa] *m* Abneigung.
ekadashi, **ekadasi** [ekādaśī] *f* der elfte Tag nach Vollmond und Neumond; gilt als besonders geeignet zum Fasten.
ekam [ekam] *num* eins.
fakir [faqīr] *n* Sufi-Heiliger.
gandha [gandha] *m* Geruch.
Ganesha [gaṇeśa] *m* hind. Gott; Sohn Śivas; steht für die Überwindung aller Hindernisse und die Kraft, anzufangen.
gatha [gāthā] *f* Gesang, Lied, Vers.
Gayatri [gāyatrī] *f* Heiligster Vers der Veden; Hind. Göttin; Gemahlin Brahmās, des Schöpfers.
ghat [ghaṭ] *m* heilige Badestelle für Hindus.
ghee [ghṛta] *n* gereinigte geschmolzene Butter.
Gita [gīta] *f* Kurzform für *bhagavadgītā*.
grihastha [gṛhastha] *m* Haushalter; jemand, der im Berufs- und Familienleben steht.
guru [guru] *m* Lehrer, spiritueller Führer; wörtl. „Beseitiger der Dunkelheit".
guru-dev [gurudeva] *m* „der Gott, welcher der *guru* ist"; Anrede eines *gurus*.
Hari [hari] *m* „der zu sich hinzieht"; Bez. Vishnus.
harijan – wörtl. „Kind Gottes"; Bez. für Kastenlose.
hatha [haṭha] *m* Bemühung; *ha* =Sonne / ṭha =Mond.
hatha-yoga [haṭhayoga] *m yoga* der Körperbeherrschung.
Indra [indra] *m* König der Götter; beherrscht das Wetter.
indriyas [indriyas] *n* Sinnes- und Handlungsorgane.
Ishta-devata [iṣṭadevatā] *f* Schutzgottheit; persönlicher Gott; persönlicher Zugang zu Gott; persönlicher Aspekt Gottes.
ishwara [īśvara] *m* persönlicher Gott mit Eigenschaften.
jada [jaḍa] *n/m* physischer Körper; Materie; Dumpfheit; alles durch Zeit und Raum Begrenzte.
jagannatha [jagannātha] *m* Der Herr, Beschützer des Universums; Name für Viṣṇu bzw. Kṛṣṇa. In seiner Form als *jagannātha* wird er insbesondere in Puri verehrt.
jala [jāla] *n* Wasser.
Janaka [janaka] *m* ind. Heiliger und König; Vater Sitas.
japa [japa] *m* Whl. eines *mantras*.

jiva [jīva] *m* die individuelle Seele.

jnana-yoga [jñānayoga] *m* der *yoga* des Wissens.

jnani [jñānin] *m* Weiser; einer, der durch *jñānayoga* die Verwirklichung gefunden hat.

Kailash [kailāśa] *m* heiliger Berg der Buddhisten; von den Hindus „Meru" genannt; heiliger Berg Śivas.

kaivalya [kaivalya] *n* Befreiung.

Kali [kālī] *f* „die Dunkle", „die Schwarze"; ein Name für Parvati in ihrem zerstörerischen, schreckenerregenden Aspekt;

kama [kāma] *m* Wunsch, Verlangen.

kamandalu [kamaṇḍalu] *n* Bettelschale.

Kapila [kapila] *m* Name des Begründers der *sāṃkhya*-Philosophie.

karma [karman] *n* Handlung; Gesetz von Ursache und Wirkung.

karma-yoga [karmayoga] *m* *yoga* des selbstlosen Handelns, Dienens.

kashtha-mauna [kāṣṭhamauna] *n* vollständiges Schweigen unter Verzicht auf Gestik und Mimik.

kirtan [kīrtana] *n* *mantra*-Singen.

Krishna [kṛṣṇa] *m*/*n* vollständige Manifestation Gottes; achte *avatāra* von Viṣṇu; lebte laut klassischer Chronologie ca. 3000 v. Chr.; verkündete die *bhagavadgītā*.

kshama [kṣama] – Gleichmut; Fähigkeit des Ertragenkönnens; Vergebung.

kshatriya [kṣatriya] *m* Angehöriger der Kriegerkaste.

kshetra [kṣetra] *n* Feld; Ort; Grundstück; Speisestätte; Armenküche; Almosenhaus.

kumbhaka [kumbhaka] *m*/*n* Luftanhalten.

kundalini [kuṇḍalinī] *f* wörtl. „die Aufgerollte"; Bez. für die schöpferische Kraft bzw. schlafende Schlangenkraft im Menschen.

kutir [kuṭī] *f* Hütte, Haus.

laddu [laḍḍu] *m*/*n* ind. Süßspeise.

laya [laya] *m*/*n* Auflösung.

laya-yoga [layayoga] *m* Teil des *kuṇḍalinīyoga*, bei dem alle Manifestationen der Energie in die Urenergie zurückgeführt werden.

likhita-japa [likhitajapa] *m* *mantra*-Schreiben

linga, **lingam** [liṅga] *n* „subtil"; Phallus; Symbol für Śiva.

maha [mahā] *adj* groß

maha mauna maha [mahā/mahat] – groß; im Komposita: *mahā-*.

mauna [mauna] *n* Stille, Schweigen, bei dem selbst die Gedanken aufhören.

maha-mrityunjaya-mantra [mahāmṛtyuñjayamantra] *m* „großes glückverheißenes Mantra"; das: *oṃ-tryambakaṃ-mokṣa-mantra*.

mahan [mahn/ā] *n* der Große.

Mahand Gründer einer spirituellen. Einrichtung; Leiter eines *Ashrams*.

maharaj, maharaja, **maharadscha** [mahārāja] *m* wörtl. „großer König"; respektvolle Anrede eines *yoga*-Meisters; ind. Fürst.

maharishi [maharṣi] *m* großer Rishi [Seher, Heiliger].

mahatma [mahātman] *m* wörtl. „große Seele", respektvolle Anrede eines *yoga*-Meisters.

mahavakya [mahāvākya] *n* „großer Ausspruch"; die vier bedeutenden vedischen Lehrsätze, in denen verkündet wird, dass *brahman* und *atman* identisch sind.

mala [mālā] *f* Gebetskette.

Mandaleshwar [maṇḍaleśvara] *m* Herr des Mandalas; Name Gottes.

mandir [mandira] *m* Tempel.

manonasha [manonāśa] *m* Auflösen des Geistes; Zustand der Meditation.

mantra [mantra] *m* Klangenergie; mystische Formel zur Meditation.

mauna [mauna] *n* Stille; Schweigegelübde.

mauni [mauni] *m* einer, der das Schweigegelübde einhält.

maya [māyā] *f* Täuschung; verhüllende Kraft *brahmans*.

meru [meru] *m* der „Weltenberg"; heiliger Berg der Hindus; mystischer Berg in der Mitte der Welt.
moha [moha] *m* Täuschung, Verhaftung.
moksha [mokṣa] *m* Befreiung.
mudra [mudrā] *f* im *haṭhayoga* Körperstellung, verbunden mit bestimmter Atemtechnik, Visualisierung und *mantra*; im ind. Tanz und in der ind. Kunst eine Handhaltung.
mukti [mukti] *f* Befreiung.
mumukshutwa [mumukṣutva] *n* Wunsch nach Befreiung.
murti [mūrti] *f* Bild, Statue.
mutt – Kloster.
nagar(a) kirtan [nagara (= Stadt) + kīrtana (= Preisen)] *n* Programm mit Gesang und Vorträgen über Gott und seine Taten. Singen des Namens Gottes in der Öffentlichkeit am frühen Morgen.
nagar [nagara] *n* Stadt.
naishthika [naiṣthika] – immerwährend.
niranjan [nirañjana] *m* makellos.
nirguna [nirguṇa] – ohne Eigenschaften.
nirvikalpa samadhi [nirvikalpa samādhi] *m* Samadhi ohne Dualiät; Verwirklichung der Einheit; höchster überbewusster Zustand.
nirwana, **nirvana** [nirvāṇa] *n* wörtl. „nichts"; Zustand der Selbstverwirklichung; durch nichts mehr beschränkt.
nishkama kama [niṣkāma karma] *n* selbstloser Dienst, ohne eine Belohnung zu erwarten.
nivritti marga [nivṛtti marga] *m* der Weg der Entsagung.
pandit [paṇḍita] *m* Schriftgelehrter.
papa [pāpa] *m*/*n* Sünde; schlechte Tat.
para [parā] *f* das Höchste.
prabhat pheri – Prozession am frühen Morgen.
prakriti [prakṛt] *f* die Natur, Schöpfung, Materie.
prana [prāṇa] *f* Lebensenergie.
pranayama [prāṇāyāma] *m* „Herrschaft über die Lebensenergie"; Atemübung.
prarabdha-karma [prārabdhakarman] *n* Schicksal; das Karma für dieses Leben, das sich jetzt manifestiert.
prasad [prasāda] *n* Opfergabe; die Gott geopferten Nahrungsmittel.
prem, **prema** [premā] *n* Liebe.
puja [pūjā] *f* Verehrungsritual.
punya [puṇya] *n* Verdienst, gute Handlung.
Puri [purī] *f* Pilgerort am Golf von Bengalen.
purusha [puruṣa] *m* die Seele; das Selbst; reines Bewusstsein; Mensch, Person.
raga [rāga] *m* Wunsch; Melodie; Farbe; Gefühl, Emotion.
raga-dwesh(a) [rāgadveṣa] *m* Anziehung und Abstoßung; Zu- und Abneigung, Mögen und Nichtmögen.
raja-yoga [rājayoga] *m* „königlicher *yoga*"; *yoga* der Geistesbeherrschung.
rajas [rajas] *n* Aktivität, Unruhe; einer der drei *guṇa*, der drei Eigenschaften der Natur.
Rama [rāma] *m*/*n* hind. Gott; siebte *avatāra* von Viṣṇu.
ramana [ramaṇa] *m*/*n* Geliebter; bezaubernd, entzückend; Name eines ind. Heiligen [1879-1950].
rasagulla [rasgullā] ind. Süßspeise.
ratna [ratna] *n* Juwel, Edelstein; das Beste von einer Art.
riddhi [ṛddhi] *f* das Gelingen, Vollkommenheit, Wohlstand, Glück; übernatürliche Kraft, Magie, Zauberei.
riksha [rikṣā] *m* Sänfte, kleines Transportmittel.
rishi [ṛṣi] *m* Seher.
rupa [rūpa] *n* Form, Gestalt, Aussehen; Natur, Wesen; charakteristische Eigenschaft.
sadhaka [sādhaka/ā] *m*/*f* Sucher; jemand, der spirituelle Praktiken ausführt; Schüler.
sadhana [sādhana/ā] *n*/*f* spirituelle Prak-

tiken; geistige Übung.
sadhu [sādhu] *m* Weiser, Heiliger; Wandermönch; Einsiedler.
saguna [saguṇa] – mit Eigenschaften.
sahasra [sahasra] *num* tausend.
sahasrara-shirsha [sahasraśīrṣa] – tausendköpfig.
sahasrara-chakra [sahasrāracakra] *n* „Rad (*cakra*) von tausend (*sahasra*) Speichen (*ara*)"; *cakra* in der Region der Schädeldecke.
sakshi [sākṣī] *m* unbeteiligter Beobachter, Zeuge.
samadhi [samādhi] *m* überbewusster Zustand.
samsara [saṃsāra] *m* der Kreislauf von Geburt und Tod.
samskaras [saṃskāra] *m* Eindrücke im Unterbewusstsein.
sankalpa [saṅkalpa] *m* Gedanke.
sankirtan [saṃkīrtana] *n* gemeinsames *mantra*-Singen in einer Gruppe.
sannyasa [saṃnyāsa] *m* Gelübde der Entsagung.
sannyasi, **sannyasin** [saṃnyāsin] *m* Entsagter; Mönch.
sarvikalpa-samadhi [savikalpasamādhi] *m* Überbewusstsein ohne volle Verwirklichung; *samādhi* mit Dualität.
sat [sat] *m/n* Bewusstsein, reines Sein; Wahrheit; Wirklichkeit.
satchitananda [saccidānanda] *m* absolutes Sein, Wissen und Glückseligkeit; „Eigenschaften" bzw. „Zusand" des Selbst.
satsang [satsaṅga] *m* wörtlich „Zusammensein mit der Wahrheit"; Gruppen-Meditation; Treffen mit einem Weisen.
satsankalpa [satsaṃkalpa] – Gedankenkraft.
sattva, **sattwa** [sattva] *n* Reinheit; einer der drei *guṇa* (Eigenschaften) der Natur.
satya [satya] *m/n* Wahrheit.
seva [sevā] *f* Dienst.
sevaka [sevaka] *m* Diener.
shaiva [śaiva] *m/n* Verehrer Śivas.
shakti/Shakti [śakti] *f* wörtl. „Kraft"; kosmische Energie; Name einer Göttin.
Shankara [śaṅkara] *m* wörtl. „heilbringend"; Beiname Śivas; Name eines Heiligen und Philosophen Indiens (ca. 788-820); der Hauptvertreter des *advaita-vedānta.*
shanti [śānti] *f* Frieden.
shastra [śāstra] *n* heilige Schrift.
shat sampat [ṣaṭsampad] *f* Gruppe von sechs Schätzen/Tugenden: *śama* (innere Ruhe), *dama* (Sebstbeherrschung), *uparati* (strenge Askese), *titikṣā* (Geduld), *śraddhā* (Vertrauen/Glauben) und *samādhāna* (Zufriedenheit) sowie eine der vier Voraussetzungen (*sādhanacatuṣṭaya*) für Schülerschaft.
Shiva [śiva] *adj* gütig, freundlich, angenehm; *m/n* einer der Hauptgötter aus der hind. Götter-Trinität (Brahmā, Viṣṇu, Śiva); Gott der Zerstörung und der Transformation; Ur-*yogi*; kosmisches Bewusstsein.
shloka [śloka] *m* Vers.
shraddha [śraddhā] *f* Glauben.
shravana [śravaṇa] *m/n* Hören, Lernen; die erste Stufe des *jñānayoga.*
shrutis [śruti] *f* ind. heilige. Schriften, auch *Veden* [wörtl. die Offenbarten] genannt.
shuddhi [śuddhi] *f* Reinheit.
shudra [śūdra] *m* Diener; Angehöriger der vierten und niedrigsten Kaste.
siddha [siddha] *m* Vollkommener; Meister mit übernatürl. Fähigkeiten.
siddhi [siddhi] *f* übernatürl. Kräfte.
smaran(a) [smaraṇa] *n* das Erinnern an Gott.
sufi [ṣūfī] – islam. Mystiker.
suka [sukha] *adj* glücklich, freudvoll, angenehm; *n* Glück, Freude, Wohlergehen.
Śuka/Sukhadeva [śuka/śukhadeva] *m* Sohn Vyāsas (großer Weiser, der u. a. das berühmte Epos *Mahābhārata* niederschrieb).

Sukadev [sukadeva] *m* wörtl. ohne Sdz. „Engel der Freude"; deutscher *yoga*-Meister (geb. 1961), Gründer von „Yoga Vidya"; steht in der Trad. von Svāmī Śivānanda und Svāmī Viṣṇu-devānanda.
swadhyaya [svādhyāya] *m* Rezitation für sich selbst; Studium der hlg. Texte, insbes. des *Veda*; einer der *niyamas* (ethische Regeln) YS 2.29, 32.
swami [svāmin/svāmī] *m* Eigentümer, Herr; gelehrter Brahmane; Asket, Anrede für einen solchen.
swamiji [svāmījī] *m* respekt- u. liebevolle Anrede eines Swamis.
swapna [svapna] *m* Traumzustand.
swarupa [svarūpa] *n* die eigene Natur.
tamas [tamas] *n* Trägheit; einer der drei *guṇa* (Eigenschaften) der Natur.
tantra [tantra] *n* ind. Schrift; *śiva-śakti*-Philosophie; Praktiken zur Erweckung der inneren Kraft (*śakti*) und zu ihrer Vereinigung mit dem absoluten Bewusstsein (śiva).
tapas [tapas] *n* Askese, Kasteiung; Feuer; *haṭhayoga*-Übung(en).
tejas [tejas] *n* 1. Feuer; 2. Glanz; 3. Inneres Feuer.
titiksha [titikṣā] *f* Duldungskraft, Geduld, Gleichmut; durch äußere Einflüsse nicht zu erschütternde Stärke; eine der *ṣaṭsampad.*
tratak, **trataka** [trāṭaka] *n* Starren; Augenreinigungsübung; eine der Kriyas; Vorübung der Konzentration.
trikuti [trikuṭī] *f* drittes Auge, Punkt zwischen den Augenbrauen.
tyaga [tyāga] *m* Entsagung; selbstloses Handeln, ohne nach Früchten zu trachten.
Upanishaden [upaniṣad] *f* ind. heilige Schriften; letzter und philosophischer Teil der *Veden.*
Vaikuntha [vaikuṇṭha] *m/n* transzendente Wohnstätte Viṣṇus.
vairagi [vairāgin/varāgī] *m* der durch Leidenschaftslosigkeit charakterisiert ist; Asket.
vairagya [vairāgya] *n* Leidenschafts-, Verhaftungs- und Wunschlosigkeit.
vaishnava [vaiṣṇava] *m* Verehrer Viṣṇus.
vallabha/Vallabha [vallabha] – ersehnt, geliebt; *m* Name eines Vaishnava-Heiligen und Philosophen des 15. Jh. Seine Philosophie – der sogenannte *śuddhādvaitavedānta* – steht zwischen Śaṃkaras *advaitavedānta* und Rāmānujas *viśiṣṭādvaitavedānta*.
vanaprastha [vānaprastha] *m* wörtl. „Ruhestand im Wald"; Rentnertum; dritter Lebensabschnit eines Menschen.
vasana [vāsanā] *f* Wunsch.
Vashishtha [vasiṣṭha] *m* großer *yoga*-Meister, dessen Lehren in der *Yogavasiṣṭha* dargestellt werden.
Veda/Vedas/Veden [veda/-s] *m* wörtl. „Wissen"; älteste ind. heilige Schrift.
vedanta [vedānta] *m* wörtl. „Ende des Wissens"; Philosophie des Absoluten; eines der sechs ind. Philosophiesysteme.
vedantin [vedāntin] *m* einer, der die *vedānta*-Philosophie praktiziert.
vidya [vidyā] *f* Wissen.
vikshepa [vikṣepa] *m* Unruhe.
vira [vīra] *m* Kraft; Held.
virakta homa [virajā homa] *m* Opferzeremonie zur Einweihung in *saṃnyāsa*, den Stand der Entsagung.
virakta [virakta] *m* jemand, der frei ist von Wünschen und Leidenschaften; Entsagter.
virat [virāṭ/virāj] *f* Körper, Universum, Welt.
Virat-Swarupa [virāṭsvarūpā] *f* Gott in seiner Manifestation als Welt; kosmische Gestalt.
Vishnu [viṣṇu] *m* der Erhalter; einer der Hauptgötter aus der hind. Götter-Trinität (Brahmā, Viṣṇu, Śiva).
Vishvanath [viśvanātha] *m* der Herr von allem, der Herr des Weltalls; Bez. Śivas; Śiva als eine der Hauptgottheiten in

Kashi [Benares], der dortige Śiva-Tempel trägt diesen Namen; Name div. ind. Autoren.

viveka chudamani [vivekacūḍāmaṇi] m Kronjuwel der Unterscheidung: ein Ādi Śaṅkarācārya zugeschriebenes Werk.

vritti [vṛtti] *f* Gedanke.

yajna [yajña] *m* Opfer.

yoga-bhrashta – in früheren Leben hochentwickelte, aber wieder gefallene *yogis*.

yoga [yoga] *m* wörtl. „Einheit, Vereinigung"; mystischer Zustand der Einheit mit Gott bzw. dem Kosmischen; Übungen, welche das Individuum zur Einheit mit dem Kosmos führen; eines der sechs klas. Philosophiesysteme.

yogi [yogī] *n* einer, der die Einheit mit dem Kosmischen erreicht hat; einer, der *yoga*-Übungen praktiziert.

yogiraj [yogirāj] *m* Anrede für einen *yoga*-Meister.

DIE BHAGAVAD GITA FÜR MENSCHEN VON HEUTE

Erläuterung von Sukadev Bretz

Mit Original-Sanskritversen in Devanagari, Sanskrit-Transliteration (I.A.S.T.) und Wort-für-Wort-Übersetzung.

Die *Bhagavad Gita* („der Gesang Gottes") ist das wohl meistgelesene Buch in Indien. Sie ist quasi die Bibel der Hindus und gilt inzwischen weltweit als eine der wichtigsten klassischen Yogaschriften, weil sie praxisbezogen ist, indem sie Mittel und Wege aufzeigt, Alltag und Spiritualität ohne zusätzlichen Zeitaufwand geschickt miteinander zu verbinden. Die *Bhagavad Gita* ist ein umfassender Dialog zwischen Shri Krishna, der Gottinkarnation, und Seinem Schüler Arjuna, einem mächtigen Krieger und Adeligen, der sich kurz vor einer entscheidenden Schlacht demütig an Ihn wendet, da er an einem Scheideweg steht. Bei diesem Gespräch lehrt ihn Shri Krishna alles über praktische und philosophische Fragen des Lebens und darüber, wie man man zu Ihm – zum Höchsten – gelangen kann. Yoga spielt hierbei eine wesentliche Rolle, weil sich dadurch alle Aspekte unserer Persönlichkeit entfalten können: Yoga hilft uns, einen harmonischeren Umgang mit uns selbst und der Umwelt zu finden, erweckt in uns schlummernde Fähigkeiten und ist ein ideales Übungssystem, um die Gottverwirklichung zu erreichen.

Hardcover, gebunden
600 Seiten, 19,90 €
ISBN 978-3-943376-09-8

IM YOGA VIDYA VERLAG ERSCHIENEN:

KARMA YOGA

Swami Sivananda

Neu!

Wie kann man selbstloses uneigennütziges Handeln im alltäglichen Leben verwirklichen, um zum höchsten Ziel der Selbstverwirklichung zu gelangen? Dies zeigt Swami Sivananda in seinem praktischen Leitfaden auf inspirierende Weise. Das Buch vermittelt die Einsichten eines verwirklichten Meisters darüber, wie rechtes Handeln – im Einklang mit universellen Gesetzen, mit unserer eigenen Pflicht (Swadharma) und mit Karma und Reinkarnation – zu verstehen ist. Es enthält Bezüge zur *Bhagavad Gita*, inspirierende Geschichten und Anekdoten sowie eine Kurzanleitung zum Führen eines spirituellen Tagebuchs.

Paperback, 224 Seiten, 12,90 €, ISBN 978-3-943376-04-3

DAS LEBEN DES GROSSEN YOGAMEISTERS SWAMI SIVANANDA

– ein Comic für Groß und Klein –

Eine Biografie des großen Yogameister Swami Sivananda in Comic-Form.

Hier wird die Lebensgeschichte ganz anschaulich erzählt, von seiner Geburt am 8. September 1887 als Kuppuswami in Indien, wie er als jüngster Sohn einer Brahmanenfamilie aufwuchs, seine Jahre als Arzt in Malaysia und wie er nach seiner Rückkehr nach Indien zum Swami wurde und in Rishikesh einen Ashram gründete. Wer keine ausführliche Biografie lesen möchte, kann hier einen wunderbaren Überblick über Leben und Lehren von Swami Sivananda bekommen.

Geheftet, 36 S., 6,90 €, ISBN 978-3-943376-11-1

GÖTTER UND GÖTTINNEN IM HINDUISMUS

Swami Sivananda

Die Vielfalt der indischen Götterwelt ist faszinierend und verwirrend zugleich. In diesem Werk beschreibt Swami Sivananda einige der wichtigsten Aspekte der indischen Mythologie, ihre Symbolik und tiefe Bedeutung, sowie traditionelle Riten. Ein Buch, das unsere Fantasie anregt, ein besseres Verständnis der indischen Mythologie schenkt und uns im Herzen berühren kann –denn letztlich bekommen wir Zugang zur höchsten Wirklichkeit über das Herz.

Paperback, 145 S., 9,50 €, ISBN 978-3-931854-66-9

FESTE UND FASTENTAGE IM HINDUISMUS

Swami Sivananda

Die reichhaltige Mythenwelt des Hinduismus wird leicht nachvollziehbar erschlossen. Es ist für Liebhaber von Geschichten, Märchen und Mythen gleichermaßen interessant wie für den Indienreisenden, der seine Erläuterungen zu hinduistischen Gebräuchen und Symbolik findet, wie sie in keinem Reiseführer stehen. Wer sich mit Yoga beschäftigt, findet hier den Bhakti Yoga Aspekt in Form von Ritualen, Gelübden, Vorsätzen, Mantrarezitation usw.

Paperback, 169 S., 9,80 €, ISBN 978-3-931854-33-1

GHERANDA SAMHITA

- ist ein systematischer Lehrtext in Form eines Dialogs zwischen Gheranda dem Lehrer und Candakapali dem Schüler. Diese deutsche Ausgabe hält sich so nahe wie möglich an den ursprünglichen Originaltext, den Lore Tomalla bei ihrem Lehrer in Indien übersetzt hat. So kann etwas von der ursprünglichen archaischen Sprache und Bedeutung dieser uraltenüberlieferten Yogaschrift durchscheinen und den ernsthaften Aspiranten auf einer subtilen Ebene berühren und führen. Sehr hilfreich zum leichteren Verständnis sind die Abbildungen zu bestimmten Übungen. Jedes der sieben Kapitel beschreibt in insgesamt über hundert Yogapraktiken die sieben Methoden, die den Übenden zur Erfahrung einer höheren Wirklichkeit, zu höheren Bewusstseinsebenen und zur Vollkommenheit führen: Kriyas, Asanas, Mudras, Pratyaharas, Pranayamas, Dhyanas und Samadhis.

Paperback, 80 S., 9,80 €, ISBN: 978-3-943376-02-9

SHIVA SAMHITA - Die Geheimlehre Indiens

Die Shiva Samhita ist eine der vier Hauptschriften im Hatha Yoga und Kundalini Yoga und ein hilfreicher Grundlagentext für ernsthafte Aspiranten. In fünf Kapiteln werden die Philosophie über Schöpfung und Zerstörung des Universums, das rechte Wissen über Realität und das ultimative Ziel des menschlichen Lebens, Moksha oder Befreiung, dargelegt. Die verschiedenen Methoden des Yoga und die Erweckung der Kundalini werden klar beschrieben. Auch das Konzept von Prana, Nadis, Chakras und die Wirkungen des Hatha Yoga auf den Feinstoffkörper werden behandelt.

Paperback, 86 S., €10,00, ISBN 978-3-943376-10-4

IM YOGA VIDYA VERLAG ERSCHIENEN:

SIVANANDA - EIN MODERNER HEILIGER

Ein inspirierendes Buch, das tiefe Einblicke in das Leben und Wirken von Swami Sivananda vermittelt. Enge Schüler beschreiben sehr anschaulich die wichtigsten Lebens abschnitte, wie Swami Sivananda den spirituellen Weg gegangen ist, systematisch an sich gearbeitet hat und mit viel Disziplin, Weisheit und Hingabe zur höchsten Verwirklichung gekommen ist. Das Buch zeigt pragmatisch und methodisch den Weg, den jeder Aspirant selbst gehen kann, um dieses Ziel zu erreichen. Es versetzt den Leser in die unmittelbare Gegenwart eines großen, selbstverwirklichten Meisters.

Hardcover, 380 S., 19,80 €, ISBN 978-3-931854-63-8

SIVANANDAS BOTSCHAFT VOM GÖTTLICHEN LEBEN

Zusammengestellt und herausgegeben von Swami Sahajananda

In diesem Buch wurden Gespräche des großen Meisters Swami Sivananda gesammelt, in denen er sich zu einer ganzen Bandbreite von Themen äußert und Menschen Ratschläge gibt. Diese Gespräche zeigen auf wunderbare Weise die göttliche Persönlichkeit des Meisters und seine einfachen Lehren mit ihrer praktischen Anwendbarkeit. Spirituelle Schätze flossen von seinen göttlichen Lippen – sie beruhigen, erleuchten, trösten all jene, die bei ihm Zuflucht suchen. Jedes Kapitel wird mit kurzen einprägsamen Sätzen eingeleitet.

Hardcover, 592 S., 19,80 € ISBN 978-3-931854-86-7

SARVA GITA SARA – DIE ESSENZ ALLER GITAS

Swami Sivananda

Gitas sind kurze Auszüge klassischer Schriften, die spirituelle Prinzipien klar vor Augen führen und dem Aspiranten wertvolle Tipps geben. Swami Sivananda hat in diesem Buch die prägnantesten Verse aus verschiedenen Gitas für den ernsthaften spirituell Suchenden zusammengestellt. So stellt dieses Buch eine einzigartige Sammlung wenig bekannter Schriften dar. Die Gitas wollen aufrütteln und uns die Begrenztheit und Kostbarkeit unserer Lebenszeit drastisch veranschaulichen. Sie regen uns zum Nachdenken an und die Meditation über das Gelesene kann zu einer direkteren, intuitiven Erkenntnis der Wirklichkeit führen.

Paperback, 176 S., 12,00 €, ISBN 978-3-943376-13-5

PARABELN

Swami Sivananda

Die höchste Wirklichkeit, der Weg dorthin, die Aufgaben, die Gefahren und die Hindernisse unterwegs können oft leichter durch Geschichten und Gleichnisse vermittelt werden als auf rein intellektueller Ebene. Swami Sivananda nahm häufig Beispiele und Bilder, die aus dem Berufsund Alltagsleben der Ratsuchenden stammten. So ist jede dieser Parabeln ein lebensnaher, praktischer, leicht verständlicher und zugleich wertvoller Ratschlag des großen Meisters an seine Schüler.

Paperback, 184 Seiten, 9,80 €

ISBN 978-3-931854-27-0

ATMA BODHA & APAROKSHA ANUBHUTI

Adi Shankara

Adi Shankara, auch Sri Shankaracharya genannt, der große Denker, Philosoph und Lehrer des indischen Mittelalters (etwa 788-820) bringt hier in kurzen klaren Aphorismen die Lehre des Vedanta, der Philosophie der Einheit, zum Ausdruck: Die Welt, wie wir sie wahrnehmen, hat nur eine relative Realität, ist der Verände rung und Vergänglichkeit unterworfen. Dieses Buch ist ein wertvoller Begleiter für den ernsthaften Aspiranten auf dem spirituellen Entwicklungsweg.

Paperback, 64 Seiten, 7,80 €

ISBN: 978-3-931854-85-0

INSPIRIERENDE GESCHICHTEN

Swami Sivananda

Hier hat Swami Sivananda einige besondere Geschichten aus dem altindischen Kulturgut gesammelt, in denen viel spirituelles Wissen und Weisheit liegt. Das Geschichtenerzählen ist eine der ältesten menschlichen Traditionen. Was Nahrungsmittel für den physischen Körper sind, das sind Geschichten für den menschlichen Geist und die menschliche Seele. Geschichten regen unsere Fantasie an und helfen uns dabei, eigene innere Bilder wahrzunehmen, das Herz zu öffnen und neue Denkanstöße zu fördern.

Paperback, 240 Seiten,10,80 €

ISBN 978-3-931854-53-9

SIVANANDA YOGA

Swami Venkatesananda

Swami Venkatesananda, ein enger Schüler Swami Sivanandas, der viele Jahre bei seinem Lehrer lebte, beschreibt in diesem Buch sehr schön, klar und humorvoll, wie spirituelles Wachstum unter der Führung eines selbstverwirklichten Lehrers möglich ist. In vielen kleinen Geschichten, die er selbst oder andere Schüler mit seinem Lehrer erlebt haben, vermittelt er den Lesern, wie man zur Selbstverwirklichung kommt und wie man „Sivananda Yoga" Tag für Tag üben und praktizieren kann.

Paperback, 184 Seiten, 9,80 €

ISBN 978-3-931854-51-5

NARADAS BHAKTI SUTRAS

Dieses klassische Werk enthält die 84 Aphorismen des altindischen Weisen Narada über den Pfad der Hingabe an Gott und ist eine der wichtigsten Schriften des Bhakti Yoga. Liebende Hingabe, die neben den Disziplinen der intellektuellen Unterscheidung, der Meditation und selbstlosen Handlung eine vierte Möglichkeit zur Befreiung aufzeigt, wird von vielen Lehrern als der für die heutige Zeit leichteste und geeignetste Weg zur Verwirklichung erklärt.

Geheftet, 24 Seiten, 5,50 €

ISBN: 978-3-922477-48-8

NEKTAR DES ENTZÜCKENS

Radha-Madhavas 16 Liebesgedichte

Shri Hanumanprasad Poddar

Sechzehn Gedichte über die Liebe zwischen Shri Radha und Shri Krishna, die gleichsam Symbole der Liebe zwischen Gott und der Ihn liebenden Seele darstellen. Der indi schen Tradition nach bilden Radha und Krishna eine ewige göttliche Einheit, die sich nur deshalb in zwei zuweilen getrennt erscheinenden Gestalten manifestiert, um sich dadurch gesteigerter Liebe zueinander zu erfreuen. Im Abendland findet diese religiöse Liebeslyrik vielleicht nur im Hohelied Salomons eine Entsprechung.

Paperback, 48 S., 7,50 €

ISBN: 978-3-922477-03-7

KARMA UND REINKARNATION

Sukadev Bretz

Sukadev stellt in diesem Buch die wichtigsten Fragen des Lebens: Gibt es ein Leben nach dem Tod? Wie sieht das Leben nach dem Tod aus? Was kann ich tun, wenn ich selbst sterbe oder jemand anders stirbt? Viele praktische Tipps dazu machen dieses Buch durch die Einfachheit der Ratschläge sehr wertvoll. Der zweite Teil des Buches behandelt das Thema Karma: Warum geschieht, was geschieht? Warum gibt es Leiden und offensichtliche Ungerechtigkeiten? Der praktische Standpunkt des Autors klärt die Fragen: Wie kann ein Aspirant aus den Erfahrungen des Lebens lernen? Wie kann man ein ethisches und mitfühlendes Leben führen? Wie kann man uneigennützige Liebe in den Alltag bringen? Fundiertes Wissen angereichert mit persönlichen Beispielen und Erfahrungen.

Hardcover, 192 Seiten, 19,50 €

ISBN: 978-3-922477-91-4

DIE KUNDALINI-ENERGIE ERWECKEN

Sukadev Bretz

Gleich einer eingerollten Schlange ruht die Kundalini-Energie, die kosmische Urkraft in uns, am Ende der Wirbelsäule. Durch die stufenweise Erweckung dieser Energie können wir das Höchste – die Einheit mit dem Absoluten – erreichen. In inspirierender Klarheit führt Sukadev in die spirituellen Geheim nisse der Kundalini ein und zeigt, wie wir unser Leben durch die Erweckung der göttlichen Urenergie in uns bereichern können. Erläuterungen zur tantrischen Tradition, zu Reinigungs- und Erdungsritualen, zum Astral körper, zu den Nadis und Chakren helfen, die Kraft der Kundalini besser zu verstehen und ermöglichen einen umsichtigen Umgang mit den spirituellen Erweckungs erlebnissen. So wird die Kundalini zu einem inneren Abenteuer, das versteckte Potenziale und Fähigkeiten in uns entdecken, das Bewusst sein erweitern und zur eigenen Verwirklichung führen kann.

Hardcover, gebunden, 193 Seiten, 14,80 €

ISBN 978-3-931854-91-1

DIE YOGAWEISHEIT DES PATANJALI FÜR MENSCHEN VON HEUTE

Sukadev Bretz

Das Yoga Sutra von Pantanjali ist das Grundlagenwerk des Yoga und diese Leitfäden vermitteln einen tiefen Einblick in die praktischen, geistigen und spirituellen Dimensionen des Yoga. Im Mittelpunkt steht der menschliche Geist, seine Funktionsweise und seine verborgenen Kräfte. Sukadev Bretz gelingt es, diese alten Yogaweisheiten in leicht verständlicher Sprache lebendig werden zu lassen, sodass sie auch für den Praktizierenden heute weiterhin aktuell sind. Ein Wegweiser für mehr Lebensfreude, Gesundheit und Wohlergehen.
Hardcover, 216 Seiten, 20,00 €
ISBN 978-3-928632-81-2, Via Nova Verlag

YOGA GESCHICHTEN

Sukadev Bretz

Geschichten und Märchen faszinieren die Menschen seit alters her und waren schon immer ein wichtiges didaktisches Hilfsmittel. Deshalb gibt es auch in allen Kulturen und Traditionen eine Vielzahl von mythologischen Geschichten, unterhaltsam, rätselhaft, voll Weisheit und tiefer spiritueller Bedeutung, oft mit vielen Verwicklungen und durchaus nicht immer mit einem „Happy-End". Diese Geschichten stammen aus den klassischen indischen Schriften wie dem *Mahabharata*, dem *Ramayana*, den *Puranas* und den *Upanishaden* und werden vom Sukadev Bretz nacherzählt, wie er sie von seinem Meister Swami Vishnu-devananda gehört hat.
Paperback, 96 S., 6,80 €, ISBN 978-3-931854-50-8

DER KÖNIGSWEG ZUR GELASSENHEIT YOGA-PSYCHOLOGIE FÜR JEDEN TAG

Sukadev Bretz mit Ulrike Schöber

Sukadev, Gründer und Leiter von Yoga Vidya e. V., widmet sich in seinem neuen Buch dem wichtigen Thema Gelassenheit. Nach dem Motto „In der Ruhe liegt die Kraft" schildert Sukadev sehr eindrücklich seine persönlichen Erfahrungen auf dem spirituellen Weg und teilt die Erkenntnisse, die er bisher während seiner langjährigen Yogapraxis erlangt hat.
Hardcover, 224 Seiten, € 16,99
ISBN 978-3-424-63077-0, Kailash Verlag